企业社会责任
与国际发展

企业是解决方案吗？

**Corporate Social Responsibility
and International Development**

Is Business the Solution ?

［英］迈克尔·霍普金斯　著
（Michael Hopkins）

杨冠琼　等译

Corporate

经济管理出版社
ECONOMY & MANAGEMENT PUBLISHING HOUSE

北京市版权局著作权合同登记：图字：01-2023-3138

图书在版编目（CIP）数据

企业社会责任与国际发展：企业是解决方案吗？/（英）迈克尔·霍普金斯著；杨冠琼等译.
—北京：经济管理出版社，2023.9
ISBN 978-7-5096-5329-6

Ⅰ.①企… Ⅱ.①迈… ②杨… Ⅲ.①企业责任—社会责任—研究 Ⅳ.①F272-05

中国版本图书馆 CIP 数据核字（2017）第 221580 号

责任编辑：钱雨荷
责任印制：黄章平
责任校对：赵天宇

出版发行：经济管理出版社
　　　　　（北京市海淀区北蜂窝 8 号中雅大厦 A 座 11 层　100038）
网　　址：www. E-mp. com. cn
电　　话：（010）51915602
印　　刷：唐山昊达印刷有限公司
经　　销：新华书店
开　　本：720mm×1000mm/16
印　　张：17.5
字　　数：278 千字
版　　次：2023 年 9 月第 1 版　2023 年 9 月第 1 次印刷
书　　号：ISBN 978-7-5096-5329-6
定　　价：88.00 元

致　谢

　　在另一本书的创作过程中，贾瓦希尔（Jawahir）再次与我在一起，如若没有她智慧与精神上的帮助，我就不可能写成那本书。感谢艾德里安·佩恩、埃米利奥·克莱因和阿尔芒·佩雷拉提供详细的注释。同时还要感谢格里·罗杰斯和埃尔南多·德·索托提供的一些关于早期版本的评论。没有我父母和兄弟的帮助和支持，这本书是无法完成的，我的兄弟艾弗支撑着我们的公司——MHC 国际有限公司。而他也十分热爱写作。

前 言
企业社会责任（CSR）与国际发展
——企业是解决方案吗？

大约两年前写这本书的第一版时，企业发展（现在通常称为可持续发展）的利益强于对其正常运作的这种关系，就已经存在。本书最初的目的是力图说明，企业在促进可持续发展方面大有作为。当时我认为这是一个非常大胆的想法。然而，自那时起，人们关于 CSR 与发展的兴趣，上升得如此之快，远远超过了我所能想象的速度。况且，人们越来越认识到，政府及其各种国际机构，以及汇聚在联合国之下的各种机构，试图努力摆脱地球上的不发展与贫困问题，但均告失败。大企业的权力与经济实力，已经成为社会中的关键性力量。本书提供了下面问题的指南：企业在"行善"的同时，如何能够最大化其自身优势。

联合国自 1945 年成立至今已经过去了 60 多年。[①] 在这 60 多年的时间里，联合国提供了 1 万亿美元的发展援助，然而至今仍有 26.5 亿人口——或大约全世界人口的一半——每天生活支出费用不足 2 美元，而且这个人口数字在过去 10 年中在不断地增长。某些最穷的经济体正在变得越来越差。在非洲，从向贫困开战到生活援助，通过运用演员与流行歌手的镜头力量，吸引了广泛的公共与私人资助。这是因为在 1981~2001 年，非洲撒哈拉区域，人均国内生产总值（GDP）下降了 14%，贫困率由 41% 上升到 46%，新增 1.5 亿人口陷入极端贫困状态之中。

---

① 原书出版于 2007 年。——编者注

联合国扶助失败了吗?

　　科菲·安南（Kofi Annan）在 2006 年 3 月的一次关于重建联合国的演讲中曾指出:"我希望成为世界首席外交官,并且在我的业余时间管理庞大复杂的组织。"事实上,联合国超越了其本身就有的能力,它其实是一个小组织,整个联合国系统的总运营费用,包括世界银行、国际货币基金组织以及所有联合国基金、项目与专业性机构——在 21 世纪初,每年大约 180 亿美元。其规模远不及众多跨国公司,例如谷歌公司,2007 年的市值大约为 2200 亿美元,埃克森美孚公司 2007 年的利润约为 410 亿美元,相比于军事支出就更是小巫见大巫了,至 2008 年中期,美国每年仅在伊拉克的军事支出就持续徘徊在高位,达 6480 亿美元。

　　自从联合国成立以来,其在维和方面的支出已经增加了 4 倍,拥有 8 万维和人员和 50 亿美元的预算支出,这是努力发展失败的一个令人沮丧的例子。联合国核心职能部门（设在纽约、日内瓦、内罗毕和维也纳的办事处以及 5 个区域性委员会）预算支出每年大约为 12.5 亿美元。这个数字相当于纽约市年预算支出的 4%,比东京消防部年预算支出少了约 10 亿美元,比纽约州立大学系统年预算支出少 37 亿美元。

　　因此,资源不足,以及由此而形成的行动严重受制于强大成员国的意志,由于这些势力强大的成员国不关心落后问题,使联合国在处理落后或不发展问题方面,显得力不从心或力所不及。随着人们关注联合国行动的透明性与责任性问题的日益强化,人们日益关注不适当援助问题。可以预见,联合国对发展的影响力必将随此趋势的强化而继续减弱。

　　微观层面上看,大型企业在促进发展方面的作用越来越明显。然而,从宏观层面和政策层面上看,除非其批评者强制其从事促进发展方面的问题,否则便不愿意有所行动,例如,仍然处于发展中国家的石油公司的分支机构,在促进发展方面,存在众多管理的问题。这种宏观层面是联合国与大型企业进行伙伴性合作的领域,因而这方面的重要性可能会日益提高。

本书并不否认联合国的作用，其实我的整体感觉是，联合国在发展方面已经做得相当好，甚至有时是相当出色。然而，由于其可运用的资源过少，其对发展问题的影响，很不幸，仅仅是沧海一粟。

那么未来的状况将会是怎样的呢？硬经济学（Hard Economics）正在被软经济学所取代。文化与民族性已经主导了近年来的众多世界事件，而且这种趋势正在强化和日益明显。关注国家纯粹的经济增长或企业利润，仍然是当代所有组织领导的当务之急。然而，较软潜流的变化，例如企业社会责任（CSR），将需要新的、令人鼓舞的领导力。

那么，联合国的未来如何？只要其强势成员将其视为获得短期利益的政治足球，联合国仍然将处于资金不足的状态，并且仍然不能够实施其众多优良的发展设想。

那么大型企业的势力、资金及其触及范围能够在促进发展方面做得更好吗？

显而易见，商业关注的核心问题并不是世界不发达或落后区域的发展问题。然而，企业的很多方面工作可以用来服务于这个星球。普拉哈拉德（Prahalad）和哈特（Hart）（2002）的著作《金字塔底层的财富》[1]，吸引了人们的注意力。他们的主要论点是，释放这种潜能的关键是跨国公司运用技术为穷人生产能够支付得起的新产品。不过，这种观点仅仅涉及向穷人提供物品问题，并不涉及穷人如何能够支付的问题，即没有涉及需求方面的问题。本书的观点则是，透过企业社会责任这个棱镜，观察发展问题，研究企业与发展的供给与需求两个方面，探索穷人更多关注的问题而不是仅仅关注其消费问题。也就是说，企业社会责任能够通过关注发展问题而促进财富的生成。

---

① S. K.Prahalad and S.L.Hart（2002）The Fortune at the Bottom of the Pyramid，Strategy +Business，McLean，VA，First Quarter，Booz Allen Hamilton Inc.

可从企业社会责任中获得什么？

企业社会责任，从其最简单的意义上说，就是企业以社会负责任的方式对待其利益相关者。由于股东及其所处的环境仍然是利益相关者，因而企业社会责任必然既要关注经济与环境问题，又要关注社会问题，第二章将对此进行较为细致的讨论。

企业社会责任视角是全球主要问题可以得到解决的一种途径。不断发展与拓展的企业社会责任运动已经表明，企业的责任并不仅仅在于盈利，更为重要的是如何盈利。相反的主张，即认为企业应专注于获取利润而将发展问题留给政府去解决，是一种相当容易论证的观点。这正是娱乐至死的想法，因为单纯追求利润最大化的市场，如同其他事物的本性一样，不会行使重要的社会职能，如减少失业率、提供全民初级与中级教育以及解决发展中国家的主要流行疾病等问题。

只有时间能够表明，企业如何强有力地回应这种新挑战。在某种意义上说，跨国公司将通过简单的回避诸如不断提高的能源价格、离岸仇视、消费者抵制等，应付发展问题。应该说服与激励这些企业从更为宽泛的方面积极回应发展问题的挑战。如果他们决定在这方面有所作为，那么他们应该怎么做，这仍然是一个争论激烈的主题。建议企业能够做什么将在本书第十二章进行阐述。

跨国公司已经开始参与开发

事实上，跨国公司已经开始从事发展事业，并且以各种方式参与了发展问题。其参与方式的特征可以归纳为如下较为广泛的三个方面：

第一种类型：在发展中国家慈善捐助是个"善"业，即发展慈善。

第二种类型：在企业所能及的范围内，开发新项目，设计能够满足发展中国家的各种新产品，或对发展中国家进行投资，以便利用廉价劳动力或特殊技能，或自然资源，如石油等优势，进而直接提高企业的整体利润。

第三种类型：开展一系列促进可持续发展的活动与反贫困项目，这些项目可能与第二种类型中的活动类似。这些活动有助于促进发展但不会立刻影响直接利润。这些活动的目的是强化企业声誉，拓展更为广泛的发展目标。

因此，许多大型企业都在以各种不同的方式从事发展事业。开展这些事业所付出的许多努力，至今仍源自于对慈善的兴趣，虽然企业自身得到很少的直接经济利益，除非这些努力出于改善公共关系的考虑。第三章给出了许多企业从事发展的实例，涵盖了如微软、沃尔玛、联合利华、英美烟草集团、壳牌以及英国石油公司这类大型企业从事的发展活动。第三章给出的这些实例，仅仅是全球正在进行的巨大发展努力中的一小部分，表明大型私人企业已经深深地卷入发展事业之中。虽然还不完全，但可以得到这样的结论：尽管企业必须要获得利润，但企业已经深刻认识到，必须激励经济活动促进发展，正是对这种需要的认识，激发企业以现实主义的态度，审视其政策的贫困改善效应。

本书既涵盖了企业社会责任的现状，也涵盖了其在发展中国家的发展。综观世界各地，从中国、菲律宾、印度到巴西，已经出现了众多专注于企业社会责任的区域性网站与信息中心，而且其发展速度也较可观。虽然对于这些活动进行评估还为时过早，但这些区域性网站与信息中心仍然为评估提供了可能性。第九章研究了这些问题。人们对于企业社会责任的兴趣在爆炸性扩展的同时，发展中国家也出版了许多研究企业社会责任的学术性文献，虽然不得不承认，在不同国家关于什么是企业社会责任，人们至今仍然缺乏一致意见。

第十一章探讨促进发展的另外一个领域——社会责任投资（Socially Responsible Investment，SRI），目前它已经成为发展较为快速的投资形式之一。仅仅在美国，1995~2003年，涉及社会投资的资产，包括散户与机构基金、股东赞助以及社区投资等，以40%的速度在增长，超出所有由专业性管理机构管理的美国投资资产，涉及社会责任投资的投资组合已经增长超过240%，而其他专业管理机构管理的各种资产的增长速度则仅为174%。

企业社会责任是发展问题的答案吗？

　　显而易见，关于企业社会责任是否是发展问题的答案，承认现实状况较提出建议更为容易。第六章集中探讨这一问题，涉及企业社会责任概念的几种典型的批评以及对这些批评的评估。更为可能的是，企业社会责任将转换为不同的概念，但绝不会完全消失。由于社会中的经济活动如此残酷，企业社会责任及其相关工具终将嵌入社会所有组织之中，如同人们现在对环境的关注一样。因此，未来人们将越来越少地谈论企业社会责任问题，因为它将成为企业日常经营活动的一部分。

未来对跨国公司的要求

　　正如第五章所解释的，企业慈善活动能够带来可持续发展，但通常却做不到。企业社会责任有助于评估慈善活动的优势，因此：

　　企业应该放弃企业社会责任框架之外的所有慈善活动。

　　企业应该与政府密切合作，促进经济与社会发展。

　　企业应该设计一个企业社会责任愿景，这一愿景包括企业在促进发展方面的整体策略。

　　企业应该：①与企业所在国政府合作，研究如何有效改进政府的反贫困政策；②与当地联合国组织和非政府组织（NGOs）合作，有效促进发展项目或规划的效率，包括确保其所缴税款得到明智的使用。

关于企业社会责任的最后评论

　　企业社会责任，就算不是我们时代最重要的问题，至少也是我们时代重要的问题之一。企业势力与影响力完全可以发挥其正向的作用，有效地促进发展。然而，事情并不总是这样，人们在伊拉克看到的当代悲剧，就是这方面的一个实例。

　　企业社会责任能够阻止伊拉克战争吗？当然可以！哈里伯顿公司（Halliburton Company）、美国柏克德工程公司（Bechtel）、凯雷投资集团（Carlyle Group）以及其他企业在企业社会责任世界里的关系，需要进行审慎的考察。利益相关者要向公众负责，而且不负责任的社会行为，例如为获取个人利益而支持战争等需要彻底清除。这种想法幼稚吗？或许是。不过，现在大企业较联合国更有势力，比许多民族国家更强大。因此，企业社会责任具有前所未有的急迫性。

目　录

第一章　CSR 能为发展开创道路吗？

在我们所生活的这个星球上，有 26.5 亿人每天的生活费用不足 2 美元，他们占到了世界总人口的将近半数，并且这个数字在最近十年还在上升（世界银行数据）。

在 20 世纪 70 年代我一度认为，如果一家公司在员工发展、聘用、安全和环境方面实行了良好的政策，远离贿赂，诚实纳税，取得与组织发展阶段相匹配的利润，那么，这家公司就算尽职尽责了；政府应该关心的事则是如何利用税收。《经济学家报》至今仍持这种看法。但如今，倘若政府再对财政支出胡乱挥霍或者挪用，人们便会转而揶揄企业，"你们创造的财富在这个国家没有得到任何体现"，以表达人们对其所纳之税未尽其用的愤慨。或许，这种状况并不是由我们造成的，但它却是需要我们共同面对的问题。如果我们希望拥有一个有益于商业发展、功能健全的社会环境，那么毫无疑问，我们必须携起手来，共同创建一个良好治理的社会所需的条件和能力［司徒慕德（Sir Mark Moody Stuart），董事长，英美资源集团］①。

引　言

俗话说"在商言商"，那么企业为什么还要关注发展问题呢？开篇引用的两段文字正是在回答这个问题。本章旨在说明，各国政府和他们的国际盟友，以及在联合国指导下的各类机构，尚未克服发展不足和贫困问题。而同时，

---

① 个人沟通，2006 年 2 月 18 日。

拥有综合实力和经济优势的大型企业逐渐在社会中掌握话语权。本书力图论证，这些大企业势必对社会的发展承担比以往任何时候都要大的责任。本章同时阐明，当通过企业社会责任这个视角来看待社会发展时，它如何同时促进了企业的经济增长。

企业社会责任为企业提供了一个平台，它有助于企业以一种比以往更有效的方式取得经济发展，这种新的发展方式意味着，那些无论身在何处、处于劣势地位的人们的福祉能够得以改善。这类人群通常生活在发展中国家，但不排除在一些发达国家和石油出产国也有他们的身影，如美国南部地区、英格兰的西北部地区、法国马赛周边的南部地区，诸如土库曼斯坦或乌兹别克斯坦也有贫困存在，沙特阿拉伯也有饥寒交迫的难民——类似的悲剧仍在上演等。无论如何，这种令人扼腕的状况应得到立即的改变。

发展的意义

"发展"本身就是一个颇受争议的词。直至 20 世纪 60 年代末，绝大多数经济学家仍将"发展"视作经济增长的最大化。1969 年，这种对以经济增长为中心的发展理论的崇拜才被杜德里·西尔斯（Dudley Seers）打破。[①] 他认为，发展是一种社会现象，其内涵远远超过人均产量的提升。在西尔斯看来，发展意味着消除贫困、失业和不平等。西尔斯在萨塞克斯大学（University of Sus-sex）的研究成果迅速引起了学界对一系列结构性问题的研究热潮，如二元论、人口增长、不平等、城市化、农业改革、教育、健康、失业、基本需求、治理、腐败以及其他相关方面的问题。研究者们已经开始回过头来讨论这类问题所反映出的独特价值，而不再仅仅将其视为基本增长问题的附属产物。[②]

---

① 20 世纪 70 年代初，我很荣幸地与萨塞克斯大学发展研究所的创始人以及首任所长——已故的西尔斯教授成为良师益友。了解更多西尔斯教授关于发展的观点请登录 http://cepa.newschool.edu/het/schools/develop.htm。

② 比如 M. 霍普金斯和 R.范德胡芬在《发展规划的基本要求》中的讨论，奥尔德肖特：高尔出版公司 1983 年版。

本章的主要任务在于，阐明各国政府和他们的国际盟友，以及在联合国指导下的各类机构［包括由世界银行、国际货币基金组织和世界贸易组织（IMF）共同组成的布雷顿森林机构］，尚未克服发展不足以及广泛存在的不平等和贫困问题。在将近半个世纪中，国际组织投入了高达 1 万亿美元的资金援助，但是仍然有超过 20 亿的人口日均生活费用不足 2 美元，一些最穷困国家的经济状况甚至不进反退。①

企业能解救这个困局吗?

在探讨企业与发展之间的关系之前，有必要先大致了解一下企业所真正拥有的实力。这些雄踞世界发展前沿的顶级公司均拥有强大的实力，以 2005年 1 月纳税额为参照，首当其冲的便是沃尔玛。其在 2004 年的营业额已达约3000 亿美元，同年税前利润高达 103 亿美元。绝大多数的大型跨国公司位于发达国家或地区，其拥有者和控制者也主要来自发达国家。世界前 15 强的企业中有 10 家企业总部位于美国（见图 1.1）。当然发展中国家也有跨国公司，但为数不多，财富 500 强的名单里只有约 30 家发展中国家的公司上榜。② 不过这比起 2001 年的情况已经好得多，当年联合国贸易和发展会议（United Nations Conference on Trade and Development，UNCTAD）发布的全球最大跨国公司排名，仅四家来自发展中国家，分别是和记黄埔（Hutchinson Whampoa）、新加坡电信（Singtel）、西麦斯（Cemex）和 LG 电子（LG Electronics）。③ 这种好转的趋势将继续存在，因为发展中国家的公司（尤其是亚洲公司）正不断尝试打破区域限制，在世界范围内开展业务，逐渐步入国际化轨道。

孤立地看，这些数据显然说明不了什么，这里还需要补充说明这样一组数据：世界银行一年的贷款额为 150 亿~200 亿美元，如国际劳工组织（Inter-

---

① 西蒙·考尔金：《观察家报》，2005 年 3 月 15 日。

② Leslie Sklair and Peter T Robbins，'Global Capitalism and Major Corporations from the Third World'，Third World Quarterly，vol 23，no 1，pp81-100，2002.

③ UNCTAD（2004）'Development and Globalization-Facts and Figures'，（Geneva），p40.

national Labour Office，ILO）这样的常见联合国机构的年度预算只有 2.5 亿美元，仅为埃克森美孚公司（Exxon Mobil）2004 年利润额的 1%（见图 1.1）。比起那些巨型企业，世界银行和 ILO 无论在综合实力还是财富值上都可谓望尘莫及。

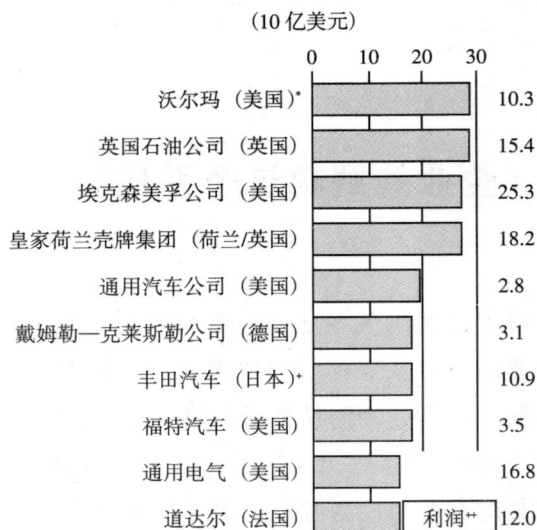

（10 亿美元）

公司	数值
沃尔玛（美国）*	10.3
英国石油公司（英国）	15.4
埃克森美孚公司（美国）	25.3
皇家荷兰壳牌集团（荷兰/英国）	18.2
通用汽车公司（美国）	2.8
戴姆勒—克莱斯勒公司（德国）	3.1
丰田汽车（日本）+	10.9
福特汽车（美国）	3.5
通用电气（美国）	16.8
道达尔（法国） 利润++	12.0

图 1.1　按国家分类的大型跨国公司的规模

注：* 表示截至 2005 年 1 月 31 日；+表示截至 2005 年 3 月 31 日；++表示税后。
资料来源：《财富》。

　　世界贸易总量中有相当大的部分是在跨国企业内部或者依其策划完成的，该比例的具体数字是变动的，但据估计为 40% 至 50%。[1] 跨国企业在发展问题中所扮演的角色近年来才得到公认，因为在过去，人们普遍认为企业唯一感兴趣的是如何使经济利益最大化。迄今为止，企业已开始普遍参与慈善捐赠活动，如许多公司在亚洲海啸后为当地受灾者筹集并捐赠了大量善款。2005 年初，美国公司在短短几周内的捐赠额约为 4 亿美元。[2] 在英国，根据《伦敦标准晚报》的报道，企业的捐赠额约为 1500 万美元，例如庞大的瑞银集团

----

① Anup Shah, 'The Rise of Corporations', http://www.globalissues.org/TradeRelated/Corporations/Rise.asp，2006 年 7 月 17 日访问。

② 根据 The Chronicle of Philanthropy trade newspaper 网站的统计，http://philanthropy.com/free/update/2005/01/2005010502.htm，2005 年 2 月 5 日访问。

(UBS),其成立了专门的海啸救助基金(Tsunami Relief Fund),用来吸纳其分布在世界各地的员工及客户的个人捐助,为灾区捐赠了 300 万美元。实际上,前 500 强的大型全球公司在 2004 年创下了 7.5 万亿美元的收入纪录,净利润 4456 亿美元。[①] 假设跨国公司将其净收入的 0.3% 捐出,政府则将有 133.7 亿美元可拨付于发展项目,而这笔款额已经与世界银行的年度捐赠额相差甚微了。因此,从支付能力的角度来讲,如果跨国公司愿意,它们就能够对世界发展做出贡献。

仅凭 2004 年的数据便足可推断,只要跨国公司对世界发展抱有兴趣并拥有必要的资金,那么它们便具有成为世界发展引擎的巨大潜力。关于意愿和资金这两个主题将在之后讨论,前者通过发展项目中跨国公司的商业案例来说明,后者则在 CSR 的框架下进行讨论。

另一个无须惊讶的事实是,根据毕马威(KPMG)国际调查 2005 年发布的企业责任报告(*Corporate Responsibility Reporting 2005*)显示,[②] 有关企业责任报告的类型发生了引人注目的变化,从 1999 年以前的纯粹的环境报告转变为可持续性报告(其中包括了社会、环境和经济等不同领域),并且这种综合性的报告形式在如今的大公司间已悄然成为一种主流。毕马威报告中的观点包括:

虽然大多数国家的绝大部分公司(80%)仍然单独发布企业责任报告,但越来越多的公司选择将企业责任信息纳入公司的年度报告,视其为公司年度报告中的一个部分。

从国家层面来看,日本有 80% 的公司、英国有 71% 的公司,选择单独企业责任报告形式。在被调查的 16 个国家中,选择转变为综合报告形式趋势最明显的国家有意大利、西班牙、加拿大、法国以及南非,而挪威和瑞典则呈现出显著的下降趋势。

对环境影响相对较大的典型工业部门继续主导着报告的内容。在全球层面,250 个受调查的公司中超过 80% 的公司聚焦于电子、计算机、公共设施、

---

① Riva Krut (2005) Understanding Corporate Social Responsibility after the 2004 Pacific Tsunami: An argument for a financial target for MNE contributions, New York, Cameron Cole.

② http://www.foundation-development-africa.org/africa_corporate_social_investment/increase_in_csr_reporting.htm,2006 年 3 月 1 日访问。

汽车以及燃气领域。同时，在国家层面，所研究的 100 家公司半数以上主要
关注公共设施、开采、化工、油气、林业以及造纸业。不过最引人注目的是
金融领域，自 2002 年以来，有关该领域的报告增长了两倍。

这项调查包含了对 250 个国际化公司的详细分析报告，主要聚焦于分析
企业责任承诺背后的原因以及探究影响企业报告内容的因素。分析结论认为，
商业的驱动力是多元的，既有经济层面的因素（约占 75%），又有道德层面的
因素（约占 50%）。约 50% 的公司指出创新与学习、员工积极性和风险管控
这些激励因素，是企业经济驱动的前三大因素。

独立担保仍然是报告中一个有价值的部分。在 2005 年，报告中关于保证
的声明条文所占比例分别从 2002 年的 29%（G250）上升到 30%、27%（N100）、
33%。主要的会计师事务所在他们的企业责任报告中以将近 60% 的条款在责
任担保方面独当一面。

联合国真的失败了吗？

各国政府以及听命于它们的那些机构，如联合国，在解决发展问题时失
败了，将在本书的第四章论证。在过去的十年中，贫困问题反而由于某些已
经采纳的措施加剧了。联合国及其下属机构并不应该对此状况负全责，因为
它们是遵照其成员国的意愿行事。多年来，就大多数相关问题而言，联合国
成员国之间始终难以达成一致，如美国，更抱以彻底的怀疑和敌视态度，将
在第十章对这一点进行更加详细的论述。事实上，联合国下属的一些机构尽
管承担的项目繁多，事务冗杂，组织官僚风气严重，但是它们的确对发展问
题有相当可贵的见解。联合国开发计划署（United Nations Development Pro-
gramme）就算得上这样一个典型的代表，由其每年发布的《人类发展报告》以
及相关的出版物便可得知。不过，即便是这样一个优秀的组织，每年从各国
政府获得的发展资金也只有 10 亿美元，比起它在 180 多个国家均开展着项目
的庞大规模来说，这些资金无疑是沧海一粟。

例如，英国对于联合国的方针是"责任和透明"，这一点本身无可厚非。① 然而仔细研究这个口号的深层意图就会发现，联合国及其相关机构在实际运作中面临着越来越大的困难，因为它们的每一项行动都不得不接受在该方针指导下的再三审查，这样的低效势必将其逼上绝路。

联合国及其下属机构通常被认为是不值得信任的，特别是在伊拉克的"石油换食品"丑闻之后。即便人们信任它们，也总是给它们贴上低效的标签。当然，这并不意味着它们所做的一切都是毫无价值的。事实上，人们这样看待它们只是因为清楚地知道，这些机构在获取必要的资源和技术方面的能力太有限了。

人们总对政府怀抱着一丝希望，那就是它们能够更加认真地来关注和对待发展问题。在 2005 年 7 月苏格兰格伦伊格尔斯举行的 G8 会议上，英国政府将欠发达问题列为两大关键议题之一。这至少揭示了问题的一部分，那就是贫穷国家通常都面临着巨额债务。

时任英国财政部部长戈登·布朗（Gordon Brown）提议，要解决贫穷非洲国家的债务问题，所需要的资金数目高达 550 亿美元。根据会议协议，世界银行（World Bank）、国际货币基金组织（International Monetary Fund）和非洲开发银行（African Development Fund）应该立即抹去 18 个欠债国的全部债务，约为 400 亿美元。Brown 还认为，另有 20 个国家也可以获得这种豁免资格，条件是它们在改善治理和整治腐败方面满足严格的标准。

550 亿美元对于通用电气公司来说，只占其市值的 20%，而它只是数百家跨国公司的其中之一。并且，许多银行和投资商在放贷给发展中国家的环节中捞到了巨额好处费，他们通过向当地的官员行贿而攫取利益，这些私利再由他们的亲信转移到海外的银行和金融机构。当瑞银集团（UBS）的股票在 2005 年 5~6 月上升了 5 个百分点后，瑞士的银行家们显得非常自得，至少是因为其许多非洲客户拥有的只是存款而不是债务。

---

① 在 2005 年夏天的国际劳工组织大会上，我要求国家工作与养老金部部长来解释，为什么英国与美国一道，表决通过国际劳工组织预算。他解释道，这是出于更多透明度和责任制的需求已造成太多浪费。这听上去不错，但实际上这些单纯的观点，使组织给官僚们更多的权力，给予创新思想者更少的权力。国际劳工组织告诉我，他们的经理们像三年前一样，在"责任制"这一问题上花了三年的时间，并且他们的生产计划遭受了重大损失。

　　另一个始终未发生改变的事实则是，尽管当初各国设定了对发展投入资金占 GDP 1%的目标比例，但是富裕国家的实际支出大约在 0.3%的时候就止步不前了。以美国为例，它在世界发展问题上的投入只占 GDP 的 0.16%，并且其中的绝大部分都流向了以色列和埃及。奇怪的是，很多"美国人"以为他们的政府花费了财政预算的 1/4 用于世界发展援助〔桑伯（Somberg），2005〕。①

　　朱利安尼（Giuliani）当选纽约市长之初，他想将联合国大楼改建为一座宾馆。他的助手们立即提醒他，这样做会使得纽约东部的大量宾馆和饭店倒闭，因为与联合国相关活动的商业利润是非常可观的。有人曾粗略地估算过，美国在联合国每花费 1 美元，将通过从联合国举办的各种会议和国际旅行的活动中获得 3 美元回报。与之形成对比，朱利安尼被告知更加不可思议的事实是，纽约的卫生部门在人员和固定支出的预算上竟超出了联合国的全部预算，而联合国的预算覆盖了全世界 200 多个国家的资助项目。

寻找发展新途径，CSR 首当其冲

　　既然 CSR 的重要性已日益凸显，那么，如今的企业是否比过去更多地参与到发展事业中来呢？相对于十年前甚至更早的时候，企业参与发展的热情显然是提高了，虽然这种积极性大部分集中在慈善方面（主要为慈善捐款的形式），而非出于对发展本身的兴趣。发展是一个比单纯慈善更为广泛的概念，这一点将在第五章详述。发展项目比慈善捐赠复杂得多，并不只是简单直接地将现金交给学校或是医院，虽然也可以包括这些。发展的意义更多地体现在与当地的合作伙伴及公共机构共同创建可持续的项目，其内涵很大一部分在于授人以渔——尽管如此行为不一定为援助者带来名声，但是这种有助于受益人能力建设的方式，恰恰由于教会人们学会如何自助自强而更加接

---

　　① B.Somberg（2005）'the world's most generous misers, Third World Traveler, October, www.third-worldtraveler.com/Foreign_Policy/Most_Generous_Misers.html, accessed 11 August 2006.

近发展的本意。

　　显然，在发展问题上企业并不是专家，也因此犯下许多错误，如在第二次世界大战后通过援助机构对不发达地区发起战争。关于企业直接援建一个项目的案例是非常丰富的，这类项目要么是不可持续的，要么仅仅为当地政府的腐败分子提供了更多的腐败机会。可口可乐公司便是一个例子。它在莫桑比克援建了一家环境优美的医院，并配备上最先进的医疗设备。当公司的项目执行者在几个月后重返现场时，却惊讶地发现这里已经变成了一个地区的收容所，而那些精良的设备统统被卖掉了。

　　为了进一步讨论上述情形，大型企业不应忽视在发展中真实存在的那些商业案例。在 CSR 中有许多涉及跨国公司的案例，它们启示了一种合作式的发展思路。[①]

　　为说明这个案例，让我们首先更为详细地考察 CSR。CSR 的魅力在于它是一种系统工具，也就是说，系统的问题已经得到明确界定，系统的边界也是清晰的，如此一来所有对解决问题有重要影响的因素都可被纳入系统进行审慎考察，[②] 将在第二章谈到。许多对 CSR 的批评者并没有弄清相关的基本概念和定义。在当下，从商之人普遍更关注商业领域中如何获取利益的问题，他们对参与这类看上去颇为专业化的讨论并不感兴趣。然而这种对基本概念的漠视是少有的，因为细节对经商至关重要—— 一家公司不会处理账务，不知道已销售的药品、电脑软件、铜管等产品的详情。

　　然而，不知何故，企业管理方面的概念总是被随意地赋予各种内涵，要么为了适应一种先入为主、存在已久的观念，要么为了迎合公司的董事或公司的股东。如此一来，同样一个概念却衍生出一大堆令人困惑的诠释。例如，有人将 CSR 定义为一种系统方法，须将内外部利益相关者纳入考察范围；也有人认为 CSR 单指某种自愿行为。此外，商业领域的各种专业术语在社会上广泛传播，导致这种混淆不清的状况愈演愈烈。这样的术语包括：企业可持续发展（Corporate Sustainability）、企业公民（Corporate Citizenship）、企业责任（Corporate Responsibility）、商业责任（Business Responsibility）、企业社会责任

---

① 比如 Michael Hopkins and Roger Crowe, Corporate Social Responsibility：Is there a business case?, ACCA, 2003；see www.accaglobal.com/pdfs/ members_pdfs/publications/csr03.pdf.

② John Clark et al（1975）Global Modelling：A Systems Approach, Guildford, UK, John Wiley.

（Business Social Responsibility）、商业信誉（Business Reputation）、公司伦理（Ethical Corporation）、可持续型商业（Sustainable Business）等。然而，如果没有一种共同的语言系统，就很难知道我们和企业之间的对话是否让双方得以领会本意。这种交流上的障碍让一些公司将 CSR 等同于慈善事业，而另一些公司甚至直接采取完全漠视的态度。但也有例外，如壳牌（Shell）、英美石油公司（BP-Amoco）、英国合作社银行（Co-operative Bank）等，则视 CSR 为一种新型的企业战略架构。

最有影响力的一种定义是从利益相关者的角度进行的界定：

CSR 强调以一种符合伦理或社会责任的方式对待公司的利益相关者。由于利益相关者既存在于公司内部，又存在于公司外部，因此，该社会责任的目标意味着在保持公司的营利性的同时，不断提高相关人群的生活水平。①

我们很多人对于什么是伦理都有独到的见解，但是对于公司的利益相关者的界定却引起了激烈的争执。按照最保守的观点，利益相关者包括来自公司内部的以下人员：董事会股东、投资者、管理者以及员工；此外，还应包括如下外部人士：供应商、客户、自然环境、政府部门和当地的社会团体。

虽然对主要利益相关者的界定显示出，那些来自公司外部的群体（政府、环境、社团、顾客和供应商）与公司内部的员工和股东一样需要得到同等的重视，但这个定义本身仍然没有直接说明为何企业应该参与发展项目。那么，企业应当参与发展项目的原因何在？

企业与发展

至此有两个相互关联的问题：企业为何要对发展抱有兴趣？为什么要选择 CSR 的路径？

实际上，企业已经无可避免地被卷入世界发展的进程中，至少在某些领域是如此。企业在这些领域中的活动可以宽泛地归纳为以下三类：

---

① Michael Hopkins（2003）The Planetary Bargain：CSR Matters，London，Earthscan.

类型Ⅰ：为了某种"善"的原因针对发展中国家进行的友好捐赠，如以促进发展为目的的慈善事业。

类型Ⅱ：公司内部与发展有关的活动，如为发展中国家开发新产品，在发展中国家投资，或使企业在劳动力价格、特殊技能或自然资源如石油方面获得经营优势，直接影响着整个组织的利润。

类型Ⅲ：在类型Ⅱ的基础上，促进可持续发展的相关活动以及对抗贫困的积极行动。这些活动有助于促进发展，但是不会立刻影响到公司的财务数据。这类行动既可以提高企业声誉，又对更为广泛的发展目标做出贡献。

对于类型Ⅰ和类型Ⅱ的例子在此就没有必要列举了。我们将注意力集中在类型Ⅲ的发展活动上。这类发展活动通过三种机制使企业受益：

（1）类型Ⅲ中的活动在影响力方面要大于类型Ⅰ，在推动可持续发展方面比单纯的慈善行为起到了更大的作用。

（2）对于那些在发展中国家拥有子公司和供应商的公司来说，此类活动会在提高公司声誉的同时降低其风险。

（3）发展的长远目标最终会在公司的财务指标上有所体现。通常，股东更加关心短期利润，而对看上去有些冒险的行为保持警惕。但企业迟早必须转向考虑自身的长远发展，这时它们就会明白，倘若其所在地区总是处于欠发展的状况，将难以保证公司的长久运营。

值得注意的是，我们所讨论的主题本身是有争议的。即便一些 CSR 的支持者也认为有些公司对发展热情过了头。诚如一位杰出的发展专家保罗·史翠登（Paul Streeten）所主张的那样，企业在援助发展方面需要量力而为。史翠登说："只有当企业在近乎垄断的状况下经营时，它们才能够承担起社会责任和持续经营，除非它们有足够的能力向它们的供应商、竞争者和分销商施加足够的压力，使它们也不得不这么做。"[①]

本书第六章收集了反对 CSR 的意见。但是在展开讨论之前，若假设企业对类型Ⅲ的发展活动更感兴趣，那么 CSR 路径将如何为这种选择加分呢？

---

① Novartis, 'Human right and the private sector', International Symposium Summary, P23, http://www.novartisfoundation.com/pdf/symposium_human_rights_report.pdf, 2006 年 8 月 11 日访问。

为什么选择 CSR？

CSR 道路之所以具有吸引力，是因为 CSR 路径试图向企业证明，它们的责任绝不仅仅在于获取经济利润，更为重要的是关注这些利润的获取方式。只有当企业承担起这样的责任，才可期盼它们转入企业社会发展（Corporate Social Development）的进程。企业社会发展这个概念比 CSR 概念本身更具行为导向性，它囊括了企业对待所有利益相关者应当实施的社会行为。值得强调的是，关于 CSR 的定义（见第二章）中的"社会"，比起传统意义上的界定来讲，有着更为广泛的内涵——除了通常意义上的"社会"，还涉及环境、金融、治理和经济方面的议题。

CSR 路径有助于提高企业的财务底线，同时在帮助解决地区欠发展和贫困问题方面表现出的独特优势，至少体现在如下九个方面：

（1）企业将获得持续提升的良好声誉。因为 CSR 帮助企业构建了一大笔无形资产，包括信任、可靠性、品质、一致性、信用、对外关系和透明度等；此外，有形资产包括那些投资于人才和环境以及多样化投资组合所带来的回报。

（2）随着社会责任投资（Socially Responsible Investment，SRI）变得越来越重要，持有 SRI 的公司可更容易地进入金融市场。许多新出台的金融指数为这种趋势提供了证据，例如，FTSE4Good 和道琼斯可持续发展指数（Dow Jones Sustainability Index，DJSI）对主要的国际公司进行公开排名的依据便是这些公司对环境和社会领域发展的贡献程度（见第十一章）。

（3）CSR 对提高雇员工作积极性、吸引和保留优秀员工是一个非常重要的因素。

（4）积极的 CSR 战略有助于提高公司的创新能力、创造能力、智力资本和学习能力。鉴于许多新型的经济公司 80% 的资本都属于无形的智力资本，那么，通过与公司内部的利益相关者积极协作，以保持这种软资本的优势就变得越来越有必要了。

（5）对企业与外部利益相关者的关系进行深入分析，能够有效提高风险管理能力。其中诸如新技术、非常态的社会监管、市场预期等因素，驱使着企业在分析其所面临的风险状况时，采取一种更为发散的思维和视角。

（6）CSR 可协助公司同当地政府、社区和其他利益相关者建立良好的合作关系。这对公司进行未来的投资决策是非常重要的，尤其是在遭遇各种困难的时候。这样，相对于那些不注意维护当地关系的公司来说，这类公司便获得了竞争性的优势。

（7）在有关全球化利弊的讨论热潮中，商业公司在全球化进程中所扮演的角色让人们不由自主地将目光投向企业社会责任。那些被认为有社会责任感的公司正日益成为消费者的首选。

（8）大公司培养的能力技术和管理技术，通过 CSR 相关工具包括联合国全球协议（UN's Global Compact）、商业社区（Business in the Community）以及公私伙伴关系（Private and Public Partnerships），逐渐可应用于扶贫事业管理中。

（9）越来越多的人达成了一致的"家园协议"（或"星球协定"）（Plane-tary Bargain），以往借助其他手段利用贫穷国家的廉价劳动力，在当地发展高污染产业以壮大自身的"以邻为壑"型政策既不受到公司的关注，也不受到他们消费者的青睐。

关于最后一点，大公司将逐渐地采用 CSR 工具，这个预测和提倡在五年前我的《家园协议》（*The Planetary Bargain*）一书中曾被论述并且逐渐地实现，而这种进展的速度之快，又超出了我在短短几年前的设想。我在书中着力论证了 CSR 体现了企业以一种恰当体面的方式对待其利益相关者的观点。这种观点没有革命性剧变，但是其值得深思的地方在于，那种为了将产量提到极致，而拼命压低工人工资，不思改善工作条件，无视产品质量，以牺牲环境为代价，助长地方腐败，忽视员工和社区居民基本权利的公司政策，只能被事实证明是粗陋无效的。

与"以邻为壑"的发展策略恰恰相反的正是 CSR。因为对利益相关者产生积极影响，意味着消费者将获得与其劳动贡献相匹配的报酬去消费；环境质量将得到改善，公司面对的环境负担更小；政府治理水平的提升使交易成本降低；尊重人权能够使员工、社区居民感到更有尊严，有助于提高当地分支机构的生产运营能力。因此，那些拒绝承担社会责任的公司，不得不接受全世界消费者"用脚投票"的结果，即被淘汰掉。并且，随着技术的全球化扩散和信息的广泛传播，哪怕在偏远地区，也已没有什么事情能够成为长久的秘密了。

显而易见，CSR 方法有成本和局限性，其背后潜藏的理想主义设想也会阻碍它的传播，正如不屈不挠的商人对降低成本和利益最大化的追逐。即便如此，正如经典研究《基业长青》（*Built to Last*）所指出的，坚持 CSR 的公司因更加关注其利益相关者，在金融和市场状况方面取得了更为优异的业绩，它们是那些负债更少、生存时间更长久的胜利者。[①]

发展的 CSR 路径

企业可以采取什么样的行动来加强企业社会发展（Corporate Social Development，CSD）呢？我们在这里将讨论的是那些有益于提高发展中国家居民福祉的公司对外行动。我在拙著《家园协议》中也已对该主题进行过详细论述。

跨国公司若计划推进 CSD，至少可以从如下五个方面做起：

第一，在发展中国家开展投资活动，并且努力让这些国家的产品自由进入富裕国，虽然这是个重大而广受争议的议题，并且在未来几十年中仍将如此，但事实上许多公司已经开始了这样的尝试。人们关注的是，这些进口产品难道不会给工业化国家的跨国公司及其员工在本国市场带来损害吗？这正是目前学术界在有关发展的命题中争论不休的话题之一。我的观点是，在创新速度上富裕国家要比欠发达国家（LDCs）更具优势，因为它们具有更高的技术水平，并且其始终坚持着向知识密集型方向进行产业调整。当欠发达国家的产品开始进入发达国家的市场时，其带来的经济增长也会给其他产品带来更大的市场空间，而且并没有特殊的证据可以证明失业率将大幅攀升（这正是反对派的另一个理由）。

① James Collins and Jerry Porras (1994) Built to Last, HarperCollins, New York.

第二，对于大多数公司来说，CSR 可以简单地体现在与当地社区合作。显然，由于那些改善当地状况的活动能够为跨国公司带来良好的声誉，使其保持和谐发展，因而它们是乐意为之的。但这些行动并不像表面上看起来的那么容易。它们所面临的难题有三个：

（1）面对当地社区，跨国公司发挥作用的边界在哪里？

（2）它们应该重点关注哪些问题？

（3）跨国公司是否应该关注基本人权问题，这会带来哪些进一步的问题呢？

第三，慈善事业总是被看作是跨国公司在 LDCs 行动中的重头戏（这一点还会在第五章着重讨论）。然而事实上，当慈善项目结束以后，相关的服务和活动大多难以为继，只有很少一部分慈善活动是可持续的。我们应注意不应将慈善活动的可持续性与自然环境的可持续性混为一谈。

第四，发展援助对相当多的国家而言是十分关键的。与已有的发展机构合作是一项明智之选，例如 UNDP，在发展方面拥有极为丰富的经验。显而易见，跨国公司不应谋划着如何取代联合国或地方政府的职责。简单地说应思考怎样将自身的影响力和财富置于恰当的用武之地。比如，它们可以考虑，是否应该在纳税方面做出额外的贡献，而这又是一个不可能在此简单说清楚的问题。不言而喻，政府部门在财政支出方面存在各种问题，跨国公司能够帮助政府更明智地使用它们的税收贡献，同时，借助于当地政府和联合国机构，开展它们自己的发展项目。当然，另一个问题是"企业在何处纳税"。①为了获取更多的地方利益而进行的寻租活动符合社会责任的要求吗？倘若企业能更多地思考如何对世界发展贡献更多的财智，那么诸如此类问题就显得不那么重要了。

第五，通过多种途径使人们的各种技能不断提高，无疑是开创可持续性发展的不二选择。教育、培训、技能开发、能力建设都指向一点——人类生存技能的提高，这正是发展之根本。跨国公司凭借其丰富的内部培训经验，在此方面大有可为。

---

① 艾德里安·佩恩对笔者的询问，个人沟通，2006 年 7 月。

CSR 能为发展开创道路

CSR 能为发展开创道路吗？简洁的答案是：能。CSR 为企业指明了一种途径：企业可以探究它们在社会中可能承担的广泛作用，而许多是它们未曾关注过的。CSR 是一个系统概念，涉及一个公司的各个方面。其自身的效果既有积极影响，又有消极影响。CSR 的广泛作用，加上企业的影响力和技术能力，为企业和私营部门参与发展提供了前所未有的激励。显而易见，政府掌握公共财政，在发展中扮演着类似于最终裁决者的角色，可是政府以及联合国的失败，使发展事业在许多发展中国家留下的空间需要另一类实体组织填补——私营部门和其中的佼佼者——大型企业。

有人会坚持认为企业不应偏离追求利润的轨道，发展完全属于政府的责任，并且这种辩护的论据看上去相当充足。然而，此类看法同"在刀尖上起舞"没有什么本质区别，最终只会导致企业的衰败。这是因为，市场的作用仅仅在于让人想方设法地获得最大利润，但是不可能使重要的社会责任得到履行，如降低失业，普及初、中等教育，降低发展中国家的重大疾病率等。时间会证明，企业将面临如上所述的种种挑战。或许，跨国公司会为了克服一些困境而选择走发展的道路，这些困境包括不断上涨的能源价格、离岸仇视、消费者联合抵制等。它们迟早会懂得直面这些挑战的意义。此外，还需要进一步探讨的是，一旦它们选择了这条路，它们应该如何走下去。关于此点，本书在第十二章给出了相应的建议。

第二章 CSR 是什么？它的未来在哪里？

缺乏广泛共识的定义导致了对其的误解和嘲讽。倘若有 100 个人，就有 100 种 CSR 定义，如此一来，欲对 CSR 在战略制定和利益相关者管理方面的重要性进行讨论，要么难以开始，要么一片混乱。[①]

引 言

正如引文中指出的，明晰 CSR 的定义是十分必要的。[②] 本书的目的在于，让读者真正理解我所说的 CSR 究竟指什么，并且了解为何在为企业提供参与发展的机会方面，CSR 比以往的方法都有效。因此，本章试图对 CSR 及相关的繁杂定义进行仔细审视和梳理，并提出在我看来最为恰当的定义。

本书对 CSR 的原始界定

先来看我这些年来一直使用的定义：

CSR 强调以一种符合伦理或社会责任的方式对待公司的利益相关者。

[①] Wan Saiful Wan Jan and Alan Gully: 'Defining Corporate Social Responsibility', presented at Conference on CSR, Middlesex University Business School, London, June 22 2005.

[②] 感谢杰弗里·钱德勒爵士和约翰·台珀·马林教授对早期草案的评论，他们爽快地允许我使用我认为合适的评论。

"符合伦理或有责任感"是指公司对待其利益相关者的方式受到文明社会的认同。"社会责任"包括经济的和环境的责任。利益相关者存在于公司内外部。承担社会责任的广义目标是在保持公司营利性的同时，不断提高人们的生活水平。[1]

这个定义更容易招致批评而不是对其修订的建议。确实，我不确定是否有任何社会现象的定义能达至广泛认同，考虑到上述定义的长度，如果没有人质疑和反对，我反而觉得有些不正常。[2]

抛开词句累赘，这个定义仍然没有覆盖所有主要问题，至少有十个关键问题没有被详尽地写在定义中：

（1）谁是利益相关者？

（2）为何要将"社会的"贯入对"企业责任"的定义中？

（3）"符合伦理"是什么意思？

（4）"对待利益相关者的方式受到文明社会的认同"是否阐明了何谓"符合伦理"？

（5）文明社会是什么意思？当下或曾经存在这样的文明社会吗？

（6）责任究竟指什么？

（7）"符合伦理"和"责任"相同吗？

（8）社会是否包括经济和环境？

（9）公司为何应该考虑外部的利益相关者？

（10）CSR为何应去关注改善企业外部的人们的生活水平？

---

① Michael Hopkins（2003）The Planetary Bargain-CSR Matters, London, Earthscan.

② 我在《行星上的交易》一书中提到了"企业社会责任不是一个新问题"这一事实，商业的社会责任并不广泛地被看作是来源于亚当·斯密的大萧条时期的重大问题，但从20世纪30年代开始到60年代，社会责任已经成为了"不仅对于商业而言，而且对于法律理论与实践、政治与经济而言的重要问题"。源自A.B.Carroll（1979）'A Three Dimensional Model of Corporate Social Performance', Academy of Management Review, vol 4, no 3. pp497-505；Dirk Matten and Jeremy Moon（2004）"Implicit" and Explicit" CSR A conceptual framework for understanding CSR in Europe No.29-2004 ICCSR Research Paper Series-ISSN1479-5124 Nottingham University；Marcel van Marrewijk（2003）'Concepts and Definitions of CSR and Corporate Sustainability Between Agency and Communion', Journal of Business Ethics, vol 44, pp95-105.

CSR 的市场经济批判

对上述问题暂不详细阐述，在许多人看来，对 CSR 的定义确实遗漏了一些重要方面。例如，"可持续性"这个词在该定义中就没有提到。此外，根据另一种较为经典的定义［来自欧盟（EU）和国际劳工组织（ILO）］，它也没有提到另一个要点，即 CSR 应该是企业的一种自愿行为，而不是法律所强制的。

尽管不完美，但是一个清晰的界定是至关重要的，否则完全混乱。大卫·亨德森（David Henderson）是 CSR 的有力批判者，一位《金融规划杂志》（*Journal of Financial Planning*）的编辑在采访亨德森时问道："您被称为 CSR '运动'的最强烈反对者，那么，您是否全然反对企业社会责任的概念呢？"亨德森的回答：

"并不完全是这样。但是必须弄清我所说的一般的企业社会责任和特指的企业社会责任之间的区别。前者是指商业活动应该以一种负责的方式进行，这也是我一直推崇的。对于公司应该肩负哪些职责、履行哪些义务的讨论并不新鲜，自几个世纪前人们就开始研究这个问题了。而后者是一种危险的新鲜学说，我反对。它的热情追随者们以为 CSR 绝不亚于一场'企业变革'，他们将其看作对企业使命的一种全新突破。可如果回顾过去的五六十年的经济历史，公司在推动市场经济的发展中起到了十分积极的作用，因此我们为什么要去回头来质疑这一点，并试图去改变企业的原有角色。许多国家已经将过去的经济劣势扭转，取得了巨大的进步。我的结论是，正是因为人们生活和工作中的这个经济体是有活力的，人们才得以享受到物质进步，进一步，只有当政治和经济条件有利于市场有效运转时，这种高速发展才可以持续下去。CSR 的推行会给企业造成成本上升和绩效下滑的高风险。"①

显然，这段话道出了很多实际情况。但是，当亨德森说"公司在推动市场经济的发展中起到了十分积极的作用，因此我们为什么要去回头来质疑这

---

① Anonymous（2005）Journal of Financial Planning, August, vol 18, no 8, p10.

一点，并试图去改变企业的原有角色"的时候，他对市场经济的绝对信任这一点让人吃惊。市场中的失利者已经如此之多，近来比较典型的如联合碳化物公司（Union Carbide）、安然公司（Enron）、美国世界通信公司（World-Com），以及像微软和沃尔玛这样拥有绝对领先地位和优势的大型跨国公司。

作为一个 CSR 的拥护者，我的观点是，当拥有一个公平的竞争环境时，市场经济运转良好。如果信息匮乏，技术分布不均衡，缺乏透明度或者法律对利益格局的调整只有益于当权者，那么在这些情形下，就容易出现公司之间的不良竞争。普遍看来，此类情形在富裕国比贫穷国更容易得到控制和避免。当自由主义①势头稍抬后，虽然对市场经济十分有利，但乔治·沃克·布什（George W. Bush）也不得不承认贫困问题大幅加剧了。②托马斯·弗里德曼（Thomas Friedman）（布什意见的普遍支持者）在《纽约时报》（*New York Times*）上对此做出了精要的概括：

总统的标准台词是："这不是政府的钱，这是你们的钱"，以及"我们的经济政策绝不会试图从你们的腰包里掏钱以中饱私囊"。极端的反对派人物格劳弗·诺奎斯特（Grover Norquist）——其名言为"我并不想扩大政府，我只期望将其减缩得越小越好，直到我可以将其拖进浴室并淹死在浴缸里"——的税收政策所支配的行政机构在此时此刻却丧失了这种本能。③

因此，我相信 CSR 是一个非常有影响力的工具，正像我所界定的那样，它将在保证私营部门有利可图的同时减缓过度竞争。

竖立一个"稻草人"靶子，再把它击倒，这种自导自演的把戏常被某些聪明却时常别有所图的人所利用，使之成为看似有力的论辩。亨德森也不例外。事实上，期待一个亨德森对"一般性 CSR"的定义。在与前面那段引文

---

① 如果自由资本主义占据主导，那么情况可能会更好——教育拉平了竞争环境，在这一点上，市场可以发挥很大的作用，然而，布什政府通过减税来创造巨大的财政不平衡，这有利于富人，并防止开支增加，也就是说，这是一个干涉主义的政府。

② Paul Harris (2006) '37 Million Poor Hidden in the Land of Plenty', The Observe London, UK, 19 February. 他指出："美国人总相信辛苦的工作会得到丰富的回报，但是如今有大量的人不能支付到期的账单，即使他们有两三份工作，每10个人中有不止1个人生活在贫困线以下，并且贫富差距越来越大，美国的贫困率为12.7%，为发达国家贫困率的最高值，他们遍布于肯塔基的山岳到底特律的街道，从路易斯安那的南方腹地到俄克拉荷马的中心地带都有他们的身影，从2001年起贫困人数年年都在上升，乔治·W. 布什总统任期内，又有540万人滑落到贫困线以下。"

③ Thomas Friedman (2005) 'Osama and Katrina', Op-Ed column, New York Times, New York, US, 7 September.

的同一篇文章中，他谈道：

"那么，究竟什么是CSR，如果公司接纳了这种事物，它们应该如何来履行各自的社会责任呢？没有任何一个关于CSR的恰当界定正是问题所在。但我准备使用一些实践中的股票术语来阐释这个问题。CSR导向的公司被认为是企业公民的拥护者，并将'可持续性发展'作为其目标。它们必须与一系列不同的利益相关者一道，追求可持续发展——实际情况是，它们需要花费大价钱才能促成多方利益者的参与。可就连这种意义上的可持续发展概念也没有一个恰当的可被接受的界定。CSR的拥护者宣扬说，它有利于满足公司'三重底线'标准：经济效益、环境效益和社会效益。"

此外，亨德森没有定义CSR。并且，如果他采纳了某种定义，比如我的定义，他会发现定义中并不存在所谓要信奉"企业公民"或"可持续性发展"的字样。这并不令人惊奇，也许是因为这两个概念也是非常难以界定的，这一点我接下来将会谈到。

"企业公民"被定义为：

企业公民表达了这样一个观点：除了经济行为之外，从事商业活动还应更多地考虑其对社会和环境产生的影响。①

上述定义比起我对CSR的定义来说有更多限制，因为它忽略了利益相关者，也没有提到"更多考虑"是否指更有责任感地做事（我假定是这层含义）；也没有说明"更多"的比较对象，究竟是比以往更多，比竞争对手更多，还是其他意思呢？

最近，唐纳·伍德（Donna Wood）和其他一些人深化了公民这个概念的内涵，引入了"全球企业公民"（Global Business Citizenship）的概念。所谓全球企业公民，是指商业实体（包括管理者）有责任感地行使其权利，对个体、利益相关者和社会履行义务，而不论国界和文化差异。② 这个创新性的观点与我对CSR的定义有共同之处，那就是用一种全球视野来考察我们各自的对象。"全球企业公民的概念将从前基于社会的CSR概念置于全球范围中来，在

---

① Simon Zadek（2001）The Civil Corporation, London, Earthscan, p7.
② Donna J.Wood, Jeanne M.Logsdon, Patsy G. Lewellyn, Kim Davenport（2006）Global Business Citizenship: A Transformative Framework for Ethics and Sustainable Capitalism, Armonk, New York, M.E. Sharpe, p4.

这个全球舞台上，国家主权对全球规则的制定和执行将是远远不够的。"①

企业可持续性是一个比 CSR 更好的概念吗？

企业可持续性是在环保运动中提出的概念。具有代表性的是在 1987 年由布伦特兰（Brundtland）定义的世界环境与发展委员会（World Commission on Environment and Development），也叫布伦特兰委员会（Brundtland Commis‑sion）。其中，关于可持续发展的定义被广为引用，具体为：

可持续发展是这样一种发展，它在满足当前的发展需求的同时，不以损害子孙后代的发展能力为代价（布伦特兰委员会报告，第 43 页）。

不难看出，这个定义与长期的环境问题紧密相关，同时逐渐地涉及更广泛的发展问题。尤其一些公司不喜欢 CSR 中"社会"这个词的感觉，因此倾向于借用可持续性的概念，将企业可持续性定义为：

企业可持续性可以被认为是满足社会期望：在企业的运作、产品和服务中更多地体现出社会、环境和经济方面的价值（PriceWaterhouseCoopers）。②

我们注意到，企业可持续性的定义与我关于 CSR 的定义乃至企业公民的定义都很相似。只不过它缺少有关利益相关者、伦理或责任的表述。

可持续性的概念起初体现出一种对发展可能会受到资源限制的忧虑，这种忧虑缘于地球的自然资源和生态系统存在着有限最大负载。可持续性的概念于 1987 年由布伦特兰报告首先提出并得以广泛传播。当时，对可持续发展的概念和研究与环境学家和生物学家无甚相关。比如，全球报告倡议组织（Global Reporting Initiative，GRI）关于环境保护方面的工作是由环境责任经济联盟（Coalition for Environmentally Responsible Economies，CERES）负责的，

---

① Donna J.Wood, Jeanne M.Logsdon, Patsy G. Lewellyn, Kim Davenport（2006）Global Business Citizenship: A Transformative Framework for Ethics and Sustainable Capitalism, Armonk, New York, M.E. Sharpe, p219.

② http://www.pwc.com/extweb/service.nsf/docid/C5CCD7A9C84C98E78525690400039DAF，2006 年 8 月 14 日访问。

在 2000 年 6 月，GRI 的《可持续发展报告纲要》由联合国环境规划署（United Nations Environment Programme，UNEP）制定，这份纲要覆盖了除"传统的"环境领域之外的经济和社会问题。

许多公司不仅已经采纳了企业可持续性的概念，还出版了"可持续性发展报告"。[①] 例如，道琼斯可持续发展排名榜就根据它的"可持续发展"指数，将第一名颁给了 ABB 公司。值得一提的是，越来越多的证据表明，那些财务表现优良的公司在这项排行榜上明显地靠前。[②]

那么，企业社会责任应该换成企业可持续性（CSu）吗？很显然，企业可持续性的概念有着某种语义上的诱惑力，吸引着一些左右为难的老总，他们对社会问题并不热衷，但在表面上又不得不对公司应该承担的社会责任进行应对，以保证公司看上去是在全心全意地关注相关者的利益。

随着"可持续性"概念的内涵扩展，如今它已延伸到了环保运动之外的经济和社会领域。或许，CSR 和 CSu 正是一枚硬币的两面，这意味着尽管它们不是指同一回事，但人们对两者的理解却在无形中达成了一致。正如杰弗里·钱德勒爵士（Sir Geoffrey Chandler）所称呼的 Humpty Dumpty，只反映出了用词的不精。[③] 事实上，或许很难有真正"可持续性"的公司——虽然许多公司可能还保留着最初的名字，但绝大多数已不是原来的那个公司了；真正长久"持续"下去的凤毛麟角。举个简单的例子，随着石油在未来若干年内渐趋殆尽，壳牌公司依然可能是世界上最大的氢气制造商，但它不再以石油为原料，而是选择海水或诸如风能等可再生能源作为替代。所以，虽然壳牌公司仍然存在，但它不再是能从石油中掘出金子来的那个壳牌公司了。

然而，如果真的把"社会"从 CSR 中剔除，改为企业责任（Corporate Responsibility），虽然可以勉强接受，但不免显得简陋而仓促，就好比在倒洗澡水时将婴儿也一同倒了出去一样。我在定义 CSR 的时候便有意囊括了经济的和环境的方面（它们的排序是根据大多高校社科学院中所包含的分支学科的

---

① Michael Hopkins（2000）'Is Corporate Social Responsibility the Same as Corporate Sustainability?', MHCi Monthly Feature，December，www.mhcinternational.com.

② 不幸的是，ABB 公司的情形似乎并不可持续，ABB 公司在 2005 年中期将其可持续发展组织推向公关部门，而前任主管克里斯蒂安转到日内瓦的世界可持续发展工商理事会（WBCSD）就职。

③ 个人沟通被许可引用。杰弗里爵士是大赦国际英国商业集团（1991~2001 年）的创始人兼主席；荷兰皇家壳牌公司前高级经理；前英国国家经济发展局局长。

排序，像社会学、经济学、政治科学、环境科学等）。如果 CSR 中没有了"社会"，那么对这个概念的含义就更难说清了。它可能是指企业治理和遵守法律等，虽然这些也很重要。只可惜许多国家的公司就连如此基本的也做不到。比如乌兹别克斯坦，在劳工保护方面制定了严格的法律，但在实践中都被束之高阁了。所以，抛开"社会"单说"企业责任"，使本来就容易混淆的概念更加难以厘清了。

企业社会绩效和回应性

早在 30 年前，"社会中的商业"领域（也叫作管理中的社会问题）的学者，就开始着手研究，如果企业既是一个以利润为中心，同时又是一个社会实体的话，那么其究竟应该承担多少社会责任。1975 年，普雷斯顿和波斯特提出了一种新的方法，推动该研究领域尽快确立起其合法性地位。[1] 商业在过去被看作是一支独立的社会力量，与其他的社会力量产生联系，但不会被影响。而普雷斯顿（Preston）和波斯特（Post）指出，所有的社会系统都是相互"渗透"并相互影响的。如公司的员工，他们并不只拥有某家公司职员的身份，他们还代表着外部世界，拥有各自的技能、观点、偏好和不足。同样，一家制造公司采购所需的原材料，但在生产过程中免费"使用"空气和水。那些耗费大量水源或向大气排放污染气体的各种生产实践活动，与社会的方方面面相互影响着，如是，对商业在社会中的角色进行考虑，也就是理所应当的了。

实际上，也有学者试图替换掉"责任"这个词。美国学者更青睐使用"绩效"这个词来代替责任，因而称其为"企业社会绩效"（Corporate Social Performance）。比如，普雷斯顿和波斯特将他们的兴趣集中在公司回应社会问题的能力上，[2] 即企业社会回应，或被弗雷德里克称为的"CSR_2"（下标"2"表

---

① Lee E. Preston and J. E. Post （1975） Private Management and Public Policy: The Principle of Public Responsibility, Englewood Cliffs, NJ, Prentice-Hall, p3.

② 同上，第 3 页。

示这是回应性而不是责任）。① 弗雷德里克将社会回应性定义为：企业回应社会问题的能力。由于企业社会责任在之前已经习惯被缩写为 "CSR"，因此他用 "CSR₂" 来指代企业社会回应。

弗雷德里克注意到，普雷斯顿和波斯特没有能够提供一种可以测量企业履行社会责任的实际成效的工具。他们提出，可以转而考察企业的回应性，并试图将这种回应总结为 "有反应的、有准备的或响应性的" 表现。由此，在普遍的道德原则领域，对于企业责任又多了一个全然不同的分析层面：对企业行为层面的考虑。

与弗雷德里克一样，唐纳·伍德（Donna Wood）发现的激励原则和所谓的回应性都无法进行测量，并且这两者都没有充分考虑到利益相关者的角色。② 显然，这两位作者都信奉 "能够测量的才是可行的"。我对此并不反对，但不会在此进行过多讨论。无须多说，某些现象总是比另一些更容易衡量。毫无疑问，商业部门（以及政府）的情况正好符合这个由来已久的信念，因为比起社会问题，商业领域的信息显得充足甚至过量，而由于另一些方面的信息不足导致我们对社会问题难以进行普遍测量。

唐纳·伍德设立了一个模型，试图将社会回应性结果作为一个变量来指代实际的企业社会绩效。她于 1994 年出版的著作中①，将 CSR 定义为：一个商业组织在如下方面的综合表现：社会责任准则，社会响应过程，以及与公司的社会事务相关的可观测的结果。

很明显，如果用 "发展" 来代替 CSR 中的 "责任"，则是在强调为促进社会某些方面的发展，企业在内部或一定范围内所能做出的贡献。"责任" 一词已经因为我们始终对 "谁的责任" 界定不清而饱受质疑了。一个有责任感的人仍然可能触犯法律——别忘了《纽约时报》朱迪思·米勒（Judith Miller）的例子，他为了捍卫一个记者对保证信息源安全的职责而在监狱里度过了 90 个日夜。如果一个人触犯了法律，而他刚好是某家公司的职员，那么是不是意味着这家公司不再具有社会责任感，因为它的职员犯了法，坏了公司的名声？如果《纽约时报》重新聘用米勒（Miller），是不是意味着它失去了社会责任感

---

① William C.Frederick（1978）'From CSR₁ to CSR₂: The Maturing of Business-and-Society Thought', Working Paper, Katz Graduate School of Business, University of Pittsburgh.

② Donna J. Wood（1994）Business and Society, 2nd edn, New York, HarperCollins.

呢？综上所述，可见"责任"一词还存有许多疑问。但我们现在使用这个词，用以表示一家公司努力对它的利益相关者负责，在达至一种和谐状态的同时而不至于拖垮自己。显然，本书第八章谈到的低薪案例也是意味着公司所保持的低薪水平（并不至于使人挨饿或受奴役，也非使用强制暴力手段）是因为公司自身正勉力在生存的门槛上艰难度日，因此相应采取这样的策略实属无奈。不过如果涉及法律问题就要复杂得多了，因此那种以为公司的社会责任单指遵守法律的认识，确实太过简单了。

更多 CSR 的定义

英国的定义

关于 CSR 的定义同样是含混不清的，甚至在层次较高的人群中也是如此。较为典型的是英国前 CSR 部长尼杰尔·格里菲斯议员（Nigel Griffiths MP）的论述，他写道：

CSR，我称之为企业责任，是有关企业如何在运作中充分考虑对经济、社会和环境的影响，并追求利润最大化和最小的代价。[1]

在同一本书中蒂姆·克莱门特-琼斯（Tim Clement-Jones）所写的章节里，我们可以发现一个更有意思且更有帮助的定义。琼斯引用了英国政府贸易和产业赞助部企业责任联盟对 CSR 的界定：

企业管理对外界产生的作用，这种作用的对象既包括其直接利益相关者，又包括其所处的社会。CSR 不仅是关于公司选择任何资金和技术参与社会组织来帮助解决社会问题，它更是关于下列活动的一种整合：公司的自治，使命的实现，价值的践行，与利益相关者合作，测评自身的影响，报告自身的活动。[2]

---

[1] Nigel Griffiths in John Hancock（ed.）（2004）Investing in CSR-A Guide to Best Practice，Business Planning and the UK's Leading Companies，London and Sterling，Kogan Page，pvi.

[2] Tim Clement-Jones in John Hancock（ed.）（2004）ibid.，p8.

但是，阐述 CSR 不是什么而不说明它是什么，这样的定义难道不奇怪吗？并且，在其中加入许多新的内容，如"使命""价值""影响"（对什么的影响？）以及"报告"，这就更令人难以捉摸了。对"利益相关者"倒是有所提及，但是并没有阐明其具体指代对象。但至少，这个定义与我在本书开头给出的定义相距不远了。虽说如此，它仍然促使我思考，我的定义是否可以修改得更为明晰，至少在对利益相关者的说明上。我将在这节的最后来讨论这个问题，现在继续来看关于 CSR 的其他定义。

WBCSD 的定义

另一种典型的 CSR 定义是世界可持续发展工商理事会（World Business Council for Sustainable Development）给出的：

是企业对自身行为须符合伦理的一种持续承诺，也就是说，除了对经济发展做出贡献之外，还应努力提高企业员工及其家人的生活质量，增进当地社区和整个社会的发展水平。[①]

这个定义试图包括对利益相关者（一般来说有员工、家属、当地社区、社会）的考虑，也谈到了"对经济发展做出贡献"。可是 WBCSD 定义同样存在一个问题，就是没有厘清企业的利益相关者具体应当指哪些人。在后面会再次谈论这个问题。

EU 的定义

尽管公司对于自愿原则和标准多有不满，这加大了谈判的成本，好在统一的规则和秩序正在逐渐形成。其中一部分功劳便来自于欧盟的努力。从许多草案中不难看出，人们对这些条款是否应加以立法保护争论不休。[②]欧盟在 2001 年 7 月发布的绿皮书里指出：

企业社会责任，不应被看作对社会权利和环境标准的法律监管的替代品，包括新出台的有待完善的法律。在那些法规尚未完善的国家，应着力把适当

---

① http：//www.wbcsd.org/DocRoot/RGK80O49q8ErwmWXIwtF/CSRmeeting.pdf，第 6 页，2006 年 8 月 14 日。

② 参见 Michael Hopkins 'CSR and Legislation'，MHCi Monthly Feature，July 2002，www.mhcinternational.com.

的监管或立法框架用于规范一种公平的竞争环境，以保证具有社会责任的实践活动能够得以形成。

然而经过斟酌，这段文字在 2002 年 7 月的欧盟白皮书里被略去了，换用以下表述来界定 CSR：

CSR 是一个在自愿基础上的概念，它要求公司在它们的商业行动中，在与利益相关者互动的过程中，融入对社会和环境的考虑。[①]

在与 EU 中一位起草者的通信中，我注意到 EU 在定义中新加入了"自愿基础"这个限定。我建议去除"自愿"这个词，因为，哪怕再基本的监管也很困难。EU 的官员耐心地回复我，认为这种限定正是一个明确的关键点所在。

我们的折中办法是重新使用绿皮书给出的定义——强调企业的 CSR 超出了企业的义务范畴，故是一种自愿行为。这一点反映出委员会采用的策略，我们行为的目的并不是要完全规范 CSR 的定义，而是为了促进利益相关者之间就 CSR 展开对话，以促进当前的市场发展。在 2004 年，我们将会有更多的证据来评判这种策略所带来的成效（实际上 EU 的定义并没有改变。）

国际劳工组织（ILO）的定义

国际劳工组织全球化社会影响世界委员会对企业治理和 CSR 两者进行了辨析，认为它们是两个截然不同的概念。对于前者，委员会声明：

本质上是关于企业的所有权和控制权的问题。

但它随后又引用关于企业治理的 OECD 原则，认为好的企业治理是：

帮助保证企业考虑到了广泛范围里的选区，以及企业所在的社区的利益。

ILO 委员会将 CSR 定义为：

企业承担额外法律责任的自愿性举措。

委员会的报告反映出它受到了一家鲜为人知的商业机构的影响，即国际雇主组织（International Organisation of Employers， IOE），其认为 CSR 是：

公司的自愿举措，即将对社会和环境事务的考虑整合到日常运作和与利益相关者的合作中的系列活动。[②]

---

① 欧盟白皮书（2002 年 7 月）。

② International Organisation of Employers（2003）'Corporate Social Responsibility： An IOE Approach'，21 March，Geneva.

此外，国际雇主组织在提交给世界委员会的报告中，将 CSR 视为：

贯穿公司全部商业活动的一个核心方面，并且认识到 CSR 可作为公司在运作的各个市场中与利益相关者合作的方法。

有意思的是，国际劳工组织世界委员会的文件和国际雇主组织都认同，企业治理属于商业的法定部分，而 CSR 属于自愿部分。我并不赞同，尤其是在大多数公司都主要在意法定职责的现实下。事实上，许多规模稍大的公司，对于法律规范所起的创造公平竞争环境的作用非常拥护。

但是，现在的问题并不在于讨论 CSR 是否属于自愿行为，而是如何在完全没有立法和完全立法的状态找到一个平衡点。比如，许多公司愿意遵守童工的相关条款和国际劳工组织的指导框架。但正如国际网络工会（Union Network International）的秘书长菲利普·詹宁斯（Philip Jennings）指出的那样：

公司和政府都拼命想让公众信任其伦理道德，同时并不情愿为那些符合伦理的行为建立新的更为严谨的法律依据……但是箭在弦上不得不发，伦理问题已经摆在眼前，且其操作性原则被证明是很难控制的。另一项重大挑战是，员工和市民都可能成为利益相关者，并且直接参与有实力公司的事务。传统全球标准（ILO/OECD）主要由政府来掌控：他们的做法既隐晦，又复杂难懂。[1]

ILO 和 IOE 都坚持认为 CSR 应该是自愿行为。然而，总是存在着企业行为既是自愿的，又是法律所要求的，包括对于社会方面，因为总有一些社会法律，限制企业可以做的或者要求它们必须尽到某些义务，如遵守最低工资标准。因此，如果将 CSR 定义为一系列自愿行动，就会忽略这样一个事实，即在自愿和义务之间应该有一条分界线。ILO 和 IOE 本可以对哪些活动属于义务、哪些可以自愿而为做出更明确的划分，来帮助我们把问题说得更明白。在某种程度上，CSR 和那些法律问题被许多公司当成了掩人耳目的幌子，因此，最重要的一点是，虽然许多国家往往具有良好的社会法律，但在实践中，法律却被忽视。

在杰弗里·钱德勒（Geoffrey Chandler）爵士针对我的"每月专栏"所写的

---

[1] Philip J. Jennings, UNI General Secretary, Union Network International，http://www.union-network.org/uniindep.nsf/0/0240DE313E8F1A64C1256E5A0043FA88? OpenDocument.

评论中，他认为：

"（对于 CSR）'自愿'是我质疑的一点。诚实是'自愿'的吗？当法律没有将提供人性化的工作条件列为'自愿'时，公司如此做了是否属于'自愿'呢？在规范的和自愿的行为之间确实存在着一种差别。如果将 CSR 定义为一种你可以选择做或不做的事情，那么我似乎应该为商业的未来准备花圈了。联合碳化物公司（Union Carbide）'自愿'做出决定，不对博帕尔工厂保持应有的关注和谨慎，结果导致了成千上万人死伤。"①

威廉·维特和大卫·钱德勒的定义

威廉·维特（William Werther）和大卫·钱德勒（David Chandler）对 CSR 进行了深入的思考，在他们关于战略 CSR 的书中，对 CSR 的定义是：

一个广泛的概念，即商业组织不仅是追求盈利的实体，还担负着造福社会的责任。②

这个精确的定义实际上已经涵盖在我先前的定义中，不过还有两点没有谈到。我对什么是社会（通过界定利益相关者）作出了更明确的界定，同时，也强调了不应忽视企业的盈利目的。相比之下，威廉·维特和大卫·钱德勒对企业逐利抱以更加不关心的态度。显然，如果一家企业已经没有盈利能力，其余的都成了空谈。因此关键问题不是讨论利润本身，而是去关注获取利润的合理方式。

我的定义站得住脚吗？

针对我关于 CSR 的定义和 CSR 与发展之间关系的看法，杰弗里·钱德勒爵士已经提出过许多重要的批评意见。他写道：

"我还是认为，你的论据中缺乏对 CSR 的任何明确的界定，因而你提出的

---

① 个人沟通，2005 年 6 月，授权引用。
② William B.Werther, Jr and David Chandler（2005）Strategic Corporate Social Responsibility: Stakeholders in a Global Environment, USA, Sage Publications.

论点很难让人信服。此外，你在原先的观点上还进一步添加了一些内容，比如'采用 CSR 意味着大公司已经接受了它们不能忽略自己的社会责任'，'将 CSR 转变成社会发展本身'。这个神奇的添加剂是什么？我仍坚持认为，企业责任是企业遵循某种原则运行的产物，这种原则的关键在于它反映出了一种如何对待利益相关者的国际化准则。关于《世界人权宣言》（Universal Declaration of Human Rights，UDHR）、《儿童权利公约》以及 ILO 的核心公约的国际价值等，在如今已经建立了一个伦理框架——我们有权利要求企业依照此公共协议行动。并且，正是这些正式协议，构成了许多商业公司的原则，如英国石油公司、壳牌以及数量渐增（我认为最新的统计是 84 家）的大型公司。

　　这的确是一个好的出发点。如果所有的公司真的都采纳了 CSR（就算能够做到，这也将是个无比漫长的过程），那么世界必定会变得很不一样。的确，公司有能力对一个国家或社区的发展伸出援手，并且正如你所说，此过程需要与当地政府或特定社区进行广泛讨论。这并不是作为政府职责的'社会发展本身'，公司根据社区需求对自身的经营活动进行调整，也正是因为这种需求导向，所以要求社区能够'说出'其需要，并且广泛参与到这个调整过程中来。例如，企业在修建道路时应尽可能同时有助于而不是有碍于一个社区的利益。公司应注重'社会发展本身'的建议正中了一些经济学家，如大卫·亨德森讽刺却无不合理地道出了 CSR 太过泛泛的缺陷，不过这些评论不免在否定那些错误概念的时候将真正的企业责任也抛弃了。

　　或许，这可以成为一个社会或个人的目标，但是对于一家公司来说它的确过于笼统不明确了。我个人的看法是，企业责任（或企业社会责任，不过为什么一定要加上'社会'两个字呢，难道有人认为企业的本质角色不在于造福社会吗？）指以一种有章可循的方式提供产品或服务，这种'章'就是我在前面提到过的。

　　我以为，利益相关者是那些对公司的成功有所助益者或者受到公司经营的影响者。我认为应当将政府部门从你的关于利益相关者的清单上抹去。学者们（常被讽刺为专业过了头）更倾向于将非政府组织（NGOs）、媒体和汤姆·克柏（Tom Cobbleigh）叔叔诸如此类的包括在内，就像贡多拉船夫（The Gondoliers）中的那样。不过，如此一来，正应了那句俗话，'如果个个都算英雄，那么没人不是个人物了'。"①

这样看来，杰弗里爵士认为，与利益相关者进行合作的基础在于一种"国际化准则"。此外，他还提出，这些准则还应在一种专门有利于商业发展的原则的指导下由联合国人权委员会这样的组织来制定，尤其是关于跨国公司的联合国人权标准（Norms for Transnational Corporations，NTC）。他写道："这些规范应对的是 21 世纪最大的挑战——作为'冷战'后经济发展的主角，公司如何能够在它们的经营活动中体现出对社会的价值。"② 但是，跨国公司标准现在真正的问题在于选择何种标准，正如杰弗里爵士所说：

如今，在各种关于企业责任的讨论中都不缺少关于人权的话题，但仍然缺乏一个股东、利益相关者以及市场可以借以对那些相差无几的公司绩效进行评判的标准。那些规范为了减少这种分歧，其途径不是通过提供一个强制性的法律框架，而是一系列公司可以遵循以及据此它们的绩效能够得到评判的原则。这些规范做出的巨大贡献在于，从浩瀚的各类国际协定中，提炼出与企业经营影响相关的原则，而这是联合国全球契约（UN Global Compact）或 OECD 准则都没能做到的。但往往为了得到来自 26 个不同国家专家的一致同意，以及争取在最容易引起争执的关于监测的大量条款方面达成共识，许多原始条款不得不进行妥协性修改，从而才最终促成了来之不易的协约（见上页脚注①）。

事实诚然如此，但是联合国拥有超过 200 个分布于各个国家和地区中的处于美国当局监管之下的人权委员会。似乎要求超过 200 个成员达成完全一致显得不切实际，相对来说，经合组织只有 26 个成员国，更容易达到"完全的一致"。不过，杰弗里爵士也提醒我：

这"200 个民族国家"和地区已经禁止了奴役和酷刑。当然，它们还是发生了，但这种行径毫无疑问是一种无法容忍的国际犯罪。这"200 个民族国家"也已经通过了世界人权宣言（UDHR）以及继该宣言之后的系列条款。如果我们想生活在一个仅由布什和约翰·布尔顿（John Bolton）所主宰的世界里，那么，我们或许不用操这么多心，然而却时时处在危险之中。③

---

① 杰弗里·钱德勒爵士，个人沟通，2005 年 7 月 14 日，授权引用。
② Corporate Responsibility Management(2005)vol 1,no 6,June/July,www.melcrum.com.
③ 杰弗里·钱德勒爵士，个人沟通，2005 年 9 月 8 日。

　　但是，正如杰弗里爵士所担心的，公司在社会发展方面的责任面临着哪些局限呢？我曾在第一章提到过，正是由于政府和国际组织在解决欠发展问题上的无力，才给私人部门在此方面有所作为留下了空间。当然，有人可能会辩称应该提高发展中国家的治理水平，以及提高联合国及相关组织的控制协调能力。不过，这方面的努力虽然已进行了数十年，却没有显著提高。如果只注重改善那些传统的渠道，而将企业仅仅限制在从事商务活动的领域，那么发展问题将难以得到解决。

　　巨型公司在世界上的实力和影响范围必将在发展事业中占据比以往任何时候都重要的地位。亨德森认为这是一种"狂热的宣言"（Wild Assertion），我并不赞同他的看法。接受亨德森关于公司的传统观点（只要有利于商业的，就是有益于世界进步的）实在需要冒很大风险。公司的确该登上新的舞台了。长期的发展不足并不符合公司的长远利益——只追求讨好富人而不为穷人服务，无疑会加剧全世界的贫富分化。[①] 这种贫富差距反过来会给公司带来不利，公司可能会被列入那些对普通消费者漠不关心的名单而遭到消费者抗议和联合抵制，也可能被指责为造成世界动荡和侵略或皆有之的罪魁祸首。

　　杰弗里爵士还提出了一个关于我的 CSR 定义的关键问题：

　　CSR 强调以一种符合伦理或社会责任的方式对待公司的利益相关者。"符合伦理或有责任感"是指公司对待其利益相关者的方式受到文明社会的认同。

　　杰弗里爵士评论道：

　　"我对你的 CSR 定义实在抱有疑惑。我不认为，伦理的或道德的行为是可进行客观评判的。"[②]

　　我在定义中的表述所根据的是美国 20 世纪哲学家罗尔斯的理论。他通过社会契约建立了一套公平社会的普遍原则，而这些原则的基础则是，人们会按照理性行事。显然，这种预设会带来更深一层的疑问，比如，究竟怎样才是"理性的人"？对于这方面的更多细致讨论，建议读者任选一本由托马斯·

---

　　① 一份联合国的报告——由联合国经济与社会事务部起草——指出，贫富差距比十年前更大了，必须要采取行动。http://news.bbc.co.uk/2/hi/americas/4185458.stm。

　　② 杰弗里·钱德勒爵士，个人沟通，2005 年 4 月 5 日。

唐纳森（Thomas Donaldson）和帕特·韦尔汉（Pat Werhane）写的有关于商业伦理的经典著作来阅读。[1] 书中覆盖了有关商业伦理的哲学问题，其流派主要包括结果主义、义务论和人性论。这就意味着，道德理性要么关注人类行为的结果（结果主义），要么遵循指导行为的惯例或原则（义务论），要么主张一种人性论（Human Nature Approach），即假设所有的人都继承了某种能力或才干，这种能力或才干又是人类道德行为的基础。[2]

诚如约翰·泰珀·马林（John Tepper Marlin）所评述的那样，杰弗里爵士：

采用了义务论的方法——责任，与不可冒犯的戒律。另一个伦理路径是结果主义的——如果我们选择 x，后果是什么？我们都会更好吗？一些原则是普适性的——你不能杀人。但是还有些看上去具有普遍性的原则，如"你不能偷盗"或"你不能做伪证"，在结果主义的显微镜下，却成了或可商榷的。[3]

那么，谁是评判道德的旁观者？如果旁观者是阿道夫（Adolf）、萨达姆（Saddam）或拉姆斯菲尔德（Rumsfeld），那么杰弗里爵士或许是对的。因此，这种旁观者必须是一个理性的载体，大多数人对于这种理性都没有异议。但是，大多数人也不能代表真理。不得不就此打住，因为继续追问下去势必将我们的讨论引入哲学范畴，我想，诸如罗尔斯（Rawls）等伟大哲学家已经对这类问题做出了深刻的分析。

企业治理和 CSR
——一种系统工具

在对本章进行总结之前，我还想再对 CSR 的普适性做个说明，正如我在第一章中谈到的那样，应将 CSR 视为一种系统性的工具。根据克拉克（Clark）等的研究，当社会中的商业问题得到正确界定，系统边界得以合理划定以后，

---

[1] T.Donaldson and P.Werhane（1999）Ethical Issues in Business：A Philosophical Approach, 6th edn, New Jersey, Prentice Hall, pp8–11.
[2] 同[1]，第6–10页。
[3] 约翰·T. 马林，个人沟通，2005年5月，约翰在纽约大学斯特恩商学院教授 CR 与伦理课程。

所有对问题的解决可能产生重要影响的因素都会被纳入系统中来。[1] 许多对CSR 的批评都是缘于对概念和界定的混淆不清。

我认为，企业治理也算是 CSR 系统的一部分。阿德里安·凯伯里（Adrian Cadbury）爵士将企业治理定义为：

企业治理所关注的是保持经济与社会目标以及个人与公共目标之间的平衡。企业治理框架可用于促进企业对资源的有效利用，但同时相应地要求企业对这些资源负责。企业治理的目的在于尽可能地使个体、企业和社会的利益保持一致。[2]

近来，在企业治理方面所开展的国际工作（相关例子如世界银行的工作进展参见 www.gcgF.org）是以 OECD 的"企业治理章程"（Principles of Corporate Governance，参见 www.oecd.org）为蓝本的。这份章程涵盖了利益相关者的权利和应受到的公平待遇及其在企业治理中的地位，企业信息披露情况和透明度，以及董事会职责等方面。然而，世界银行注意到，关于企业治理还没有一种系统的模型，能够适用于分析不同的国家、地区，甚至同一家企业内在不同时间段的变化。在已有的模型中，较为常用的是美国和英国的模型，它们均聚焦于分散化管理；另外，德国和日本的模型则反映出一种所有权更为集中的治理结构。

我已在前面的讨论中指出，CSR 所要表明的是如何以一种符合伦理或有社会责任感的方式对待公司的利益相关者。公司的内部和外部皆存在着公司的利益相关者。所以，按照一种有社会责任感的方式经营，有助于提高公司内外利益相关者的发展水平。此定义至今仍被 OECD 和世界银行运用，而且比利益相关者的定义运用得更为广泛。举个例子，OECD 准则中说明，利益相关者的一个重要角色就是要保证公司的外部资金流的正常运转，同时他们受到法律保护，有权要求公司进行法定的信息披露。麦肯锡公司在 2000 年 6 月发布的一份名为《投资决策调查》（*Investor Opinion Survey*）的报告一度引起了世界银行的兴趣，这份调查发现，投资者认为，在一项投资决策中，对

---

[1] John Clark, Sam Cole, Michael Hopkins and Ray Curnow (1975) Global Simulation Models, published for SPRU, University of Sussex by John Wiley, New York and London.

[2] Sir Adrian Cadbury (2000) 'Global Corporate Governance Forum, World Bank. Cited in www.csd.bg/bg/fileSrc.php? id=461#299, 17, A_Broad_Definition, 2006 年 1 月 15 日访问。

方公司的董事会治理水平同它的财务业绩同样重要，并且在包括拉丁美洲、欧洲、美国和亚洲的大多数投资者（超过 80% 的受访者）均愿意为一家有着良好的董事会治理实践的公司付钱。[①] 麦肯锡公司把"治理不善"（Poor Governance）界定为：

（1）只有少数的外部董事。

（2）外部董事与公司管理有财务关系。

（3）董事不持股或只持有极少的股。

（4）董事只拥有现金形式的报酬。

（5）没有正规的董事评价过程。

（6）对投资者就管理问题的信息要求反应冷淡。

"好的治理"（Good Governance）被麦肯锡公司界定为：

（1）有占多数的外部董事。

（2）外部董事是独立的且与公司的管理没有牵连。

（3）董事大比例持股。

（4）董事的薪酬有很大比例是股份或股权的形式。

（5）有正式可行的董事评价制度。

（6）对投资者就管理问题的信息要求反应积极。

由上述界定不难理解，为何有超过 80% 的公司能达到所谓的"善治"。但问题是，麦肯锡公司的"善治"与 OECD 的那些准则还有差距，而比起企业社会责任的要求，就更是相去甚远了。

不过，企业治理的内涵正变得更为广泛和更具包容性，已逐渐延伸成为了企业责任的一部分，并且，比 OECD 所使用的"利益相关者"概念更为广泛（见图 2.1）。这些观点在如下地方不难见到：南非《金氏报告》（King Report for South Africa）、联邦商业惯例原则（Commonwealth Principles of Business Practice）、英国未来公司（UK's Tomorrow's Company）等。

总而言之，关于企业治理的概念如今非常贴合企业的上层治理结构，并且，多亏了世界银行和 OECD 的努力，企业治理的内涵得到了更为恰当的界

---

① 参见 McKinsey & Co. (2000) 'Investon Opinion Survey on Corporate Governance'，http：//www.gcgf.org/docs/72CGBrochure.PDF.

定。不过企业治理仍难以囊括企业社会责任的一整套理念。另外，企业社会责任的概念并没有像企业治理那样获得如此巨大的发展，建立起一套为人接受的原则体系。不过，金（King）以及其他人的努力给我们带来了希望，正如在吉百利（Cadbury）的定义中所指出的，企业治理的目的就是要尽可能地使个体、企业和社会的利益保持一致。

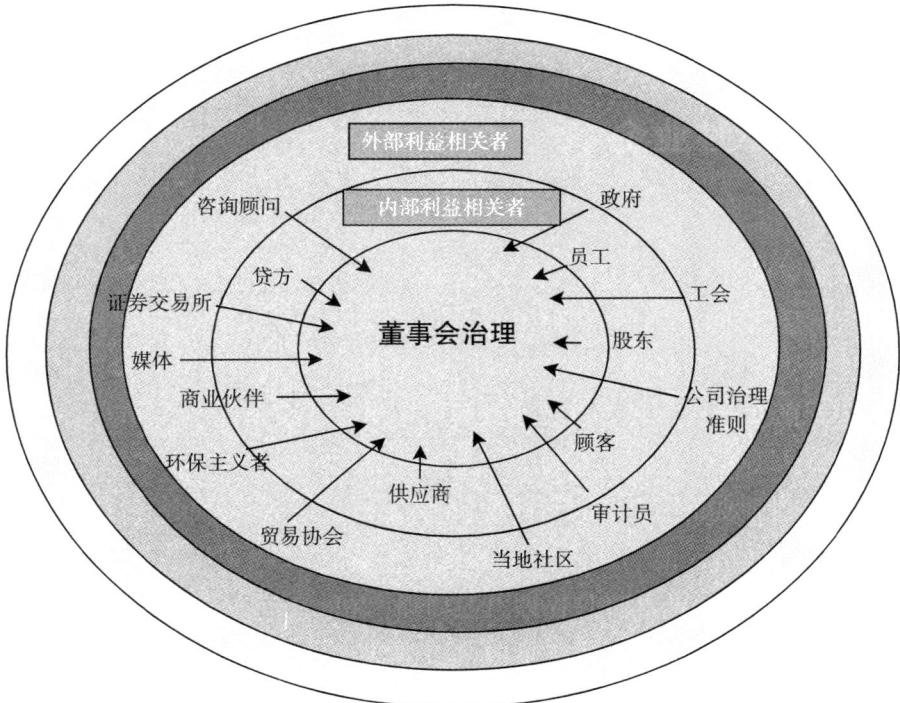

图 2.1　企业治理框架

资料来源：原理图在南非金氏委员会默文·金（Mervyn King）的许可下提供。

企业责任与 CSR

约翰·泰珀·马林把企业责任（CR）当作描述责任的一个一般性术语。[①] 因此 CER 就是指企业环境责任，CFR 指企业财务责任，CSR 指企业社会责任，这里的定义要狭窄得多，仅指对员工和社区的责任。

马林对 CR 的定义：

企业责任指其商业行为符合伦理标准和法律规定。有人认为 CR 只不过是一个掩人耳目的幌子，甚至是一个自相矛盾的口号，因为在他们看来，公司就是一种为股东赚取利润而存在的机制，所谓公司道德，不过是一些新鲜而不实用的装饰品。事实上，这种公司机械论无异于诋毁公司章程和融资的历史。

他同时评论道：

"这里的两种定义（我所称的 CR 和你的 CSR）并非对立的，因为你强调的是所有利益相关者，而我关注的是超出法律要求以外的那些行为。我所反对的是将 CSR 仅冠以 CER 和 CSR（环境责任和狭义的社会责任）的意义使用，而忽略掉对股东的责任（企业财务责任——CFR）。我不赞成埃尔金顿（Elkington）的'三重底线'将 CSR 划归为非财务底线的做法。回顾对 CSR 超过 35 年的研究经历，我一直在寻找一种最简洁的定义。但是要知道，正如墨尔本勋爵告诫他的内阁，'我们说什么并不那么重要，重要的是我们所表达的与对方所理解的是同一件事情。'"[②]

我非常欣赏约翰·泰珀·马林的理论，至少清楚地提出了环境和财务方面的责任。然而，我一直难以认同的是乔治 W. 布什在 2001 年的美国各大报纸头版上提出的那个"社会责任"。说实话，布什那种对严谨的漠视导致我们对他的所有论述都感到困惑不已。但是，正像约翰·泰珀·马林所说：

[①] 约翰大方地给了我他的讲义，讲义源自于"本书使用的企业责任是企业财务责任、企业环境责任以及企业社会责任的总和"，也就是，CR = CFR + CER + CSR，这得到了金吉达公司、经济学人智库以及其他组织的采用。

[②] 个人沟通，同上。

当乔治 W. 布什错用 CR 的术语时, 罗伯特·赖克 (Robert Reich) (克林顿时期的劳工部门秘书) 告诉我说他不同意将 CSR 作为一个一般性术语: "我支持 CR 的用法, 而不是 CSR。" 金吉达现在使用 CR 用于他们的报告中。布什之所以错用 CR, 是因为他是在介绍萨班斯·奥克斯利法案时引入的这个概念, 而该法案正是我们如今所知的导致了政府大规模增加对企业财务监督的源头。布什认为 CR 正是造成企业偏离谋利正轨的罪魁。在这种语境中, 潜台词就是: "呼唤更多的政府监管"。①

关于定义的结束语

那么, 我最初的定义是否足够经得起推敲, 以驳回我在本章中列出的这么多批评和质疑呢? 总的来说, 对我的定义有三个主要的批评意见:

(1) "社会" 一词应该删去, 而使用 "企业责任" 更为合适。

(2) 究竟哪些人或群体属于利益相关者没有明确。

(3) 较深入参与发展事务的公司会背上沉重的负担。

对以上三点, 我的回应是, 首先, "社会" 一词必须留下, 以强调商业在社会领域中的责任。没人可以做到在不改变 CSR 内涵的情况下将 "社会" 从 CSR 中抹去。

其次, 在公司内部, 最无可争议的主要利益相关者是管理者、董事会和员工。而在公司之外, 重要的群体包括顾客、股东、商会、自然环境和供应商。但另一些被经常提到的利益相关者, 如社区、政府、国际组织 (EU 或 UN、NGO 等) 呢? 当然, 公司需要考虑这些利益相关者, 但问题是关注到什么程度呢? 这正是人们争论的核心。除了公司应该遵守法律之外, 暂时还没有别的一致意见。但在许多国家, 法律并不那么适用于现实情况, 从而公司有了相对容易的机会来回避法律。所以, 公司必须做得比法律所要求的多。

最后, 参与发展事务是公司应该承担的责任。这大幅扩展了公司和责任

---

① 个人沟通, 同上。

的内涵。对此在第一章曾讨论过，公共部门在社会发展方面无一例外地失败，而私营部门却难有发挥作用的机会。

旺赛夫（Wan）和格利（Gully）两位作者对我的定义给予了支持，他们在考察了各种 CSR 定义之后，总结道：

因此，作者们认为霍普金斯（2003）的定义（CSR 指以一种符合公司伦理或社会责任的方式对待公司的利益相关者）最恰当地描述了 CSR 的内涵。这个定义允许人们既可将 CSR 视为一种道德立场，又可当作一种商业策略。除此之外，它还提供了一种了解 CSR 能够或应该如何诉诸实践的途径。它遵循这样的观点，即 CSR 应该成为公司的一种道德立场，不期待通过这种表态或行动而得到相应的回报或奖励，这也是该定义没有对任何回报性收益做任何强调的原因。同样，定义也没有否认 CSR 应该努力提高企业利润，原因很简单，当公司充分顾及所有利益相关者的需求，那么信任和声誉必将随之而来，更为可喜的是，利益相关者会更加乐意与这样一种"公德组织"（Ethical Organisation）合作。[1]

杰弗里·钱德勒爵士建议我应将定义简化为：[2]

企业责任意味着负责任地对待公司的所有利益相关者，并且与社会价值保持一致。

不过，我仍坚持认为，最初的定义更加充分地阐明了什么是我所指的 CSR。因而，虽然有如此之多的批评和建议，仍然难以指导该定义应如何改进。用本章一位评论家的话说：

完美就是瘫痪（Perfection is Paralysis）。[3]

综上所述，我仍认为，在表达"企业社会责任"这个概念的真实内涵方面，我在本章开篇的定义是具有优势的，因此这个定义将作为本书后续内容的基础概念之一。

---

① Wan Saiful Wan and Alan Gully: 'The Definition of CSR', paper submitted to Middlesex University conference on CSR, London, 27 June 2005.

② 个人沟通，2005 年 9 月 8 日。

③ 艾弗·霍普金斯，个人沟通。

CSR 在过去十年的发展

一位经济学家的本事在于，能够在明天总结出，为何昨天预测的事情没有在今天发生（Evan Esar）。

当我于十多年前开始在 CSR 领域中工作时，有关 CSR 的真实情况是怎样的呢？

吸引我关注 CSR 的是源于这样一种感受，那就是我们曾为之工作的那些公共组织（ILO、UNDP、世界银行等）虽然已经在发展领域做出了大量的贡献（更客观地说，也经历了许多失败），但是它们的努力终究显得太微不足道了。在纽约联合国总部召开的一次大会后，我明显感到联合国未来的发展走向越来越飘忽不定，而在五年之后即将开启的新千年里，私营部门将发挥更大的作用。虽然有许多挑战和疑惑，但是私营部门所持续显露出的那种坚韧和活力是它们未来引领发展的优势。而遗憾的是，我们公共部门机构不论在国家的还是国际的公共组织中，都难觅踪影。

我们已经见证了微软，然后是谷歌的创新神速。而联合国也制定了全球协议（Global Compact）、千年发展规划（Millennium Development Goals，MDGs）以及国际劳工组织核心劳工标准，此类协议，就算对其内容实质报以宽容，可它们的进展速度实在和蜗牛差不多。

CSR 的 15 项重点

总结过去十年的经验教训，关于 CSR 有如下 15 个需要着重考虑的问题：

（1）公司丑闻：当然，CSR 对于 20 世纪 90 年代中期的人们来说并不是新问题。人们对商业所涉及的社会问题的关注可以追溯到亚当·斯密（Adam Smith），以及更早的南海泡沫（South Sea Bubble）。然而，20 世纪 90 年代中期所见证的 CSR 高潮在之后逐渐退去。考虑到当时的社会背景，公共部门降低了对重点行业干涉的时期。然而公司丑闻频爆，严重影响了壳牌公司国际形象的肯·萨洛-维瓦（Ken Saro-Wiwa）事件或许成为了 CSR 由盛转衰的分水岭。

（2）术语混乱：我们曾一度希望，我们在讨论时能使用同一套术语，就不至于对我们所谈论的对象是什么都搞不清。然而，继 21 世纪初 CSR 的短暂流行后，企业责任（CR）或者企业可持续性（CS）这两种提法逐渐在商圈里占据主导地位。同时，CSR 中的一些理念也得到了一致认可——以富有社会责任感的方式对待利益相关者；环境问题仍然很突出，被置于企业可持续性的语境下对待。不过，公司治理的问题仍然被严格地区别为纯商业问题，并不应与 CSR 放在一起来考虑。

（3）CSR 的阶段：在过去十年中，我们一直遵循着这样一条经典的新技术引入路线，即从技术创新，到技术扩散（通过文章、辩论、研讨等方式），再到初步的技术应用，尤其是在欧洲。美国和日本也紧随着这种传统。发展中国家的公司对 CSR 的兴趣越来越浓，典型的例子就是印度和南非，即使在这些国家中少有大公司的总部驻地。

（4）CSR 报告（或类似的 CR 或可持续性发展报告）如今在欧洲和美国的一些大公司已形成常规。在一些中等收入的发展中国家也有一些公司开始尝试发布 CSR 报告。我们注意到，这类报告发布的形式呈现出由纸质版向网络版转变的趋势。

（5）如今有许多新闻通信社和新闻团体开始关注 CSR，如著名的雅虎团队"CSR 新人计划"（CSR-chicks），它促进了新加入 CSR 的人群和公司的成长，引领着地方新闻组织的报道走向。再如，伦理市场（Ethical Markets）、CSR 在线（Csrwire）、伦理网络（Ethike）、伦理公司（Ethical Corporation）、伦理绩效（Ethical Performance），地区的通信联盟，如 CSR 亚洲、社会进步之菲律宾（Philippine for Social Progress）。虽然现在人们所接触的信息已经过量，但只要一个人有阅读的时间，他就会愉快地发现，除了公司所开展的业务之外，关于公司及其表现还有那么多"正面"新闻。

（6）新法规的缺乏与 CSR 是直接相关的，这已成为了资本家关注的问题，如《经济学家》（*The Economist*）和《金融时报》（*Financial Times*）上的评论。不过，最相关的还是萨班斯·奥克斯利法案，这部法律中就有关于社会治理的规定，而这不幸导致了监督成本上升、纽约股市的新股发行减少，而纽约股市更加赞同比如伦敦所采用的偏自由主义的政策。

（7）会计准则：对于 CSR 的会计准则，有一种逐渐增多的"自愿"成分。如会计责任（Account Ability）的 AA1000 标准；艾丽斯·泰珀·玛莲（Alice Tepper Marlin）的 SA8000 标准。顺便提一下，这两个组织都坚定地拒绝使用 CSR 这个术语。位于几内亚的国际标准组织（International Standards Organisation，ISO）正酝酿一种新的企业责任标准（ISO26000）。虽说有这么多标准，但是对于公司来说，遵守 CSR，远非拿着这些标准在每一项条目前的方框里打钩那么容易。CSR 所要求的行为更加复杂，并且常常是法律要求之外的。

（8）由环保运动 CERES 发展而来的全球报告倡议（The Global Reporting Initiative，GRI）在其所列议题中，仍然更关注于环境方面的问题，社会和经济问题所占比例小很多。即便如此，全球报告倡议对公司的社会报告所起的作用还是很明显的。公司希望根据全球报告倡议（GRI）的纲要，据此发布自己的报告，同时找到比较有用的产出指标。当然，在指标测度方面的技术水平已在过去十年间有了极大提升。而在 1995 年，我还在苦苦思索并寻找更好地反映公司的社会贡献的指标。

（9）政府对 CSR 早有介入，尤其是英国政府建立了一个活跃的网站来推进 CSR 发展，并指派了一位部长来掌管 CSR 事务，虽然不幸此人并没有做出任何这方面的努力。就连美国也在沉寂了多年后，出了一份关于 CSR 的报告。

（10）政府间国际组织（International Governmental Organizations，IGO）——最著名的有欧盟、世界银行、联合国开发规划署（UNDP）、美洲开发银行（IDB）。我的上一家雇主国际劳工组织（ILO）通过引入和应用核心劳工标准而受到了更多的关注，只不过由于组织内部存在着员工、政府与雇主组织（最常见的是国际雇主组织，IOE）之间的相互敌对与猜忌，间接导致 CSR 并未获得任何组织的政策资源。值得一提的是，虽然欧盟在欧洲范围内取得了一些为 CSR 筹资方面的成果，但就个人经验来看，它的官僚风气决定了其需要付出更多的耐心来完成这类工作。

（11）非政府组织的数量增长非常迅速，从英国的明日公司和可持续发展到印度的社会市场中心（Center for Social Markets）、巴西的民族精神（Ethos）、马尼拉的社会进步之菲律宾（Philippine for Social Progress）、荷兰的三重底线（Triple Bottom Line）、美国的商业伦理（Business Ethics）等。

（12）当前欠发达地区的发展：越来越多的公司把促进欠发达地区的发展列入自己的 CSR 活动中，正如本书指出的，类型Ⅲ的发展活动增长迅速。在第一章，我指出了三种类型的发展活动——类型Ⅰ：慈善性质的发展；类型Ⅱ：单纯通过驻地分支机构的正常经营来援助发展中国家；类型Ⅲ：将援助发展作为树立良好声誉的一部分，从而使这类活动成为 CSR 的要件。

（13）财务中心怀疑论：由于 CSR 快速兴起，至少从其各种表现形式来看如此，所谓的"智囊团"（Think Tanks）则一直宣称，在法律允许的范围内（至少表面如此），追求利润最大化才应是商业的主要目标。简言之，他们的核心论点是 CSR 只增加成本，而无直接的利润贡献。然而，他们忽略了真实存在的无数案例，在这些案例中，公司的利润增长得益于声誉的提高和风险的降低，而这又是与 CSR 相生相伴的。尽管越来越多的证据表明，"伦理公司"的股价表现更为良好，但从华尔街评论员和他们在伦敦、法兰克福和东京主要金融中心的反应来看，他们在全球范围内运作资金时，还未弄明白 CSR 究竟是如何作用于公司的股价的。

（14）专业课程：虽然一些高校有关商业伦理的课程已经开设了十年之久，但少有关于 CSR 的专门课程。如今，任何一位 MBA 的学员都绕不开对 CS 或 CSR 或 CR 的探讨。我的电子邮件收件箱里的邮件内容也反映了本科生、硕士研究生和博士研究生对这个主题的热切关注——我有两名一起工作的博士研究生，他们为了研究此问题不得不停止了别的课题。

（15）社会责任投资（Socially Responsible Investment，SRI）在过去十年已成为欧美金融中心发展最为迅速的金融工具。这种对投资者十分重要却被忽视的现象，在未来几年无疑会改变。随着受过更高教育的毕业生进入投资公司，并且 SRI 的投资成就日益被更多人知晓，"智囊团"及纽约城和华尔街的追随者们将会很快转移到同一阵营中去。

CSR 的未来在哪里？

CSR 在未来，至少十年内，将有哪些发展趋势呢？

它将发展为一种嵌入式的格局。毫无疑问，CSR 将会嵌入一个公司的文化和组织形象中，而不再会给人生硬的感觉。同样，CSR 这个词可能会消失，取而代之的是其背后的实质性理念。对于商业和社会的争论将永远持续下去，而企业将逐渐转变形式。我愿冒险猜测，在未来 50 年中，私人部门仍将持续繁荣，但是其实力的施展将会受到限制，不幸的是，我们的个人自由同样会受到限制。

无须退出策略。公司完全不用考虑任何 CSR 的退出策略，因为企业只有在持续对待利益相关者的社会责任的过程中表现出并被评估为有明确的社会责任，它们才能够生存下去。换言之，如何放弃 CSR 对公司来说将成为完全多余的担忧，仅仅因为，企业社会责任相关的活动将成为正常商业运作的组成部分。

在发展中国家的重大进展。CSR 将继续在发展中国家得到发展，尤其通过那些重要的本地供应商，向发达国家大型公司进行原料供应来达到目的，其原因是发展中国家的人们将不会接纳一个与本地文化和意愿毫无联系的公司。

SMEs 也会承担 CSR。CSR 将延伸到中小型企业（SMEs）里，方式则是借助于相应的快速评估和实施工具。

公司不能忽视全球性问题。公司必须努力应对重大议题，因为它们将商业上的失败看作真正的失败。发展不足、剥削劳工、移民限制、全球气候变暖、贸易壁垒、国际恐怖主义等均是所有政府和企业需要面对的重大挑战。我们在达沃斯召开的世界经济论坛年会上看到，企业对所有这些问题的关注正逐渐加深。

与联合国及第三部门合作。由于企业不具备单独设定许多宏观议题的议程的能力，因此，企业必须与联合国、相关组织机构以及 NGOs 这样的"第三部门"合作。

政治领导作用将会被削弱。如果我们的国家领导继续表现不济〔在过去 50 年中只有极少的领导人令人满意地将社会公平化为一种良好的社会风气纳尔逊·曼协拉（Nelson Mandela），吉米·卡特（Jimmy Carter），朱利叶斯·尼雷尔（Julius Nyerere），奈伊·贝文（Nye Bevan），哈罗德·威尔逊（Harold Wilson）甚至比尔·克林顿（Bill Clinton），也只是差强人意）〕，不管乐意与否，企业将变得更强大和有影响力。不过这是否会设定为一种统一的社会议程呢？一些会，一些难说，或许他们的议程将以某种今天还难以预知的方式进行。

那么，接下来将会发生什么呢？经典或硬经济学正在让位于更具包容性的经济学。文化和种族在当今全球事务中已经占据了主导地位，并且这种趋势还将继续。聚焦于国家的纯经济增长或公司利润自然是领导者们的首要任务。然而，像 CSR 这样潜藏的温和变化，要求新的更具创造力的领导方式，正如杰姆·本德尔（Jem Bendell）所言："了解这种权力并负责地运用这种权力，可能是如今许多企业公民工作的基本问题。"[1]

联合国的命运将如何呢？它仍摆脱不了资金不足的命运，因为它始终被当作主要掌权者为自己谋取短期利益的政治工具，故而它难以实现关于发展的美好初衷。企业们，请注意了！

---

[1] Jem Bendell（2005）'Lifeworth Annual Review of Corporate Responsibility' available from www.lifeworth.net.

第三章　企业的 CSR 发展案例研究：失败和成功

引　言

就算不是全部，也有绝大部分大型公司正以某种方式参与到社会发展中来。这些努力大多源于他们的慈善利益，除了公关目的之外，对公司本身几乎没有直接的好处。在本章，将介绍一些公司成功开发干预措施的例子，这些干预措施给它们带来好处的同时也带来一些失败。

在第一章，介绍了有关发展行动的三种主要类型——类型 I：对发展中国家有"意义"的项目进行慈善捐赠；类型 II：直接借助产品来实现发展目的的公司行为；类型 III：促进可持续发展的活动，以及除类型 II 活动之外的扶贫举措。

通常，类型 I 发展观念被称作"一步式思维"（One-step Thinking），而第三类发展活动需要的是"两步思考"（Two-step Thinking）。一步式思维，虽然出于一种做善事的目的，但实际上并不能达到促进发展的效果，即便是有一定作用，也是微乎其微的。这方面的典型例子参见可口可乐公司多年前在索马里援建医院的事例。在没有一个适当的"健康体系"的情况下，医院缺乏医生、护士、安排会诊的管理系统以及安全保证等。数天内，援建的医院被洗劫一空，医院成了难民庇护所，如今沦为贫民窟。由此看来，用"一步到位"的想法来帮助索马里穷人的愿景是彻底破灭了，这并不是因为这种初衷不再，而是因为公司欠缺对该项目可持续性的研究。

"两步思考"的观念自然要求在每一项行动中都考虑更多的东西。它必然会促生一种可持续的发展观，并由此进入我所称之为的"发展浪潮"的阶段。这里的"可持续性"，并不单指环境上的，而更强调一项发展行动进入正常运转轨道之后，不必再依赖于外部源源不断的资金或管理上的投入。发展是复杂的。如果发展浪潮由于某防波堤的修建不善而未得到正确疏导，那么这种浪潮很可能演变成一个个具有巨大破坏性的旋涡，如此一来，防波堤的作用就完全被颠倒了。因此发展必须建立在现有结构的基础上，并且在必要时努力将其塑造成更具有效性和可持续性的活动。简单地说，如果没有教师或书籍，扩展学校没有多大用处。

一个稍复杂的例子来自于约翰·勒·卡雷（John Le Carré）同名小说改编的电影《不朽的园丁》。这部影片虚构了非洲一家药品公司的故事，影片讲述了主人公在药物试验的道德困境中挣扎的故事，向我们展现公司的短期与长期利益之间的博弈。这家公司认为，短期的痛苦和失败对于未来的成功来说是可以忍耐的，即使可能给服用这种试验期药物的患者带来未知的痛苦。忽略了发展浪潮的规律而欲取捷径，这种药物试验逐渐受到了越来越多人的反对。公司所研发的药物很有可能是成功的，然而它选择短期利润最大化的策略，最终被证明是一个致其走向失败的高风险策略。故事并没有告诉我们该公司最终的结局，但它确实以一种饶有趣味的方式提出了关于前面所说的"一步式思维"和"两步思考"观念之间的较量问题。关于这部电影有一件事是可以确定的，如果编剧不那么追求影片的戏剧性效果，转而加入一些对发展浪潮的考虑，那么片中的结局将会非常不同。就算只是为了片尾精彩的非洲爵士乐去留意一下片尾的字幕，就能发现影片顾问中没有发展问题的理论专家。毫无疑问，如果影片立足于一个与发展相关的论点而不是一种商业论点，该片的结局将会非常不一样。

通常一个成功的项目将会持续到多年以后，许多小企业的创建促进了就业率的增长，不过这类目标说易行难。教育倒算是一个成功的领域，人们多多少少推进了此领域的发展。我们都知道，对教育所做的贡献将会被后世铭记。我也不想去教授那些被认为是不实用的课程（拉丁语是一种在引用中常出现的语言，但它帮助我学习了西班牙语和法语；我年少时上的木工和金属加工课，虽然让很多人头痛，但在几十年间一直不曾被我忘记，甚至，我现在仍然记得如何锯木、连接木头、使用车床）。不过，我不断提醒自己，"一步式思维"的短视思维方式只能为教育提供教学楼，甚或看上去只值 100 美元的廉价计算机（相对于当地低廉的劳动力价格还是略显贵重的），如果没有教师或教材，这些都是白白浪费资源。

在本章，选取了一些公司进行个案研究，考察它们是如何着手"发展项目"的，并且把相关活动分别归入到类型 I、类型 II 或类型 III 三种发展类型中去。鉴于难以有机会深入到具体的项目中去，因此我所使用的是二手资料，这也注定了这里展现的信息是不完整的。值得注意的是，没有什么能够代替一种经验上的判断，有些项目初看是非常成功的，而后却暴露出相当多的问题。造成这种状况的原因很简单，对于一个外国的投资者或顾问来说，不论其自身学识经验多么丰富，都很难抓住当地"发展浪潮"的关键，而这恰恰是在开展新的活动时至关重要的。这种抓住问题关键的重要性对于一家企业的总部与其海外分支都不例外，而对发展中国家来说尤其如此。

灾难与灾难性的干预

为了了解公司应对三大自然灾害是否在"发展"的意义上取得成功，我写信给斯蒂芬·乔丹（Stephen Jordan），他是美国企业公民商会中心的负责人，在 2005 年曾做过大量应对灾害方面的企业协调工作。我在信中问到在 2005 年发生的印度洋海啸、卡特里娜飓风或巴基斯坦地震灾害中，他是否分析了一些关于企业在应对自然灾害中的成败得失，或掌握相关资料，尤其是企业的各种举措中是否存在一种"发展"意义上的行动，即这些行动是可持续并且建立在已有行动结构之上的。他说这些问题很难回答。不过他确实提供了部分事实：海啸后的九个月，亚齐只有约 10% 的住房和学校得到了重建；卡特里娜飓风后的清理工作显得如此艰难缓慢——灾后三个月，灾难造成的山体碎石还随处可见，整个街区都被淤泥覆盖。

密苏里州的汉考克县是卡特里娜飓风眼壁的掠经之地，到 2005 年末，1400 家商户中的 800 家仍没有正常营业。乔丹注意到，在得克萨斯州的博蒙特与亚拉巴马州的墨比尔之间，多达 12.5 万家商户受到了损毁，或经营受到干扰，单在新奥尔良都市区就有 6 万家。至于巴基斯坦地震的情况，乔丹则进一步表示，其响应程度与历史平均水平大致相当，不过与海啸和墨西哥湾的状况相比，这种响应就显得比较单薄了。

事实上，企业在灾后援助的活动中，未能坚持健全的发展原则。"关心做某事"和"被别人看见做某事"是人类对他人不幸产生的自然体面的反应。然而，迅速的行动可能会导致人们顾不上去冷静分析什么才是当前最有效的。英国广播公司（BBC）曾报道，为巴基斯坦地震受灾者提供帐篷的行动，导致夏季帐篷可以轻易买到，而冬季帐篷在市场上难觅踪影的局面。

据英国广播公司报道，联合国印发了一份关于如何给帆布帐篷上添加额外的保暖材料后使帐篷"御寒"的 DIY 手册。[①] 不过这种做法大多在生产帐篷的村镇及低纬度地带流行。"带波纹的铁板、钉子和锤子都是我们需要的。"居住在尼拉姆（Neelam）河谷的邦比纳（Bambian）居民阿赫塔尔·阿巴西（Akhtar Abbassi）说。与大多数人一样，阿巴西有能力将一块块木板从废墟中拖出来，却没有可以用来造屋顶的铁板，也没有将这些材料组装起来的必要工具。他对于这些救援组织（公共组织和私人组织）的缓慢行动感到气馁沮丧。英国广播公司分析其原因认为，"私人捐助者"比较沉迷于预制结构。10月 8 日地震刚过没几天，预制结构的制造商已经进入巴基斯坦，他们将产品放置在拉合尔和伊斯兰堡进行展示。当他们发现政府无意监管私人住房时，预制已经排除作为一个可行的直接应对避难问题的方法。

国际上已经开始关注私人部门的紧急救援行动，在不减损已有的努力成果（虽然这些努力十分单薄）的条件下，是否能变得更加契合发展的需求。预防，由国际组织和 NGO 团体组成联盟，目标是"减少发展中国家的贫困，促进经济持续发展，帮助其降低风险，减少由于自然和技术灾害对贫困者造成的社会、经济和环境方面的影响"。他们注意到了关于紧急发展援助中的谜题之一：

---

① Aamer Ahmed Khan（2005）'Dilemma over new quake shelters', BBC News, Karachi, 12 December.

谜题：任何类型的物质援助都是需要的，并且是迫切地需要。①

我的经验表明它是一种草率的回应方式，是没有根据当地条件，并且忽视了这种响应是否是对当地已有努力的补充，只能导致行动的混乱。最好的做法是等到当地真实的需求得到评估以后再行动。捐赠衣服、食物和药品的主动行为，若不遵照 WHO 的规范进行，则会造成分发渠道的堵塞不畅。这类自发却不合适的捐赠，已成为了一种沉重的负担，压在负荷本已过重的救援人员身上，侵占了空中和地面运力资源，长期占用宝贵的仓库空间长达数月甚至数年。在大多数案例中，由于物资供应往往从国家层面或邻国向援助地区集中，因此物流和财务方面很容易出现问题。故应建议相隔较远的热心民众捐助现金，来取代实物。如果直接以票券或现金的形式捐助，受助者可以在重建自己家园方面做出更好、更快以及成本效益更高的努力。

因此，不只是私人部门在应对灾害时存在问题。1998 年，当飓风米奇在洪都拉斯肆虐，给该国带来直接猛烈的损害时，国内的发展事务相关人员并没能有效应对。根据联合国开发计划署（UNDP）的一份评估报告显示，1998~2003 年，该机构约 1180 万美元用于环境保护，直到 2000 年，甚至只有40%的资金实际用于重建。② 此外，国际政府迅速作出的援助承诺，直到数年后才只能提供约 50%的援助。

大型企业与发展

——一些经验

企业领导与发展的整体研究

一份对全世界 40 大"最佳"公司的间接经济影响的研究，给跨国公司在

---

① http：//www.proventionconsortium.org/articles/myths_realities.htm，2006 年 2 月 20 日访问。

② Michael Hopkins and Emilio Klein（2006）'Country evaluation Honduras‐Assessment of development results'，UNDP，New York，p45，www.undp.org.eo/documents/ADR/ADR_Reports/ADR_Honduras.pdf，2006年 8 月 15 日访问。

发展中的作用提出了许多有用的建议，所选的公司均为 2004 年责任排行榜以及道琼斯可持续性指数榜的前列公司。[①] 与本书观点相似，这份研究指出，"公共和私人部门不再将反对经济两极分化的斗争推给政府。相反，它们开始与政府站到同一战线上，并承担起一定的责任。这种类型的公共支持，例如为了刺激当地下滑的经济，最近超过 200 名商业领袖发起了一项共同承诺，该承诺的具体要件体现在非洲商业行动计划中……它表明商业界能够且应当在千年目标（MDGs）的实现中扮演重要角色，如通过支持'变贫困为历史'的运动，或为贫穷国家的经济发展尽些努力。"[②]

该研究还引述了惠普公司的理念："惠普所做的已经超越了传统慈善事业的领域，我们将慈善投资同我们的长期商业目标结合起来了。我们正致力于通过提供产品、服务和技术（而不仅是现金捐赠来改善贫困和公平状况）来应对当地社会发展的挑战。"

该研究审阅了这 40 家顶级公司的社会报告，得到的主要结论支持了该作者的论点，即所有公司都呈现了对有关扶贫问题的关注（见第七章），但是这些报告中，就公司的努力如何是一种在质和量上都达到可持续要求的行动的相关解释却很少见到。

研究发现意大利石油天然气公司埃尼集团（ENI）是个例外，虽然它在所选公司里排名不算最前，但是其呈现出一份关于间接经济影响尼日利亚最为全面的报告，仔细分析了它们在尼日利亚的绿河工程（Green River Project）。其报告写道："虽然埃尼集团的报告在同类可持续性报告中十分出色，但不可否认别的公司也解决了许多关键问题。遗憾的是，它们未能提供一种关于间接经济效益的分析。一些公司，如 3M 和帝亚吉欧（Diageo），值得我们注意，因为它们界定了一些高度相关的问题，但没能够使它们的成果发挥更广泛的经济影响。通过对比发现，诺和诺德（Novo Nordisk）公司较成功地结合识别可能的影响和分析之间最佳实践。"

埃尼集团的绿河工程旨在鼓励农民对新技术的了解。正如我在别的国家所见到的那样，这个项目推动了相关协会和联盟的成立和发展。一方面，有

---

① Mark Line and Eric Dickson (2005) 'Speaking indirectly: between the triple bottom line', pp1-2, available in pdf form from www.csrnetwork.com.

② http://www.commissionforafrica.org/english/home/newsstories.html.

人可能会问，为何本地发展的努力不得不借助外部力量去建立协会和合作企业？如果建立它们的需要是如此明显，并且是可行的，那么为什么没有外部资金，当地人就不能自己完成这件事？有时，或者是常常，当地人即便有所行动也只是为了获得这些发展机构的资助，埃尼集团就是这样。另一方面，建立一个机构所需的技术，之所以能够在当地竞争中脱颖而出，有时是得益于外部力量的推动。埃尼集团声称，它们的项目在事实上帮助人们，尤其是女性，获得关于如何正确使用农产品、获取良好营养状况、养成良好的个人卫生习惯以及发展家政服务的知识。同时，为当地引入了利用改良品种做原料的水产品再加工和饲养技术。此外，还向社区开放了农田耕收、物品运输和农产品加工所需的机器设备。埃尼集团宣称，它们取得的成效比在传统农业领域里更为突出，受益于绿河工程的农户们几乎将产量提高了一倍，家庭收入上升了近 90%。

虽然一切看上去很好，但要具体探究这个结果背后的原因则需要深入调查，项目投入所引起的收入增长是否仅归结于项目对受助人进行了资金支持。埃尼集团有没有在五年后再进行回访性调查，看看当地的产量和收入是否延续了第一年所取得的诸多成就，或正如我在发展中国家常见到的，由于没有维护资金而致使生锈设备大量存在，或当向国外项目获得资金的指望被打破之后，曾经的联盟是否解体。

另一个案例是 3M 公司在伊拉克的项目通过本地伙伴 3M 海湾石油公司与伊拉克卫生部合作，开展了一个集中的为期三天的项目，名为"教练培训"（Train-the-Trainer），对高级护理人员进行传染病防治方面的技能专业培训。34 名伊拉克护士长和护理科主任参加了这个培训项目。每名受训人员有培训另外 72 名护理人员的任务，内容则囊括了手术室的无菌技术和静脉注射，以及对伤病护理的管理。读者将会发现，我非常支持培训项目，理由很简单，因为随着社会的进步总有事情落后，通过培训所获得的技能却不易遗忘，当然一些细节性东西除外。不过这也对专业级、熟练级及半熟练级的教育培训人员产生了长期的需求。

这份研究还提供了一个关于如何改善可持续发展报告的有用例子。它报道了帝亚吉欧（Diageo）公司所取得的成就，这项成就是由公司的主要利益相关者做出的。并且，它并不是一个发展项目，也没被列在帝亚吉欧公司的日常监控中。帝亚吉欧在肯尼亚的啤酒公司，一年就花费 700 万英镑购买来自肯尼亚和乌干达大小农场的产品。这些业务约 80% 的资金由公司承担了担保责任，以帮助小型农户在资金不足的情况下，也可以获得贷款来购买种子和农具。该报告抱怨道："这个例子应该加入更多的分析，考察为什么穷人难以获得连续性的信贷，从而反映出帝亚吉欧是如何通过信贷担保影响了农民的经济状况。如此一来，我们就能获得帝亚吉欧对肯尼亚和乌干达的目标群体如何产生间接经济影响的生动刻画。"

这个例子呈现出了一个具有一般性的困境。帝亚吉欧找到了一个援助一小部分农户的机会，并指望他们遵循小额信贷的基本规则，或许可以做成一份有用的工作。然而，一个发展的教训是，其他的农户能否从帝亚吉欧的行为中受益呢？帝亚吉欧可能会反驳，这不是他们有能力解决的问题。不过，在公布这项研究成果时的一个小调查反映，作为"最佳实践"的例子，应能够使其他农户也有能力享受到小额信贷的优惠，或者至少指出所有其他农户所面临的障碍有哪些。再次指出，这正是本书的观点，即跨国公司已经不可避免地卷入了发展浪潮中，而不论其本身愿不愿意。企业可以选择的是，是否愿意多一份行动，来总结项目产生的总体影响。若果真如此，企业将能够有效地促进自身的影响力扩展至一个更加广泛的领域。

沃尔玛

沃尔玛以市值计算是世界上最大的企业之一，同时它也是美国员工人数最多的公司，大约有 130 万名员工。它的成功主要归功于几乎能以同行业最低的价格零售产品。显然，要做到这一点，它必须永不满足地寻找出价最低的供货商和最低的生产成本。为了生存而支付全美最低廉的工资，这种对员工的影响被记者巴巴拉·埃伦里奇（Barbara Ehrenreich）暗中记录下来，并在她的著作《美国生存体验实录》（*Nickel and Dimed*）中进行了生动再现。[1]

此外，正如马伦·贝克（Mallen Baker）提到，正是由于沃尔玛对于它的重要利益相关者（它们的顾客）采取了非常积极的态度[2]，它们的策略并不只

---

[1] B.Ehrenreich（2001）Nickel and Dimed, New York, Henry Holt & Co.

[2] M.Baker（2003）'Corporations and the third world in the first world', Business Respect, London, 23 March, p1.

是追求自身利润最大化，才成就了公司的迅速发展。"山姆不会让我们为了价格而犯愁。比方说，一件通常标价 1.98 美元的产品，我们只花费了 50 美分的成本。对于这样的情况，最初我可能会问'既然原价是 1.98 美元，为何不卖到 1.25 美元呢？'他则会说'不。我们只为其支付了 50 美分的成本。只需要再将其售价提高 30% 就足够了。不论你为商品支付了多少，如果我们能拿到大单子，那么就应该满足客户要求。'"①

近来，沃尔玛也不知不觉陷入了反企业丑闻运动的旋涡，马伦·贝克记录道，关于沃尔玛的反对网站比其他公司都多得多，如 http：//www.walmart-watch.com 登载了许多反对沃尔玛的事件和信息；http：//www.walmartyrs.com 专门收集员工的抱怨和不满；http：//www.wal-martlitigation.com 分享了律师在零售巨头诉讼中的信息，诸如此类。但是其上的信息是优劣混杂的，如沃尔玛的创始人，山姆·沃尔顿（Sam Walton）就拥有强烈的商业道德感，并且这个零售大企业的一些成员，如英国分支超市阿斯达公司（ASDA）就同员工建立了良好的劳资关系。然而，根据巴巴拉·埃伦里奇在沃尔玛工作经验的观察，"没有人获得加班补偿"，并且"许多人认为健康保险根本补偿不了健康遭受的损失"。②

沃尔玛面临的难题事实上是一个基于 CSR 框架下的企业行为问题，这个问题在发达国家和发展中国家均存在。沃尔玛提供的低廉工资，几乎难以在美国支撑基本生活开支。美国工会组织对沃尔玛不允许公司内组建工会的做法更是严加指责。③沃尔玛回应认为，如果存在的问题真的有那么严重，为何还有如此多的人拼命想在它们的分店里谋一份工作呢？没错，根据《美国劳工权利》（*American Rights at Work*），这些问题带来了高员工流动率。"就全职雇员来看，其流动率从 1995 年的 30%~40% 上升到 2000 年的近 56%。并且，这个流动率可以转换成一个货币价值，即以每年替换 60 万~70 万员工需花费的成本计算，该估值大约为 14 亿美元。"

但是，卡特里娜飓风后沃尔玛的积极行动取得了较为理想的正面宣传效果，或许为其积攒了新的社会资本。它迅速援助了成千上万受到飓风影响的

① M.Baker,'Corporations and the third world in the first world', citing Clarence Leis.
② M.Baker,'Corporations and the third world in the first world', p183.
③ 例如，American Rights at Work（2005）'Wal-Mart', Washington DC.

人，既包括自己的员工，也包括其他受灾者。而这种迅速有效的援助是当时的联邦应急管理局（FEMA）难以做到的，尽管总统布什错误表彰了该局的局长，但此人因为管理不善在数天后即遭免职。

沃尔玛的首席执行官李·斯科特（Lee Scott）于 2005 年 10 月发布了系列宣言，概括了沃尔玛在面对环境和运营的广泛问题时思维方式所发生的明显转变。[1]沃尔玛计划每年投入 5 亿美元用于全球 5000 多家分店的环保技术的开发利用。公司还宣布，将致力于消除自身造成的废弃物污染，以及只使用可再生能源等。

不过，这些新的宣言同样引起了争议。美国食品商业工会（The United Food and Commercial Workers Union）与一位主要的沃尔玛反对者支持的组织，唤醒沃尔玛，将沃尔玛的上述努力称作"为修复摇摇欲坠的公众形象而作的宣传噱头"，以及为将责任推给供应商和其他人进行的"假动作"。而在员工面前，沃尔玛承诺将给美国的雇员提供额外的健康保险，不过很快便被指食言了。《纽约时报》披露的一份公司内部备忘录显示，其计划能否实行取决于是否能抑制开销，具体做法则是招募"更健康的、更有效率的员工"，而不是其对外宣称的大幅提高现有员工的健康保险支出。[2]

沃尔玛的例子与发展中国家有何关联呢？它看上去似乎说明了 CSR 并不是必需的，至少在劳资关系方面如此，甚至在工业化国家中并不是不可或缺的。沃尔玛一直以来都在力争最小化成本的同时保持盈利。其许多做法已引发了一轮来自非政府组织（NGOs）和工会组织的批评。虽然看上去沃尔玛正着手启动 CSR，但显然进展十分缓慢。

正如我在拙著《星际协定》（The Planetary Bargain）中指出的，当前的状况说明公司难以再继续一面压低工资，一面只提供有限的工作条件。因为如果世界上所有公司都如此行事，只会导致人们的购买力逐渐下降。[3] CSR 如被广泛采纳，那么对于工业化国家和发展中国家来说都将最终提高每个人的生活水平，而生活水平的提高又将反过来促使公司发展。如果非要说 CSR 是公司的某种"交易"的话，那么其将会发现跟随全球性的 CSR 浪潮是符合其利

---

① 资料来源：http://www.ethicalcorp.com/content.asp? ContentID=4009，2005 年 12 月 23 日访问。

② 资料来源：http://www.ethicalcorp.com/content.asp? ContentID=4009.

③ Michael Hopkins（2003）The Planetary Bargain——CSR Matters，London，Earthscan.

益追求的，而那些反其道而行的公司最终将被淘汰。

当然，所有这些都将分步进行。我们不能要求发展中国家在一夜之间就达到与当前富裕国家相同的工资水平和工作条件，更不能依靠未来的发展中国家的"沃尔玛们"始终压低工资和劳动条件——这种做法或许在短期内能帮助他们取得成功，但是难以保证长远的发展。诚然，随着发展中国家逐渐走向富裕，那时的人们将会惊喜地看到工资和劳动条件得到显著提高。

联合利华

联合利华（Unilever）是一家有着强烈发展信念的公司。像许多 CEO 那样，联合利华的前首席执行官奈尔·菲茨杰拉德（Naill FitzGerald）坚信，自由资本主义将引导未来世界自由。[1] 菲茨杰拉德现任路透社（Reuters）董事长，曾与非洲项目委员会托尼·布莱尔（Tony Blair）有密切接触。他同时也是纳尔逊·曼德拉遗产信托（Nelson Mandela Legacy Trust）英国分公司的总裁。纳尔逊·曼德拉个人诚恳地邀请他接管他的事业。"我想也没想就答应了，"菲茨杰拉德说，"那是 2004 年的事情，在那期间我已经帮助他建立了一个基金会，预备在未来十年中资助十位南非的学者。"尽管他对于西方媒体对这片大陆的态度感到不满，但他相信通过西方社会的投资，各方都将有所收获。"似乎这里只有肮脏和绝望，但事实上应该看到另一面。像坦桑尼亚和莫桑比克这样的国家已经通过一系列脱贫政策有了很大进步。在南非，随着种族隔离政权的顺势倒台，血流成河的历史已经被一个建设中的多元文化民主国家替代。在过去五年中，撒哈拉以南非洲国家中有 2/3 实行了选举。"

在菲茨杰拉德的理念指导下，联合利华一直以来非常重视分析自己对发展所能起的作用。乐施会（Oxfam）曾对联合利华在印度尼西亚的扶贫工作做了相关报道。[2] 这篇报道的特别之处在于，在以往调查企业对环境和社会领域的影响时，大多聚焦于公司运营的某个具体的方面；而此报告从不那么正式的角度刻画了贫困居民与联合利华之间直接或间接的互动情况。印度尼西亚被

---

① Richard Wachman（2005）'Irish knight fights for Africa', The Observer, London, 3 July.

② Jason Caly（2005）'Exploring the links between international business and poverty reduction: A case study of Unilever in Indonesia', 英国乐施会、荷兰乐施会、联合利华、印度尼西亚联合利华合作项目, 英国乐施会、荷兰乐施会和联合利华首次出版。

这篇报道选作个案研究对象，虽然这个国家有着丰富的自然和人力资源，但是其贫困程度相当严重，有超过 50% 的人口日均生活费不足 2 美元。虽然印度尼西亚的案例算不上联合利华直接参与地区发展项目的实例，但是该案例希望通过对企业跨国经营与地区贫困之内在联系的分析，加深外界对这种联系的认识。

乐施会在报告的前言中指出，跨国公司的商业活动对发展中国家的经济发展具有重要的促进作用。"这种促进作用相当巨大，因为私有资本容量要远远超过那些发展援助机构的资金量。"

报告聚焦于印度尼西亚联合利华（Unilever Indonesia，UI）公司，它是全世界快速消费品界的领军者之一。自 1933 年始，联合利华就在印度尼西亚成长起来，它的大部分产品都是在印度尼西亚国内市场销售。截至 2003 年，它的营业额累计达 9.84 亿美元，其中 84% 的产品都属于家庭和个人护理型产品，如皂粉、家用清洁产品、洗手液及洗发水等。约 16% 的产品为食品类，如茶叶、人造奶油及冰激凌等。根据联合利华自己的估算，每年至少有 95% 的印度尼西亚人正使用一种或多种它们的产品，并且 90% 的贫困人口在一年当中买过它们的产品。在销售额排行榜上，印度尼西亚联合利华在 2005 年排名 13，在快消领域排名第 4。平均每年向印度尼西亚政府缴纳 1.3 亿美元的巨额税款，或者说每五年约占公司总收入额的 19%。

乐施会的报告认为，印度尼西亚联合利华与当地经济有着密切的嵌入关系，比如下游面对分销网络和零售网络，上游则是供应商网络（这就是我之称为发展类型 Ⅱ 的模式）。印度尼西亚联合利华所创造的财富大部分以本地采购、工资、利润、本地股息（约占总股息的 15%）的形式留在了印度尼西亚国内。在母公司对当地的早期投资阶段过去之后，近年来印度尼西亚不再依赖外部的注入资金，这正是本地商业发展盈利的结果。在这重要的第一步之后，报告还探究了人们是否通过受聘用而增长了建立经济保障的技能和信心，并不断积攒财富以提高生活水平。

印度尼西亚联合利华的企业架构包括了一支大约 5000 名核心员工的队伍，约 60% 是长期雇员，只有不到 40% 的为合同工，即直接与公司签订用工合同，或通过合同代理机构雇用。针对其长期雇员，印度尼西亚联合利华还建立了一套优厚的待遇标准。此外，公司拥有关系稳定的供应、分销与零售网络。

印度尼西亚联合利华坚持联合利华总公司制定的商业准则，其支出和收益都比总公司准则要求的要高，将它定位在印度尼西亚公司前四位。公司政策与实践体现了较高的健康安全标准，优越的退休和产假福利，先进的工作场所设施，以及对培训的极度重视。所有的印度尼西亚联合利华员工都与公司签订了书面劳动合同，同时在员工与管理层之间有一套明晰的协商机制。

当员工越来越紧密和规范地与印度尼西亚联合利华的日常运营保持联系时，他们从公司获得的直接收益就越显著。在研究开展期间（2003~2004年），由于有两家分店处于改革之中的用人时期，因此有相当比例的合同工受聘为正式员工。在 2003 年，合同工人数占到了 40%，其数量比例已相当可观，而合同式雇佣的未来走势尚难确定，这是印度尼西亚联合利华正要考虑的问题。虽然合同雇佣被认为是印度尼西亚联合利华商业战略的一个组成部分，但这份研究指出了两个亟待着手行动的方面，这两个方面的实施标准都有待提高。其一，须保证印度尼西亚联合利华的劳动力供应公司在签订临时工转变为长期合同工的操作方面，遵守相关法律要求；其二，处理好女性合同工提出的关于疾病和生育可能致使其丢掉工作的问题。这些例子说明，外包雇用可能会降低公司监管合同工人或供应商员工的能力，由此造成公司在员工政策与实践方面的差距。

该报告认为，若用宏观经济指标来测量印度尼西亚联合利华的经营活动对贫困线下人口的直接影响是困难的，而通过纳税额来估测其间接贡献却是可行的；随着印度尼西亚联合利华推行的就业权益，其价值链在动荡经济中得以保持稳定；此外，它的整体商业模式也根植于印度尼西亚的经济体系。

总体来说，这份报告估计约有 30 万全职人员依附在印度尼西亚联合利华的价值链上生活。引人深思的是，其中有一半以上员工都在联合利华的分销和零售体系中，另外有 1/3 属于供应链体系，经济条件最不济的人处于价值链的两头，尤为典型的是供应端的初级产品生产者。

在总结部分，乐施会和联合利华都认为他们更加理解自身所面临的局限和机会，因为这决定了公司在消除地区贫困的作用中哪些是可为的，哪些是不可为的。他们还从企业社会参与和对政府与商业团体影响的角度，简要考察了印度尼西亚联合利华对社会的更广泛影响。联合利华积极参与了各种与其业务专长相关的慈善捐赠活动。乐施会和联合利华均赞同，最大的亲贫影响潜力在于印度尼西亚联合利华的主营业务和价值链。但他们还认为，"志愿社区参与同样能够带来一种企业与社会的积极互动，在给社区带来好处的同时，也直接或间接地使企业受益"。

印度尼西亚联合利华对其他方面事务的影响体现在它的商业伙伴，这些伙伴公司也经常对类似活动进行支持，或在一些其他方面，如安全卫生标准领域，采取了与印度尼西亚联合利华同样的做法。印度尼西亚联合利华的诸多社会影响中可以确定的一个是其反对腐败的公开立场，这一点也受到许多非政府组织的认可。乐施会更进一步概括，许多公司仍然将利润最大化看作其唯一目标，但是，"我们已经从联合利华那里看到，很少有业务决策是严格地依据现金收益来计算的。'企业的本职就是经商'，这个想法多少已经过时了，现在民间社会拥有无穷的机会，来与企业合作探索如何利用企业的影响力提升绩效水平、分配社会资源、分享知识以及为了共同利益创新"。所有这些，被我称作发展的类型Ⅲ。

对印度尼西亚联合利华来说，这份研究的一个主要结论是："我们获知了印度尼西亚联合利华整体价值链中'职业'的乘数效应。这个调查结果显示，价值链具有作为一种持续性扶贫工具的潜在用途。快速消费品的价值链可以为穷人提供一个在结构化的环境中学习基本技能的机会，以及帮助他们去获取稳定增长的收入。"

壳牌

壳牌公司已经在发展事务上获益匪浅。在为主要的利益相关者处理可持续发展问题的同时，公司还在通过筹建"壳牌基金会"(Shell Foundation，SF)来帮助解决更广泛的发展难题。壳牌在其 2005 年的刊物上登载了"企业解决贫困"一文，直接讨论了扶贫相关问题（该文指出扶贫只是一个国家面临的诸多发展问题之一，虽然这个问题无疑是最重要的问题之一）。[①]

壳牌基金会成立于 2000 年 6 月，是由荷兰皇家/壳牌集团创建的。与许多企业基金会所不同的是，壳牌基金会关注的社会问题都是与公司的核心特征

---

① Shell (2005) 'Enterprise solutions to poverty: Opportunities and challenges for the international development community and big business', a report by Shell Foundation, London, UK, March.

相一致的，正如其创始人所言，"我们所关注的社会问题更多来自于能源与贫困、能源与环境的关联，以及全球化对脆弱的社区所产生的影响"。① 从壳牌的报告中摘取了三个发展类型 Ⅲ 的案例以供讨论。

在第一个案例中，壳牌对其在能源类专长的利用，显然已使其在发展中国家获得了利益。其中一个项目就是壳牌基金会（SF）所称的"推动太阳能家庭系统的扶贫市场"，这是其促进可再生能源在发展中国家得到利用的总体规划的具体部分。有人可能会质疑壳牌的做法，或者质疑所有石油公司，不明白它们为何要选择投资于替代性能源领域，这看上去与其主营业务是相抵触的。不过，石油公司显然已经意识到，它们作为能源供应商，终将走上开发新型替代能源的道路。这样看来，能够在发展中国家从事替代性能源的开发工作，并获得关于如何在未来更好地利用相关技术的经验，在此例中，太阳能在未来的使用中存在潜在价值。壳牌指出，许多在发展中国家的干预措施都是典型的"技术强制和供方补贴的多样化"，这类干预项目大多源于外部的直接捐赠者自己的管理与设计。

那些外部的干预并未取得预期的效果，大概是因为它们仅仅简单地引入技术，忽略了维持和正确使用这些技术的前提条件，从而引起了当地民众的怀疑。

在第二个案例中，我们要讨论前面提到过的"两步思维"方式，这个案例是关于壳牌基金会在印度南部卡纳塔克邦，应对可再生能源问题采取的不同方式。其中不仅涉及壳牌基金会，联合国环境规划署与联合国基金会也参与了进来。这是一个叫作"南印度家用太阳能系统消费融资计划"的项目，目的是在印度南部未得到充分服务的农村和城郊地区，开拓太阳能户用系统市场。它呈现出两个独具一格的特征：第一，当地的私人部门在关于干预应如何运作方面提出了广泛的建议；第二，这个项目是在循序渐进中得到推进的——印度的辛迪加银行（Syndicate Bank）和卡纳拉银行（Canara Bank）两家银行巨头是实际的幕后运作商，它们在印度农村地区拥有庞大的组织机构和业务体系。

在这个 760 万美元的项目中，获捐资金用于为这项银行运作的消费者贷

---

① 壳牌（2005 年）。

款计划提供小额利率补贴。银行管理这项金融计划与自己其他的金融产品并没有太大差别，只是得到了来自太阳能设备供应商所提供的强大培训、营销及其他方面的支持，这样消费者可以找到最适合的交易方案。该项目已诱发了太阳能户用系统市场的急速增长（从 2003 年初至 2004 年末增长了 80%，成功安装的太阳能设备达 1 万台），并且直接由该项目带来的销量占据了四家供应参与商新增业务量的 60%。随着时间的推移，项目对银行的低利率补贴逐渐降低，不过这项促进了太阳能户用系统市场增长的成功计划极有可能使太阳能户用系统的金融消费借助印度银行体系得到成倍放大，且完全不依赖外部捐赠，在商业体系之中就得以实现。

许多发展的援助项目都是围绕扶助中小企业进行的，当然这是正确的，尤其是在帮助中小企业申请贷款方面。在第三个案例中，壳牌基金会已经在乌干达和南非建立了许多的"投资伙伴关系"，这些努力迅速扩展到非洲其他地方以及非洲以外的地区。那些农村贫困地区的住户和生产者缺乏可用能源的程度，与印度相比有过之而无不及。壳牌基金会中小企业筹资的个案显示出的关键特征体现为一种商业发展援助与非抵押融资的形式。非洲中小企业通常难以获得商业贷款，因为当地银行不愿意承担贷款给那些既缺乏商业经验又无担保的小企业的风险。2003~2004 年，壳牌基金会在与当地银行的合作中，设立了 500 万美元的乌干达能源基金（Uganda Energy Fund），在南非设立了 800 万美元的能源基金授权。

总计有 345 家扶贫企业接受了商业发展援助，包括财务和运营方面的持续指导。壳牌基金会估计，这两项基金除了产生一系列别的扶贫效果以外，还新增上千个就业机会。与印度的情况相似，非洲银行也认为借钱给中小企业是一件高风险的事，因为这些银行认为缺乏商业经验和市场敏感度的企业家很难或没有能力来确保一笔贷款的安全，因为他们没有相应的抵押或资产。不过，最根本的问题还是在于，银行发现做小额贷款的成本太高了，尤其是 1~5000 美元档次的贷款，它们更愿意做大单交易，这些大额业务使银行感到更安心，因为它们已经有一套行之有效的固定程序来处理这类业务。当然竞争可能会压低信贷价格，迫使银行转向新业务开发。然而，即便不是全部，也有相当多的非洲国家存在高度管制或腐败（或二者兼有），使市场进入门槛变得非常高。因此，许多当地和国际社会的金融机构，即使为非洲的中小企业预留下部分资金，最终结果也是要么原封不动，要么投于别处了。

在与当地合作伙伴充分研究了上述情况后，壳牌基金会在乌干达和南非制定了一套基于四个核心要点的策略。一是，寻找当地的金融资源和经验老到的公司作为合作伙伴；二是，根据受助企业的需求，组织提供资金援助和业务发展活动；三是，开展项目试点活动，以求为这些初步的实践提供一些有力证据、学习机会和良好示范效应；四是，选择那些竞争较为公平的领域开展项目活动，因为只有在公平竞争的环境下，当地资本才愿意逐渐进入后续的大规模活动。

根据壳牌基金会的计划，这个项目的实施与"中小型企业风险部门"的商业投资回报非常类似。壳牌基金会认为，该项目与中小型企业商业风险投资回报紧密相关。决定不与非营利组织合作后，壳牌乌干达和壳牌南非所积累的当地经验帮助了壳牌基金会，从当地金融机构中识别出最有潜力的备选合作商。不过，说服这些金融机构聚到一起与基金会共同讨论，依靠的是壳牌优良的商业信誉和强大的号召力。在获得当地银行的关注后，再一次凭借强大的实力与完善的商业方案，最终赢得了银行的认同，承诺以同等风险率启动资助项目。

在乌干达，乌干达银行发展金融有限公司（DFCU Bank）同意配合基金会投资额 200 万美元，设立一个 400 万美元的乌干达能源基金。在南非，南非联合银行（ABSA Bank）和工业发展公司分别投入 350 万美元，再加上壳牌基金会投入 100 万美元，共同创立了价值 800 万美元的"能源基金授权"（ETEF）。由于这些试点基金的规模较小，基金会另外提供了一笔数量有限的补助，用于支付业务的启动和运转成本。吸引两家银行的商业计划所具有的另一个特色是，对基金采取商业化管理，主要目标在于提升受助企业与基金本身运转的财务状况。这个目标与银行曾经接受（或拒绝）参与的那些中小型企业资助项目所标榜的目标不同，在这个项目中，不仅受助企业需要承担全额商业利率，银行也只获得一种例行的为期七年、额度固定的资金，并且净回报率只有 5%。

这个回报率显然要比正常的商业预期低，但对壳牌基金会的银行合作伙伴有两方面的吸引力：第一，该回报率被认为在一定的市场规模和风险状况下是现实可行的（相对国际上另一些非洲的风险投资基金所提出的回报率来说）；第二，银行为了发展各自的中小企业业务，站在长远的视角上便可以接受该回报率。

在促成银行和基金会的合作之后，壳牌的当地经验在别的方面又派上了用场，那就是将银行引入了中小型企业在能源领域的资金运作。这项计划的实现主要是依靠为银行提供小规模和农用能源领域相关业务的技术支持，以满足供方和需方的技术需求。在乌干达所采取的具体方式是，为放贷人员提供多种与能源技术相关的财务风险的咨询和建议。对于南非的能源基金授权，壳牌充当了在两个国家中有用的客户中介源（一个凭借充足的业务经验来决定资金组合的关键角色），基金管理和市场表现都因为壳牌的支持得到了巩固提高。

该商业计划还有一个对银行具有吸引力的特点，这也在之后成为项目成功的关键，那就是给贷款人员赋予一定的职权，决定资金的用途及如何使用。他们广泛的规范是支持那些需要能源相关投入来提高产量或销售有利于穷人的能源服务的中小型企业。除此以外几乎对资金利用再无别的限制，这是为了保证工作人员拥有足够的灵活性，以充足的交易量来确保投资结构的有效性。因此交易的业务范围是广泛的：没有对能源种类的限制，即并非只有可再生能源项目，而是所有的能源种类都可以参与项目；非能源资产也可以成为受资助的对象，只要它们有利于提高能源利用效果。这些宽泛的标准决定了非常广泛的中小型企业活动都在受助范围之内。因此举例说，乌干达东部的小型农户若需购买太阳能农用干燥设备，便可申请资助。

英国石油公司和赤道原则

英国石油公司（BP）已经启动了类似于壳牌的融资项目。例如，在阿塞拜疆，已经制定了一些为中小型企业服务的融资举措，尤其是那些与巴库—第比利斯—杰伊汉（Bake-Tbilisi-Ceyhan，BTC）输油管道项目相关联的企业。在 2005 年，这条管线每天要运送近百万桶石油，运送里程超过 1000 英里，横贯阿塞拜疆、格鲁吉亚和土耳其地区。该项目所涉及的广阔范围也带来了许多棘手的问题，如石油公司如何在它们的日常运营中贯彻人权保护的原则等。①

---

① 参见 http://www.wbcsd.org/includes/getTarget.asp? type=DocDet&id=16742，2005 年 11 月 3 日访问。

考虑到运输管线的固有规模，其对于西方石油消费国的重要性，以及这些管道穿过俄罗斯的国境的事实，人们难免关注与这一巨大工程紧密相关的社会发展问题——从沿线人口的流离失所，到如何帮助当地缺乏"管道"技术的中小型企业，再到管线的建设和维护等诸多方面。

根据简·莫纳汉（Jane Monahan）的说法，这也是一个对赤道原则能否发挥效力的考验。① 她指出，2/3 的项目成本（26 亿美元）是由公共和私人机构资助的，包括国际金融组织、英国的出口信贷保证部以及九家赤道原则签约银行：荷兰银行（ABN AMRO）、花旗银行（Citigroup）、日本瑞穗实业银行（Mizhuo）、比利时德克夏银行（Dexia）、德国联合抵押银行（HVB）、荷兰国际集团（ING）、比利时联合银行（KBC）、苏格兰皇家银行（Royal Bank of Scotland）以及西德意志银行（West LB）。

但是银行监察组织（一个专门监督银行投资的国际 NGO 联盟）认为，对赤道原则的贯彻执行"应该促进那些有利于环境如可再生能源的银行融资项目，而银行应该拒绝那些导致全球气候变暖的诸如油气管道和煤矿开采等项目"。然而，对于赤道原则银行来说，采纳这些原则主要是考虑降低关于社会、环境及声誉的风险，避免潜在的高成本诉讼。当它们参与各种类型的融资项目，包括传统领域中如化石能源类项目等时，所遭遇的官司可能损害公司的利润。

银行监察组织以及其他许多非政府组织将巴库—第比利斯—杰伊汉输油管道项目作为一个案例，指责赤道原则银行资助了一个不可持续的项目。该报告说，赤道原则银行不顾许多非政府组织对其违反数十条原则的批评，更忽视了世界银行关于人权、合法性、伦理问题和环境标准等的问题。例如，非政府组织声称，这个以英国石油公司为首的财团没有为阿塞拜疆、格鲁吉亚及库尔德当地管道沿线居民提供足够的咨询服务和损失补偿。此外，管线在施工建设方面也存在问题。尽管质疑重重，赤道原则银行仍坚持资助巴库—第比利斯—杰伊汉项目。

一位国际金融组织负责巴库—第比利斯—杰伊汉项目投资的官员费利西娅·斯旺森（Felicia Swanson）说，根据莫纳汉的报告，"以英国石油公司为主

---

① 简·莫纳汉：《问题原则》，《银行家》，2005 年 3 月 7 日，第 60 页。

的财团组织在确定一笔贷款的时候，并没有回应国际金融中心以及其他投资者这些问题"。这就导致英国议会成立了一个特别委员会，就出口信贷保证部对巴库—第比利斯—杰伊汉项目的资金管理情况召开听证会。不过，斯旺森认为，"国际金融组织和一些投资者"目前对英国石油公司在管道问题上所采取的那些"正确行动"感到非常"满意"。

微软

正像《经济学家》杂志所评论的那样，微软历来都不是很受欢迎，因为"对其批评的质量超过了数量"。[①] 那些具备较高的受教育程度的互联网用户，不时地为微软主导了大多数个人电脑的运行方式感到沮丧。

虽然如此，微软算是真正关注发展的公司。例如，它在葡萄牙发起了一个项目，与葡萄牙纺织服装行业技术中心（CITEVE）合作，为葡萄牙的失业纺织工人提供技术技能方面的指导培训。一个名为"技术、创新和行动"（Technological，Innovation and Initiative，TII）的项目将帮助那些纺织行业中的下岗工人获得最新的技能，以提高他们的长期就业前景。在微软的"潜力无限"计划的支持下，TII 项目的目标是培训至少 3000 名纺织行业中的下岗工人，该行业正受到日益增长的全球竞争压力，需要进行重大的调整。该项目中的各合作方，都将与当地公司和工会合作，帮助目标人群找到合适的工作或走上新的职业道路。该项目受到了就业、社会事务和平等欧盟委员会的委员弗拉基米尔·斯皮德拉（Vladimir Spidla）博士的赞赏，他称赞道，微软的行动对于欧盟委员会去年发起的欧洲就业与合作创业增长计划来说，的确算是一个突出的贡献。[②]

微软的创始人比尔·盖茨通过盖茨基金会所产生的商誉也值得关注。迄今为止，他已经捐赠了 2580 万美元用于对抗疟疾。无论是富裕国家还是联合国的世界卫生组织，对于遏制这种贫困人群的头号"杀手"都没有起到实质性作用，而这一点可以算得上这些机构的耻辱。比尔·盖茨说，"富裕国家在应

---

① The Economist（2005）Christmas edition，p96.

② 关于 TII 的更多信息见 http://www.microsoft.com/emea/presscentre/pressreleases/CITEVEPR_16012006. mspx，2006 年 1 月 10 日访问。

表 3.1 国际问题

国际问题表明了问题的类型，这些问题来源于不同因素利益相关者的对话，我们的公司已经发布了这些国家截至 2005 年 6 月 1 日的社会报告

共同利益原则		英国	阿根廷	澳大利亚	孟加拉	巴西	智利	哥伦比亚	哥斯达黎加	塞浦路斯	美济	法国	德国	中国香港	匈牙利	日本	肯尼亚	韩国	马来西亚	毛里求斯	墨西哥	新西兰	尼日利亚	巴基斯坦	波兰	俄罗斯	南非	斯里兰卡	特立尼达	乌干达	乌兹别克斯坦	委内瑞拉	津巴布韦
核心信念	问题类型																																
我们相信创造长期股东价值	公司通信，单一的索烟	●		●	●	●	●			●	●	●				●	●			●	●	●		●			●	●	●		●	●	
我们相信加入有建设性的相关利益者	零售商参与；相关利益者参与	●	●		●	●	●		●	●	●	●		●			●	●	●	●	●	●	●	●	●	●	●	●	●	●	●	●	
我们相信应为我们的员工创造鼓舞人心的工作环境	职业健康和安全管理；工作场所艾滋病毒；员工沟通；福利；授权；安全；机会均等；培训与发展；工作场所索烟政策	●	●	●	●	●	●	●	●	●	●	●	●	●	●	●	●	●		●	●	●	●	●	●	●	●	●	●	●	●	●	●

（列分组：共同利益原则 / 负责的产品管理原则 / 良好的企业行为原则）

续表

核心信念	同问题类型	英国	阿根廷	澳大利亚	孟加拉	巴西	智利	哥伦比亚	哥斯达黎加	塞浦路斯	斐济	法国	德国	中国香港	匈牙利	日本	肯尼亚	韩国	马来西亚	毛里求斯	墨西哥	新西兰	尼日利亚	巴基斯坦	波兰	俄罗斯	南非	斯里兰卡	特立尼达	乌干达	乌兹别克斯坦	委内瑞拉	津巴布韦
		负责的产品管理原则																				**良好的企业行为原则**											
我们相信应在我们所在的社区增加价值	选择供应商；黑人经济授权；企业慈善事业；可持续发展；社区内的艾滋病毒；奖学金和助学金	●	●	●	●	●	●	●	●	●	●	●		●	●	●	●	●	●	●	●	●	●	●	●	●	●	●	●	●	●	●	●
我们相信供应商和其他商业伙伴应该在不断变化的市场环境下支持我们的合作中的零售商	种植者收割机；零售培训项目；	●	●	●	●	●	●		●			●			●		●	●	●	●	●	●	●	●	●	●	●	●		●	●	●	●

资料来源：BAT，www.bat.com，转载许可。

对这种疾病时的糟糕表现实在是让我们无地自容。"在 2004 年，该基金的捐赠额超过了全球花费于该疾病研究总额的 3/4。

与上述这些法律问题一样，这些问题也考验着伦理学家的智慧。例如罗杰·斯蒂尔（Roger Steare）认为这是一种关于"社会一致性"的决策（以功利主义者或结果主义者）。他在《道德力》中论述了道德人士或伦理学家应如何应对此类问题。① 我反对忽视人权，故而反对随之而来的公民自由的降低。企业必须同样站在捍卫人权的立场上，尤其是在诸多企业已经参与了《人权宣言》的情况下。企业必须联合起来，以一致的态度面对任何政府机构，并且共同抵制任何破坏人权的行为。

英美烟草公司

英美烟草公司是一个不寻常的公司，它将公司与发展紧密联系在一起。② 在一家有道德感的组织里，并非所有人都会认同通过烟草交易获取暴利的方式。众所周知，吸烟有引发癌症的风险，从而导致人们预期寿命的降低。可我们是否应该取缔那些可能导致预期寿命下降的公司呢？如果真这样做，就不再有丰田汽车公司或劳斯莱斯（因为汽车可能导致车祸），酩悦香槟或乔治·杜宝夫酒（酒精引起肝病），洛克希德（Lockheed）（武器伤害生命），等等。那么我们应该如何把握这个度呢？或许最好的是让消费者自己做出选择，即所谓的"后果自负"原则，且该惯例已经被广泛用于致瘾药品的消费领域。对大麻负面作用的研究已经引起了许多人对药品副作用的警惕，而这在以前也许并未引起足够重视。

英美烟草公司显然意识到了这些问题，因此声称只向那些主动购买者供应其产品。某些愤世嫉俗的人可能仍会对此叹息，不过我认为这种声明是正确的。在本书的观点看来，更令我们关注的是英美烟草公司在发展的领域里走得有多远。

该公司在社会报告中写道："我们坚信，公司应做好长远打算，应意识到在一个国家的投资活动也是该国发展目标的一部分。我们分明感受到了有责

---

① Roger Steare（2006）Ethicability, London, self-published.

② 取自 http://www.bat.com，2005 年 12 月 28 日访问。

任感的行为与长期利益之间存在着本质上的联系。"

属于发展类型Ⅱ的烟草行业的影响贡献令人印象深刻。它对100多个国家的经济发展做出了重大贡献，在全球提供了超过1亿人的就业，并成为政府的主要收入来源。以英美烟草公司为例，其全球的销售运营体系为各国政府带来超过140亿英镑的年税收额，此外雇用人数超过85000人。

英美烟草公司还是消除烟叶种植中雇佣童工问题的基金会领导者。该组织于2000年10月在肯尼亚的内罗毕成立，英美烟草公司组织了该国际会议，参会者包括来自三大洲的农场主代表、工会会员、非政府组织代表、政府官员、媒体以及制造商。在过去数年内，基金会资助了若干应对雇佣童工问题的项目和研究计划，并直接与国际劳工组织的反童工组织进行项目合作。基金会总部位于日内瓦，其董事马克·霍夫施泰特（Marc Hofstetter）是红十字会的前高级执行官，基金会秉持的使命是："在烟草种植行业中消除童工，为孩子们提供必要的教育，而这种教育给予他们最好的机会在未来的任意领域取得成功。"基金会成员除英美烟草公司外，还有阿塔迪斯烟草公司（Altadis）、菲利普莫里斯公司（Philip Morris）、日本烟草公司（Japan Tobacco）、斯堪的纳维亚烟草公司（Scandinavian Tobacco）、帝国烟草公司（Imperial Tobacco）、加拉赫集团（Gallaher Group），以及世界领先的烟草经销商美国环球烟叶公司（Universal Leaf Tobacco Co.）、标准商业公司（Standard Commercial Corporation）及德孟公司（DIMON Incorporated）。

举例来说，在巴西南部适宜种植烟草的16万平方千米范围内，家庭劳动是一种主要的生产方式。但英美烟草公司坚持鼓励让不满16岁的未成年人首先接受教育。在英美烟草公司巴西子公司苏扎·克鲁兹（Souza Cruz）的支持下，烟草行业协会与巴西烟草种植者协会之间签订了一份前所未有的协议，协议的共同目标是保证适龄儿童能留在学校接受教育。截至目前，已有将近3万农民加入了英美烟草公司的"未来就是现在"项目，为结束雇佣童工的目标而努力着。该项目的合作方还包括主要的利益相关者，如国际劳工组织，Abrinq儿童权利基金（Abrinq Foundation for Children's Rights），以及全国和州的儿童和青年权利委员会。

在墨西哥的烟草种植业中，童工现象已经持续了几个世纪之久。传统上说在纳亚里特州烟草种植区，农场主通常雇用高原地区的原住民来种植烟叶。

这些雇工则将家眷迁至烟叶种植园附近，每年在那里居住四个月以上。大人和孩子，甚至有些孩子差不多才五岁，便在种植园里劳动和生活。这些孩子得不到连贯的正规学校教育，并且经受着各种健康和安全方面的风险。

英美烟草公司在墨西哥的子公司 Cigarrera La Moderna 认识到，要解决这类社会问题，单纯的商业主导作用是有限的，因此它积极寻求合作关系，与其核心利益相关者建立了伙伴关系，包括当地政府、公民社会组织、墨西哥烟草种植协会、竞争公司以及供应商。它们委托纳亚里特州立大学完成了一项研究，该研究结果显示，儿童主要任务是负责切割和包装烟叶，种植业主普遍认为儿童完成的工作是不需要支付报酬的，在收割季节，外来居住的工人生活条件极其恶劣。

2001 年，现代烟草集团（Cigarrera La Moderna）发起了"花朵计划"，旨在在烟草种植领域消除童工现象，提高其居住在种植园期间的生活质量，提高父母让子女接受教育的意识，促进当地文化水平的提高。在教育部及原住民国家研究所的帮助下，项目方承诺支付目标人群的教育费用。而卫生部协助开展了儿童的健康状况跟踪记录、牙齿保健教育和基础卫生教育。此外，来自墨西哥社会保障组织的社会工作者还帮助为儿童提供了每天两至三顿营养餐食。项目初期只有两个中心为 40 名儿童提供相关设施，至 2002 年的收割季节（1~5 月），项目已扩展到四个中心，能帮助 400 名儿童。此项目的最终目标是希望在当局的领导下，系统地实施类似项目，最终达至一种人们观念和态度上的转变。

当然有人会认为英美烟草公司所做的这一切都是在鼓励孩子们在长大之后吸烟。不过，事实证明，只有当人们接受了更好的教育，才会更排斥烟草。另一点可贵之处在于，英美烟草公司尝试着使其对当地的发展援助制度化，它不仅与非政府组织、政府组织合作，而且还按需拓展了相应的机构，如消除烟叶种植中的雇佣童工问题基金会。

千年发展目标的案例

千年发展目标（Millennium Development Goals，MDGs），是联合国最近提出的发展目标群，其包含了多项子目标，并将这些目标的完成期限定于2015年（参见第十章，对千年发展目标是否促进企业参与发展项目进行了探讨，并对其与另一个联合国倡议——联合国全球协议的关系做出了说明）。

千年发展目标具体包括如下8项子目标：

（1）消除极端贫困和饥荒。

（2）普及基础教育。

（3）加强性别平等和妇女权利。

（4）降低儿童死亡率。

（5）提高孕产妇保健水平。

（6）对抗HIV/AIDS、疟疾及其他疾病。

（7）确保环境的可持续性。

（8）为促进世界发展建立一种全球伙伴关系。

在此，我将用数个简短的案例来说明以上几点。这些案例都是在世界银行的资助下，企业参与千年发展目标的案例。① 专栏3.1给出了一个清单，想要更多信息可以访问给出的网址。我在每一个案例后面都用楷体字标注出了其是否属于一种企业社会责任战略下的可持续发展措施。我们将会看到，绝大多数属于类型Ⅱ或类型Ⅲ的发展方式。

专栏3.1	千年发展目标（MDG）案例研究
美国超威半导体公司（AMD）个人互联网通信器 阿克沙亚·帕特拉（Akshaya Patra）基金会学校膳食计划	

---

① 取自世界银行网站上的一些个案研究（除了标 * 号的），http：//www.businessandmdgs.org，2006年1月5日访问。

巴斯夫股份公司/联合国工业发展组织/联合国环境规划署（BASF/UNIDO/UNEP）中小企业生态效能计划

道德市场与发展事业之影视成就（*）

科技与社会中心，全球社会公益培养基地（*）

雪佛龙—德士古的尼日利亚 YES 联盟

可口可乐非洲基金会的雇员 HIV/AIDS 防控计划

公平贸易运动（*）

自由行动基金会

葛兰素史克公司与结核病联盟

全球启蒙教育联盟

全球学习门户

私人部门参与供水和环境卫生的全球概览

私人部门参与供水与卫生服务指南

全球学生领导力

孩之宝阿富汗妇女发展中心

汉高的"塑造明天"计划

汇丰对 CSR 的扩展延伸

JUNJI 公司共同学习计划

MTN 乡村电话

微软、IBM、惠普、坦帕航空公司、ANDI、太阳微系统和 Saferbo 电脑教育计划

心智网络联盟

尼加拉瓜示范学校改革联盟

诺和诺德公司

ResponsAbility 全球小额信贷基金

荷兰皇家/壳牌集团（*）

国际姐妹城市联盟

瑞士—南非合作计划

塔塔集团（*）

泰迪信托 HIV/AIDS 教育计划

棉兰老岛穆斯林发展电视教育联盟

利乐综合乳液开发项目

时代杂志的系列特别广告

联合利华小故事食用油籽计划

支持 MDGs 的世界商业奖励计划

世界自然基金会与 ABB 集团的电力供应计划

美国超威半导体公司(AMD) 个人互联网通信器
——MDG 目标八

AMD 的总裁兼首席执行官赫克托·鲁伊斯(Hector Ruiz)博士对于技术在社会进步和变迁与经济发展中的关键作用非常感兴趣。2004 年在达沃斯世界经济论坛上,他宣布了 AMD 一项宏伟的 50×15 计划,承诺在 2015 年之前为全世界超过 50% 的人群提供基本的网络和计算服务。这项被鲁伊斯称为"全球必需品"的计划想要取得成功,则需借助于跨行业领域的合作,以及企业在新兴市场创造商业机会的能力。个人互联网通信器(Personal Internet Communicator, PIC)是一款经济实惠的客户端设备,专门为尚在发展阶段的市场而设计,满足人们对加强沟通、提高娱乐水平和教育机会的需要。PIC 包括显示器、键盘、鼠标和一些预装软件,还有一整套通信、娱乐和教育的应用程序,以帮助用户提升沟通质量和提高受教育机会。(一个美好的设想,但考虑到那些生活在日均 2 美元以下以及只能依靠非货币收入维持基本生计的人,无论这些设备多么便宜,仍将有 50% 的人群永远是贫困人群和弱势群体。类型 II。)

阿克沙亚·帕特拉（Akshaya Patra）基金会学校膳食计划
——MDG 目标四

阿克沙亚·帕特拉基金会学校膳食计划是一个由私人部门发起的项目，其针对的问题正是印度亟待解决的两大难题：饥荒和教育。此项目每天免费为那些极度贫困的学生提供餐食，受益人群范围覆盖了印度南部的班加罗尔、胡布利、迈索尔、哈桑、芒格洛尔，北方邦的温达文，以及拉贾斯坦邦的斋普尔。自 2001 年始，该项目的规模扩大到每天要提供超过 85000 份既卫生又营养的餐食。阿克沙亚·帕特拉力争在 2010 年以前达到每天帮助 10 万名学生的目标，为印度其他组织树立一柄标杆。对于许多孩子来说，阿克沙亚·帕特拉食品是他们所能吃到的唯一健康的食物，也因此，这个项目在学校受到了广泛的关注、支持和参与。（这并不是一个可持续的项目，因为当项目援助停止时，免费午餐也将消失。类型Ⅰ。）

巴斯夫股份公司/联合国工业发展组织/联合国环境规划署（BASF/UNIDO/UNEP）中小企业生态效能计划——所有 MDGs

中小企业生态效能计划是一项由多方组织共同参与的计划，合作方包括巴斯夫股份公司（BASF）、联合国工业发展组织（United Nations Industrial Development Organization，UNIDO）以及联合国环境规划署（UNEP）。该计划的主要目的在于帮助小型企业在保持生产竞争力的同时，注重对环境的保护，并且始终坚持安全的生产标准。2003 年，项目选取摩洛哥的纺织领域进行试点，因为无数织物印染的中小企业为当地提供了大量的就业机会，占有举足轻重的地位。生态效能分析旨在达到生产过程中环境与经济的两相平衡：保证产品的收益成本比例最优的同时，考虑如何将原材料和能源的使用降到最低，并且减少污染排放。正是有了 BASF 的独特专业优势，这个项目才得以首次在发展中国家的中小企业中获得成功，否则也难以获得国际上的先进技术经验支持。如今，这项服务在 35 个国家的 UNIDO 和 UNEP 的清洁生产中心的网点都可以享受到。[从我对 UNIDO 过去项目的观察看来，尽管对中小企业投入了大量资金，但仍难以保证项目是可持续的，因为一旦停止资金支持，这些企业也将难以为继。此外，另一个危险之处在于，当项目选择资助某一些企业的时候，可能是在威胁另一些企业，相对地降低了它们的竞争力，原因很明显，那些未获资助的企业没有得到或通过培训［例如企业发展援助（BDA）］或通过捐赠得到的实实在在的资金，也没有获得相关的信贷优惠。接近类型 III。]

道德市场与发展事业之影视成就
——所有 MDGs

"发展事业"（The Business of Development）是世界上最早开始分析商业与世界发展之间关系的专题节目之一。另一个系列节目以"道德市场"（Ethical Markets）闻名，其电视台设于美国。① 该节目制作人黑兹尔·亨德森（Hazel Henderson）表示，其目的是促进资本主义的进一步发展，但应是以另一种不同于当前我们熟悉的那种"基于物质并追求个人收益和利润最大化，基于对竞争和稀缺的惧怕"的模式。节目发起人相信："地球上的所有生物无疑是相互依存的，人们正在不断加深对这一点的认识，并将这种理念融入资本主义的发展中。唯有如此，才可能满足我们每天不断产生的新需求，并创造生命共同的未来。而企业需要做的是，不仅为股东和管理层谋求利润最大化，而

---

① http://www.ethicalmarkets.com，作者是顾问委员会成员。

且要对所有利益相关者负责。"（虽然这些举措看起来难领略，实际上，这种高质量的对良好可持续发展项目的宣传是一种成本收益率非常高的做法。类型Ⅲ。）

科学、技术和社会中心，全球社会公益培养基地
——所有 MDGs

科学、技术和社会中心旨在推动日益科技化世界的共同利益。其冠名的全球社会公益培养基地（Global Social Benefit Incubator，GSBI）是与世界各地的私人部门和非营利组织合作开展的项目，许多重点合作伙伴更是来自于同贫困做斗争的发展中国家。GSBI 引入了来自硅谷的缩放技术创新，以支持社会企业家。其合作伙伴包括技术创新博物馆（Tech Museum of Innovation）、全球青年挑战（Global Junior Challenge）、世界银行发展市场（World Bank Development Marketplace）、施瓦布基金会董事（Schwab Foundation Fellows）以及硅谷的一些赞助机构。（相当好的举措，不过需要注意的是，该中心不是针对富人，而是穷人。类型Ⅲ。）

雪佛龙—德士古的尼日利亚 YES 联盟
——MDG 目标二

尼日利亚的 YES 联盟试图利用商业经验和专业知识来加强对尼日利亚在读青少年的商业技能培训。该联盟以社区服务的方式，帮助十几岁的在读青少年建立一定的文学修养和数学能力，同时在此过程中介绍现实世界的商业技能和问题导向的学习方式；并通过将传统正规教育与企业及企业家精神融合起来，试图在促进尼日利亚社会经济繁荣的同时，帮助其构建更为高效的青年领导力与社区自治能力。该项目分为三个学习周期：企业与企业家精神

的引入；社区服务；社办企业的筹备和发展。目前，尼日利亚的 YES 培训只对在校学生开展活动，不过雪佛龙—德士古正制定招标计划，欲将这项计划推广覆盖到非在读青年群体。雪佛龙—德士古是主要的合作资源提供方，它还通过促进教育和就业挂钩的方式在项目实施过程中发挥重要作用。（在培训的氛围中让学生接触有丰富实践经验的商业人士，是我一向推崇的做法。不过，所有常见的教育问题都存在，如年轻人是否可以负担得起学校教育的费用而不是帮助他们的父母，该培训项目是否经过精心设计确保其社会影响最大化，以及培训是否进行严格监控以确保学生以后能找到工作，等等。类型Ⅲ。）

可口可乐非洲基金会的雇员 HIV/AIDS 防控计划
——MDG 目标六

2001 年，可口可乐非洲基金会与联合国艾滋病规划署（UNAIDS）合作建立了一个项目，为可口可乐公司的 6 万名雇员（以及 40 家独立的非洲瓶装厂）及其配偶和孩子提供抗逆转录病毒（anti-retrovird）药物，并积极建立与当地的合作关系，寻求社会支持与参与。项目总目标是希望通过电视、广播、印刷品和演说等宣教形式促成目标人群的行为转变。（这是个非常不错的项目，虽然对于大家庭、朋友圈及其他社会人群还难以推广。不过对于减轻贫困的作用是微弱的，因为可口可乐公司的员工已经相当富裕了。类型Ⅱ。）

公平贸易运动
——MDG 目标八

在国际层面上，对于发展中国家的农产品与纺织品应自由进出的宣传似乎已经泛滥了。法国等一些欧盟成员国并不情愿开放其国内农业市场是一个痛点，对于那些欧盟境内的顾客不得不支付三倍的全球平均价格购买牛奶、黄油、牛肉等。一种跨越了贸易限制，在工业化国家里享受健康生活的方式正是"公平贸易"倡导的要旨所在。根据罗杰·考（Roger Cowe）介绍，公平贸易运动已经帮助了无数小型农户。[①] 它保证了中期交易以最低的价格进行，加上一个特殊的社会投资溢价。一些品牌的销售量急速上升，例如 Cafédirect，公平贸易基金会声称其已经占有了英国 18%的咖啡市场。

不过考指出，所有加入公平贸易的咖啡只占全世界咖啡年产量的 1%。美国 NGO 雨林联盟（Rainforest Alliance）发起了系列保护如萨尔瓦多森林那样的生态系统的运动，其开发了一套可持续农业的标准，并将这些标准应用于香蕉、可可、柑橘类水果、花卉以及咖啡种植中。这些标准包括社区关系、劳动条件以及环境保护方面，如农用化学品的使用、水资源保护以及废弃物管理。该组织希望转变一种趋于单一的文化视角，正是在这种视角下，无数森林被毁，野生动物、土地和水系及社会均受到深刻影响。咖啡贸易的重要买家之一是卡夫食品有限公司（Kraft），它是美国拥有麦斯威尔（Maxwell House）和 Kenco 咖啡品牌的跨国巨头。两年前，卡夫同雨林联盟达成一项协议，承诺将采购大批量符合标准的咖啡豆。虽然其数量也只占卡夫年采购量的 2%左右，但是联盟的可持续发展农业部门主席克里斯·威尔（Chris Wille）认为，这项协议的意义仍然十分重大。（一个微小但发展迅速的领域。公平贸易运动表明在产品生产领域嵌入企业社会责任可能有助于赢取新的市场份额。我们在欧洲的连锁超市，甚至沃尔玛子公司阿斯达公司，都能看到货架上清晰整齐地排列着来自世界各地，标着自由贸易和有机食品标签的商品。消费者仍需要支付一笔额外费用，但价格不会高于传统同类商品。类型 Ⅱ。）

自由行动基金会（Freeplay Foundation）
——MDG 目标二

自由行动基金会旨在为非洲部分极度贫困人群提供风能和太阳能供电的

---

① Roger Cowe（2005）'Brewing up a better deal for coffee farmers', The Observer, London, UK, 5 June.

收音机，以及传授救生基础知识。这些产品和服务的实际提供者均来自硅谷的私人企业。（这类低成本的为穷人谋福利的做法是一种值得肯定的努力，但是正如我在第七章对普拉哈拉德和哈特的批评那样，这种物资供应式做法所能起的作用是相当有限的。类型 Ⅱ 。）

葛兰素史克公司（GSK）与结核病联盟
——MDG 目标六

葛兰素史克的发展中世界药品中心参与了与制药公司、慈善家和政府的开创性公私合作。自 2000 年该中心成立以来，纽约的一家非营利组织——结核病联盟（TB Alliance）已经协助该中心促成了十多个有关新疗法的项目。它与 GSK 公司一并与诺华制药公司（Novartis）签署了一份合作意向书，且正与阿斯利康公司（AstraZeneca）商谈合作事宜。抗疟药物事业会（Medicines for Malaria Venture，MMV）也采取了与之类似的模式。从 1999 年始，抗疟药物事业会展开了与诸多制药公司的合作，包括 GSK、诺华、瑞士罗氏（Roche）、印度兰伯西（Ranbaxy of India）等，并努力帮助这些公司建立与学术机构的合作关系。此外，赛诺菲—安万特集团（Sanofi-Aventis）承诺将与 DNDi（Drugs for Neglected Diseases Initiative；参见 http://www.dndi.org/newsletters/10/partnership.htm）合作，共同研制一种更为经济的疟疾综合疗法。近来制药公司的这类行为频频涌现的原因之一便是它们逐渐转变了对于企业社会责任的认识。"我们的做法来自于对瑞典股东意愿的考虑，他们有非常强的社会责任感，在股东年会上提出了许多有关这方面的问题，"来自阿斯利康研发部门的艾琳·奥尔索普（Aileen Allsop）说道，该部门于 1999 年由瑞典的阿斯特拉公司（Astra）与英国的捷利康公司（Zeneca）组建。而来自于比尔及梅琳达·盖茨基金会（Bill and Melinda Gates Foundation）的慈善行为具有非常重要的意义，因为其允许受益对象通过出资或提供智力支持的方式参与到这些制药公司的活动中来，这样做的效果胜过受益者仅被动等待资助时的情形。抗疟药物事业会和结核病联盟就是这样的受益对象，他们共同参与了资助特雷斯·坎托 (Tres Cantos) 的 100 名科学家的项目，并负担了一半的费用，余下的开支则由 GSK 承担。(具有可持续性的慈善行动，是我一贯支持的。那些为了解决落后国家的健康问题所发起的研究，促进了切实可用药物的广泛普及，这对降低疾病发生率具有显著作用。类型Ⅲ。)

全球启蒙教育联盟 (Global Alliance for Illumination for Education) ——MDG 目标二

全球启蒙教育联盟旨在提高马里的成人识字率和初等教育水平。该国文盲率高达 75%。通过引入一项可以使成人教育在晚上开展的技术设施，该联盟促进了马里开办基于社区的成人识字课程，且至今已有 1500 名参与者。这项技术被称为蜜熊投影仪 (Kinkajou Projector)，是一种成本低廉、便捷耐用的投影设备，它能利用多种能源，并且耗能极低。这个联盟允许教育工作者在夜间授课，从而增加了成年学生受教育的机会 (这是成年学生唯一可用于听课的时间，其他时间用于工作)，而且学生们再也不必在灯光或烛光下挤在一起看同一本教材了，教师也将积累更多的教学经验。该项目的实施伙伴是世界教育机构，该非政府组织在马里已经积累了十多年的项目经验。基于麻省理工学院 (MIT) 设计，Matters 机构是一家非营利组织，运用私人部门的技术提高落后国家人民生活质量。(一个很好的倡议，考虑到了贫困人群及其子女的工作学习习惯。当然，在许多发展中国家，尤其是马里这样的落后国家中，在可承受的价格范围内获取能源存在着相当大的难度。类型Ⅲ。)

全球学习门户
——MDG 目标二

为了在未来十年帮助约 68000 名新教师适应工作岗位，全球学习门户网

站 （Global Learning Portal Network，GLPNet）努力为教师提供教育资源和讨论空间，包括教材和优秀教学实践等资源，以及一个可供全球范围内同行进行互动交流的平台。GLPNet 与教育专家、学校以及非政府组织合作，在巴西、埃塞俄比亚、尼加拉瓜、南非和乌干达进行了试点，最近又将试点范围扩展到了菲律宾和埃及。GLPNet 不断促进与私营供应商的合作，向世界各地的教育专业人士提供针对性的内容。太阳微系统公司便是这样的一家合作商，它为每一位新注册的用户提供免费软件。（促进教师之间的合作交流是一项很有远见的工程，因为在发展中国家，迫于交通成本的压力，教师们不可能经常聚到一起讨论。而不幸往往在于，更为富裕的教师获得的更多，他们通常拥有电脑设备，也不用为没有充足的电源担忧。最终结果是，收入差距再次拉大，因为相对富裕的学生能够从不断积累的人力资本中受益。类型 Ⅲ。）

私人部门参与供水和环境卫生的全球概览
——MDG 目标七

多年来，类似于私有化、商品化、限制性以及预付费水表等议题在全世界招致了广泛的抗议和不满。例如，2000 年在玻利维亚，持续数月反对私人部门参与（Private Sector Participation，PSP）供水服务的市民抗议活动甚至导致了政府不得不宣布国家进入紧急状态。然而私人部门确实在相关方面做出了重要贡献，使更多发展中国家在饮水安全和卫生设施方面难有保障的状况得到了改善。全球供水测定流程（Global Water Scoping Process）发现，在 300 多名利益相关者中，超过 90% 的人赞成应对全球私人部门参与服务所产生的影响进行全球审查，并认为这是为了达到联合国在供水和卫生领域的千年发展目标所必要的。

作为回应，2004 年组织利益相关者召开研讨会回顾调查结果。60 名研讨会成员有的来自于政府部门、监管机构、公共部门，有的是拥有 PSP 经验的落后社区代表，也有经营规模大小不等的私人部门利益相关者，还有工会组织、非政府组织、国际金融机构以及双边捐赠者。

为了促进就私人部门恰当角色一题在国际和当地层面上的广泛讨论，经过多方利益相关者的综合评估，私人部门参与的全球评估（Global Review of Private Sector Participation）致力于探索如何加速私人部门为贫困人群提供供水和卫生服务，并积极消除存在的障碍。2005 年的联合国千年发展项目报告"健康、尊严与发展：如何实现？"强调了私人部门加大建设性参与力度的必要性。（我对于任何有助于促进沟通和相互理解的行动都是赞许的。这些会谈中存在着一个问题，即参与者获益良多，但是当信息传递到那些没能参加会议讨论的人的时候，往往被一大堆其他工作埋没，或者由于获取信息存在的困难而使这些信息丧失了大部分价值。每一次这样的会议都应该尝试着邀请传媒界专业人士，帮助宣传会议成果，并以合适的方式将各方观点公之于众。类型 Ⅲ。）

私人部门参与供水与卫生服务指南
——MDG 目标七

"私人部门参与可持续性供水和卫生服务的政策原则与实施指导"是一个由多方利益相关者共同参与的项目，参与者包括瑞士政府（Swiss Government）、瑞士发展与合作署（Swiss Agency for Development and Cooperation，SDC）、瑞士联邦经济事务秘书处（State Secretariat for Economic Affairs，Seco），以及瑞士再保险公司（Swiss Re）。该项目的宗旨在于推动发展中国家和转型期国家在供水和卫生服务领域的公私伙伴关系的建立，以促进全球水利发展。因此，项目方制定了一系列政策原则和相应的实施指南，以及供从业人员参考的指导手册。（瑞士通常以对发展项目的深思熟虑著称，瑞士再保险公司算得上是公司中对 CSR 有所见解和行动的领先者，因此可以预期这项举措能收到一些有意思的效果。类型 Ⅲ。）

全球学生领导力
——MDG 目标三

全球学生领导力（Global Student Leadership，GSL）项目致力于帮助发展中国家的年青一代在私营部门尝试开展项目。其发起人迈克拉·沃尔什（Michaela Walsh）之前是一位私立银行家，是世界妇女银行（Women's World Banking）的创始人。GSL 项目的每一位参与者都有一个当地的个体或组织赞助，包括学校、非营利组织、联合国发展计划署（United Nations Development Program）、联合国协会（United Nations Association）、美国国际开发署（United States Agency for International Development）、国际金融公司（International Finance Corporation）、世界妇女银行，等等。项目参与者需要接受集中培训，涉及的领域包括领导力、沟通、英语语言、管理及网络技术，学生们带着自己的行动计划（商业策划）回去进行为期一年的实践，在这期间，那些私人赞助者将履行指导和监督的职责。（至少这类项目有着良好的开始，但是大多数都失败了，因为其在实施过程中面临着大量的管理问题、官僚作风、迂曲停滞及各种障碍。然而，正如每个商业人士都熟知的那样，只有在经历了大量的失败之后，成功才会到来。无论如何，正是这些失败的经历，为他们应对未来的挑战积累了经验和教训。类型Ⅲ。）

孩之宝阿富汗妇女发展中心
——MDG 目标三、目标四、目标五、目标八

与孩之宝有限公司（Hasbro，Inc.）和海森菲尔德基金会（Hassenfeld Foundation）携手，阿富汗妇女发展中心（Afghan Women's Development Centers，AWDCs）的宗旨是提高妇女识字率、妇女及其家人的健康状况、参政意

识和行动，同时也希望加强阿富汗妇女与相关 NGOs 之间的交流与合作。在与国际救济（Relief International，RI）组织的合作中，孩之宝和海森菲尔德紧密参与了项目的实施管理，不仅提供后续支持，还保证相关资源使尽可能多的、状况最艰难的妇女人群受益。阿富汗妇女发展中心的服务由那些以社区为基础的机构来具体负责，而在那些服务难以覆盖到的区域建立了阿富汗妇女发展中心服务站。通过这些努力，国际救济、孩之宝和海森菲尔德基金会的共同目标是实现千年发展目标，包括促进两性平等和妇女解放，降低儿童死亡率，改善孕产妇健康状况，促进全球范围公私伙伴关系以及与发展中国家政府合作关系的建立。迄今为止，该项目已经使多地区超过 8000 名妇女受益。[这类项目解决了关键问题，并且通常实施情况良好。然而，即便有改变阿富汗根深蒂固的塔利班式文化的意愿，这也是需要数代人的努力才可能实现的，更何况，对于阿富汗妇女来说，强有力的男权社会结构使她们没有想过要改变什么。同样，她们从未出于自身利益而工作，她们想保护她们的文化，她们相信这将为她们的家庭增强稳定（的确如此），并创造更好的条件（这取决于究竟什么是"和谐"。预期寿命的增长是一个最佳的发展指标，但却在塔利班式的文化下并不适用）。类型 Ⅲ。]

汉高的"塑造明天"计划
——MDG 目标七

在过去五年中，在超过 125 个国家以生产个人和家庭护理产品为主的德国汉高公司，营业利润与销售额分别增长了 27% 和 18%，而在这期间，其每吨产量的二氧化碳排放量降低了 12%，用水量减少了 28%。另外，社会和环境指标同样值得称道，其中工伤事故率从 2000 年至 2007 年下降了 56%。相关数据都能够在汉高的可持续发展报告中找到。该报告还包括了公司通过开展"塑造明天"（Make an Impact on Tomorrow）计划广泛参与公益项目的介绍回顾，另外还有来自巴西、德国、印度、俄罗斯和美国的可持续性问题专家就公司在当地所面临的挑战的特色评论。(CSR 思考方式的影响正在转变企业经营行为，并将它们引向新的道路。但是为何只开展非营利性的项目呢？这些非营利性的项目在失去外部支持的情况下可能是难以持续的，而如果开展营利性项目，则更可能开创一种人们收入不断增长、福利不断提高的可持续发展的局面。类型Ⅱ。）

汇丰（HSBC）对 CSR 的扩展延伸
——MDG 目标八

汇丰银行成立了一个新部门，专门负责处理可持续发展相关问题。这无疑是环境与企业社会责任成为银行重点关注领域的一种迹象。该部门的职责便是使汇丰银行的主要业务考虑可持续性，无论是从企业面临的风险角度还是从企业发展的角度。该部门直接由集团首席运营官艾伦·杰布森（Alan Jebson）负责，把汇丰银行所涉及的对环境影响的管控责任扩展到了前所未有的广度。[①]（这是一个有影响力的银行，不仅仅与同行一样在发展中国家投资，并且将 CSR 导入其核心运营过程中。当然，只有对其行为动机和结果做了详细的分析，我们才能下结论说究竟汇丰银行在践行 CSR 的道路上走了多远，不过已显示出令人鼓舞的迹象。类型Ⅱ。）

JUNJI 公司共同学习计划
——MDG 目标二和目标三

JUNJI 是一家成立于 1970 年的私人公司，其与智利政府下属的教育部合作，负责幼儿园建设和运营的系列工作，内容包括建造、策划、改善、激励和监管等方面。该项目对幼儿教育的相关成就和发展做出了不小贡献，尤其

---

① Bank Marketing International, London, October 2005, P4.

是通过有策略地利用电台、现场教学、远程教育以及相关小册子等工具，六岁以下女孩的受教育状况得到了显著改善。（智利是一个处在高速发展阶段的国家，其教育系统广受好评。前国际劳工组织官员、智利前总统里卡多·拉戈斯（Ricardo Lagos）开展了许多社会项目，不过这些努力最终都被皮诺切特将军和他的政权摧毁了。类型Ⅲ。）

MTN 乡村电话
——MDG 目标八

在全球发展事务中，最成功的案例之一是在孟加拉国实施的格莱珉乡村电话计划（Grameen's Village Phone Program）。在从前没有远程通信设备乡村地区，项目为极度贫穷的妇女提供手机，让她们为其所在区域提供通信服务。在乌干达，格莱珉基金会与 MTN 公司合作，于 2003 年 11 月启动了 MTN 乌干达乡村电话（MTN Village Phone Uganda）计划。如今乌干达境内有超过 1000 个乡村电话点，每个点都能赚取足够的钱去偿还小额贷款，之后，将剩余的钱作为改善家庭生活的积蓄，如饮食、教育、健康等。MTN 与格莱珉基金会正计划将这个项目推广到卢旺达。（由于发展中国家的电信费用高昂，只有那些所谓的"精英"人士才能使用得起，因此应该对这部分人课以重税。不过由于通过个人所得税的方式征收面临着许多困难，因此消费税成了更佳的选择。然而对于实力较差的中小企业来说，通信成本常常成为沉重的负担，从而极大地降低了市场开拓的能力。故而，能够降低通信成本的任何举措都将有助于发展，而发展程度越高又将反过来提高长期的税收收入的增长。类型Ⅲ。）

微软、IBM、惠普、坦帕航空公司（Aerolíneas Tampa）、ANDI、太阳微系统和 Saferbo 电脑教育计划
——MDG 目标八

自 2000 年以来，哥伦比亚的通信和教育部门、私有企业与加拿大政府联合，在哥伦比亚境内几乎不计成本地为学校提供翻新后的计算机。其目的是提高哥伦比亚的教育质量，打通学生获取新信息和利用通信工具的渠道，培养面对当今世界各种挑战而有所准备的青年骨干，缩小不易获取资源和无技术优势的学生与具备这些条件的同伴之间的差距。（虽然哥伦比亚由于暴力和毒品问题泛滥而导致国际声誉不佳，但其实际上对于社会项目拥有更为先进和周密的考虑。该国信息技术的发达程度可能会让外界人士大吃一惊。不过，翻新过的电脑已经可以令许多年轻人增强他们的计算机知识，当然这只是第一步。常常听到这样一种担忧，即富裕国家将它们不需要的技术输出到发展中国家，故而抑制了落后国家的技术发展，使它们难以与发达国家的知识密集型技术产业竞争。然而，若处于贫困阶层的年轻人连获得基本的计算机技能的机会都没有，那么发展就会受到阻碍，此时发达国家在落后国家的市场会缩减，暴力活动则继续猖獗。类型Ⅲ。）

心智网络联盟（Mindset Network Alliance）
——MDG 目标二

南非的种族隔离遗留的问题之一是教育系统的分崩离析，只有 65%左右的儿童读到了五年级，并且很多教育者缺乏合格资质。在南非教育系统和教师专业发展领域开展的心智网络联盟（Mindset Network Alliance）是一项支持基础教育发展的项目，其主要职能是通过广电卫星网络和辅助的多媒体来开发、加工和发布有用的教学资源。通过开发免费的视频内容，该联盟可以使

约 22000 名南非小学生获得这项服务。项目发起人纳尔逊·曼德拉（Nelson Mandela）于 2003 年产生了这个创意，他召集了一大批合作者，包括在内容和渠道上起重大作用的教育部，负责带宽和频道调试的私人组织泛美卫星公司（PanAmSat），还有自由基金会（Liberty Foundation）、印尼电信基金会（Telkom Foundation）、众选基金会（Multichoice Foundation）、Synergos 公司。（近年来纳尔逊·曼德拉在各种问题上几乎没有出过错，要是多几个像他这样做的商业领袖，那么或许学校对书本的需求都会降低。然而我所疑惑的是，几部免费影片如何能使 65% 这个数字涨上去。很少有文献专注于研究学生读写意愿、家长的共识、教学及教学工具质量水平。至少从初衷上看属于类型 III。）

尼加拉瓜示范学校改革联盟
——MDG 目标二

Escuela Modelo 项目，通过尼加拉瓜示范学校改革联盟（Nicaragua Model School Reform Alliance）的推广，受到了尼加拉瓜及其他拉丁美洲国家广泛欢迎。项目目标是将当地社会力量引入学校管理，介绍示范学校的改革成果，促进教育系统的权力下放。过去四年中，该项目在尼加拉瓜的 200 多所学校中获得了广泛成功，参与率高达 90%。在操作层面上，该项目的着眼点在于如何激发家长和社会参与的积极性，互动式学习的介绍和引入，对教师进行在岗培训以将其角色转变为学习促进者而不是知识的灌输者，基于个人节奏的自我管理式学习，小组和同伴导向的学习方式，以话题为中心的课堂学习，交流最佳教学实践的教师素质圈，以及每一所学校的学生会等。计划的扩张是对学校的强硬需求改革，参与的质量必须得到保证，不能只是被动参与，此外，还需要对项目进展情况进行实时监控。尼加拉瓜的美国商会是一个资源提供伙伴，其付出的努力已经换来了超过 50 家公司的响应与支持，这些公司包括敦豪环球速递（DHL Worldwide Express）、美国大陆航空公司（Continental Airlines）以及洲际酒店及度假村（Intercontinental Hotels and Resorts）。美国尼加拉瓜基金会既是资源提供伙伴，又是项目实施伙伴。这两个来自私人部门的合作者都在援助学校，提供家具、书籍、设备、日用品、基础设施的改善、图书馆、建设修复、计算机和互联网以及营养保健服务。（教育，不论以何种方式提供，从其最本质的意义上讲都是一件好事。社会参与教育事业的好处怎么强调都不过分，正像我一直认为的，即便是要教育祖母，也算得上是推出了一项成功的教育策略，原因很简单，因为祖母在大多数社会中都是一种社会角色的模范。当儿童和他们的父母看到更老一辈祖母在接受教育时，所受到的鼓舞是难以想象的。在西方社会，人们习惯于忽视老一辈，而在别的文化圈子里却不是这样。识字的长者能够提供像"祖母"那样的动机和激励，而不该像在西方社会那样被忽视。类型Ⅲ。）

诺和诺德公司（Novo Nordisk）
——MDG 目标四

丹麦制药公司诺和诺德在其 2004 年的年度报告上提出的问题是"糖尿病真的可以被战胜吗"，围绕这个议题，它阐述了其为攻克这一难题所做出的努力，尤其是在糖尿病发病率呈快速上升趋势的发展中国家。2004 年，诺和诺德细化了公司章程，提出公司会"努力以一种对经济、环境和社会负责的方式开展业务活动"。诺和诺德还在 33 个欠发达国家（LDCs）中以约为市场均价 20% 的价格销售胰岛素；通过其国家糖尿病计划（National Diabetes Program）和糖尿病、态度、愿望和需求计划（Diabetes，Attitudes，Wishes and Needs Programme，DAWN），据估计有 210 万人受惠；在诸如巴西、中国和美国等新市场上加大投资；制定气候变化的应对策略以保证 2014 年前达到其承诺的二氧化碳减排精确值；开始对联合国在跨国企业责任方面的规定进行探索性实践，以改进人权标准；为其 26 名高管设立了奖金计划，对他们的考核必须包含重要项目的可持续性强度。（诺和诺德在发展中迈出的一小步，可以减轻成千上万人的苦难。联合国总是希望购买便宜药品，并且可以通过大批量购买来实现。不过离开了那些实力雄厚、资金充裕的医药公司的配合与支持，联合国是不可能获得更低的药价的。类型Ⅲ。）

ResponsAbility 全球小额信贷基金
——MDG 目标八

ResponsAbility 全球小额信贷基金是一项社会投资基金，由瑞士的一些银行和一个社会风投基金筹建。该项基金的目的是建立联结瑞士社会投资者与邻国的桥梁，寻求经济和社会的回报；联结发展中国家与经济转型国家，吸收私人和机构资金。瑞士合作发展署（Swiss Agency for Development and Cooperation，SDC）为其提供了技术支持，而国家经济事务秘书处（State Secretariat for Economic Affairs，SECO）在筹建初期提供了经济援助，两家机构还定期就各自的政策意见进行交流对话。2005 年初的基金总量达 900 万美元。基金主要投资重点在公平贸易条件下的小额贷款。投资组合是一种跨地区和国家的高度多元化结构，包括对小额信贷机构的直接投资与通过中间合作商进行的间接投资。（虽然起初只涉及很少的资金量，但是经验表明，这类努力对于促进穷人获取一些经济支持是非常有用的举措。类型Ⅲ。）

荷兰皇家/壳牌集团
——MDG 目标一、目标七、目标八

荷兰皇家/壳牌集团的目标是，从今往后，以一种在经济、社会和环境三个方面都可行的方式，来满足社会的能源需求。其主要措施是壳牌的反腐六步骤：第一步，阐述其信奉的一般商业原则，并说明在具体商业行为方面所持立场。其明确指出，员工对这些原则的任何一种形式的侵犯都是不可被容忍的。出于对诚信经营的信念，公司认为任何形式的直接或间接地提供、支付、索取和接受贿赂都是违规行为。第二步，涉及公司内部的交流与培训，即为了增强员工对政策与相关原则的意识，可以从劳动合同、新员工培训、

礼品引导、政治募捐和潜在利益冲突中获取相关的知识。公司的"管理入门"详尽阐述了受贿腐败所涉及的方方面面，并提出了相应的对策。其还在列举了无数个案的"困境实例"中再次突出强调了这一主题内容。第三步，加强营造反腐文化氛围，为此，壳牌在每个国家的分支机构中都任命了一位负责反腐的"主席"。这些主席负责制定反映当地文化传统的指导文件，并起草细致的员工守则和实操指南。这方面的内外部保障是通过一项员工参与的广受赞誉的被称作"通知壳牌"的机制来实现的。第四步，一种内部和外部的保障机制，即通过"大众调查"（People Survey）和叫作"商业原则热线"（Business Principles Helpline）的"举报计划"（Whistle-blowing Scheme）调动全员参与的一种方式。已经发布的"壳牌报告"便是外部监督的一个例子，公司与 NGOs、行业组织及国际机构之间的密切联系构成了这类外部努力的一部分。第五步，公司在签署多种国际协议中扮演的积极角色，以及对透明国际商业原则（Transparency International's Business Principles）的坚持。在响应联合国全球协议原则的过程中，壳牌已经形成了自身独有的价值观、理念和承诺。这引导着各方参与者，如供应商、承包商、客户和各个层面上的政策，包括雇员权利、健康和安全、平等的机会、多样化和包容性、培训、当地 HSE 质量、社会平等、国民权利与社会公平，等等。第六步，壳牌还通过让其利益相关方参与腐败识别和分享问题的方式来加大宣传的力度。（这里的多数文字来源于壳牌的自有刊物。不过，由于受到了针对其在 20 世纪 90 年代中期在尼日利亚缺乏对人权问题的关注的批评，其声誉受损。此后，它一直在努力改变这种状况。如今，壳牌已经成为了 CSR 领域的领导者，并且凭借其壳牌基金会的努力，进入了一个同时具有类型Ⅱ和类型Ⅲ两种发展特征的角色。）

国际姐妹城市联盟（Sister Cities International）
——所有目标

千年发展目标中的城市之间难题试点计划（City-to-City Challenge Pilot

Program）使城市之间的关系集中在实现 MDGs 上，这是可持续发展的国际姐妹城市联盟的一部分。该联盟与世界银行学院（World Bank Institute，WBI）合作，挑选工作组进驻各大社区，并完成以下步骤：

（1）参与世界银行学院关于 MDGs 的学习活动。

（2）挑选一个 MDG，通过参与式过程确定清晰的目标和指标。

（3）对现状进行诊断性评估。

（4）撰写一份行动计划，以增强意识，改善现状。

（5）实施行动计划中的第一步。

（6）对过程实施监控，并将实施结果与初期状况进行对比。

试点计划的目标是展现城市为实现千年发展目标而与其他城市的合作成效。该计划将为社区带来发展能力的构建技能，丰富自己的社区，加强国际合作和联谊。（通常，这类城际合作有助于以对各城市来说并不低廉的成本使社区的领导聚集到一起。看到计划的进展是一件有价值的事，而发现进步的意义同样如此。另外，任何通过跨文化交流而将人们凝聚起来的举措都将为减少冷漠、增进道德与种族和谐做出贡献。接近类型Ⅲ。）

瑞士—南非合作计划
——MDG 目标二

2001 年 2 月，瑞士合作发展署与十家瑞士的私企合作，共同发起了瑞士—南非合作计划（Swiss-South African Co-operation Initiative，SSACI）。该计划是一个长期项目，致力于帮助提高南非 16~25 岁青年的教育和职业技能。SSACI 以建立共同信托基金为形式，由瑞士合作发展署和参与其中的瑞士企业均等赞助。董事会由来自瑞士政府、企业赞助商和南非民间的代表均等组成。基金的年支出为 200 万瑞士法郎。截至 2004 年中期，SSACI 已经向 40 个青年发展项目捐资 600 万美元。共有 2417 名失业的年轻妇女和男士参加了培训，其中 80%在培训后重返就业岗位。SSACI 成功的关键在于它关注实际就业的结果，而不是仅重视所投入的培训。（集中于产出是件相当好的事。职业专家有时便通过"回溯"法来研究已就业者，询问他们在哪里获得的培训，或者通过"向前"追踪法研究毕业生，跟踪考察从他们毕业一直到找到第一份工作的整个过程。然而，这件事做起来却没那么轻松。由于背景追踪研究在实操上成本高昂，大多数机构都没有足够的资源与为数众多的毕业生保持联系与追踪。类型 II。）

塔塔集团
——所有 MDG 目标

塔塔集团是印度第一家在 CSR（也被称为企业公民）方面有所作为的公司。与我的观点一致，该集团认为，当社会能够以一种对发展产生可持续影响的方式发挥作用时，才能做出真正的贡献。集团约 30% 的税收利润（PAT）投资于印度各地的发展项目。集团拥有一个中央管理机构——塔塔社区行动委员会（Tata Council for Community Initiatives），该委员会帮助集团公司计划相关具体流程，涉及社会发展、环境管理、生态多样性恢复以及员工志愿服务等方面的具体事务。塔塔集团的企业公民计划覆盖的群体非常广泛而多元，从健康和教育领域到计生和妇幼福利，从小部落村到贫困村，其数种举措触及了全国各地成千上万人的生活。集团在其工业设施周边建立起了城镇，如贾姆谢德布尔（Jamshedpur）、米塔普尔（Mithapur）、巴布拉拉（Babrala）、马蒂吉里（Mathigiri）；这一切都是公司对其雇员承诺的有形兑现，要远远比那些正式合同和强制性条款有意义得多。

塔塔钢铁公司为印度奥里萨邦（Orissa）和贾坎德邦（Jharkhand）超过 600 个村庄数个企业城提供服务。它创建了城镇服务（Town Services）组织、社会发展与福利部（Community Development and Social Welfare Department）、能源与环境单元（Energy and Environment Cell）。通过自然资源管理、微型金融信贷以及有酬就业的培训促进农村经济发展。这个举措在城镇和村庄激起了连锁反应，服务对象已扩大至 70 万人。如今，塔塔钢铁公司对多个领域表现出了负责的态度，包括环境管理、家庭计划、医疗服务、火灾紧急服务、机场、移动医疗服务、运动设备、图书馆以及教育中心。在贾姆谢德布尔，塔塔钢铁公司还关注公共设施，如道路维护、水电供应、街道照明、环境卫生等。此外，公司还直接出资创办了 8 所小学、9 所高中和 1 所大学，而间接资助的学校则难以计数。针对改善社区的努力同样是塔塔日程上的重点，公司已经开展了一系列广泛的项目，尤其在针对提高 AIDS 防控意识与减少药品滥用方面。塔塔钢铁公司还在贾坎德邦部落社区的农村发展计划中制订了一系列创收、赋权和卫生保健方案。这个综合方案采用了公司的最佳实践，同时借鉴那些独立的发展机构的经验和专长。公司还将管理知识和技能教给基层的民众。在印度南部的慕那尔（Munnar），塔塔所持有的巨大种植园中，已发起了三个针对身心残疾儿童的项目，确保他们有一个更好的未来。通过针对村民的小额保险计划，塔塔美国国际集团（AIG）为社会弱势群体提供了保障。塔塔咨询服务（Tata Consultancy Services）致力于提高那些不能读或写的成年人的读写能力。这个特殊的基于计算机的项目已经为超过 46000 人带来了改善，让他们摆脱了文盲状态，该项目估计将对数百万人产生影响。塔塔化工在关于赋予乡村女性更多权利的努力中，开展了一项名为"生态多样性种植计划"的项目。此项目由员工志愿者推动，他们计划建立一个濒危物种植物保护区。塔塔汽车的抗麻风改革计划是塔塔集团在社区工作方面所持信念的另一个例子。环境问题是塔塔集团的全部企业责任矩阵中的另一个关注点。塔塔旗下的众多公司都坚持着全球倡议组织（GRI）所制定的环境相关规程。[塔塔集团紧随经典传统公司的步伐，如英国的巧克力制造商伯恩威尔（吉百利公司的先驱），其对待员工持有一种从摇篮到坟墓的终身负责的信条。显然，塔塔所做的绝不只限于使其员工受益。有人或许驳斥认为，塔塔的社会投资行为是为了巩固其在印度的垄断性商业行为。或许，只有时间才能证明，这类活动是否会在社会不断更新、家长式作风逐渐失势的印度继续下去。类型Ⅲ。]

泰迪信托 HIV/AIDS 教育计划
——MDG 目标六

　　泰迪进出口公司（Teddy Exports）经由泰迪信托（Teddy Trust），在蒂鲁门格勒姆（Tirumangalam）、印度和马杜赖地区（Madurai）启动了一项 HIV/AIDS 工作场所和社区教育计划。该计划旨在提高那些高风险同时几近文盲的艾滋病人群的自我防护意识。其中，艾滋病宣传项目（AIDS Awareness Project）利用街头剧、木偶戏的形式将必要信息传递给几乎不识字的观众。其健康大道计划（Healthy Highway Project），在去往印度南部的要道上设立了两个卡车司机宣传亭，在一个位于马尼拉的冶炼厂为过往的卡车司机提供关于艾滋病的信息服务，并通过表演街头剧、放映幻灯片、分发传单和贴图及发放安全套等方式，对逾 8 万名司机进行了相关知识的普及教育。此外，其失足妇女拯救计划（Women in Prostitution Project）主要利用同伴教育的方式，增强性工作者的艾滋病防护意识，并为其提供药物援助及指导。由女性成员组成的项目团队与性工作者、皮条客和他们的客户通过网络进行沟通，通过一定的教育和激励策略提高安全套的使用率。（有人可能会觉得，处于一种国际交流的大环境中，HIV/AIDS 防控意识的重要性与保证清洁饮水一样，已被普遍认同。然而，传播相关信息需要使出各式的本领技巧，这一点说明了许多发展中国家的人们对信息的获取是极其困难的。更显而易见的是，这种状况不可能因为天主教教义禁用避孕工具而得到改善，而某些所谓"杰出人物"的那种掩耳盗铃的态度，比如南非总统姆贝基（Mbeki）直到最近才不情愿地承认输血是传播艾滋病毒的一个主要途径，更是对提高民众的防艾意识毫无助益。类型Ⅲ。）

棉兰老岛（Mindanao）穆斯林发展电视教育联盟
——MDG 目标二

棉兰老岛穆斯林发展电视教育（Television Education for the Advancement of Muslim Mindanao，TEAM）联盟致力于为菲律宾的棉兰老岛穆斯林自治区（Autonomous Region of Muslim Mindanao，ARMM）儿童提供更多的受教育机会。该联盟面向自治区 70 所公立学校的 4 万名学生开展服务，通过"知识在线"节目让他们获得更多的受教育机会。知识频道是菲律宾唯一一个面向公立学校免费开放的、基于课程的教育频道，其节目内容同样适用于提高教师的教学水平。该项目计划在一学年内帮助马京达瑙省至少 50% 的小学师生，提高他们的数学、自然科学和英语能力。此外，350 名公立学校的教师将接受培训，学习如何通过教育视频来教授数学、自然科学和英语课程。该项目还将通过一些节目环节，向女孩教授生活技能和她们所享权利的知识。项目的潜在受益人群包括 240 万名公立学校的儿童及 600 万有线电视用户。项目合作方包括知识频道基金会（Knowledge Channel Foundation）、菲律宾教育部（Philippine Department of Education），还有私有企业如中央有线电视（Central CATV）、ABS-CBN 广播公司，当地政府组织和社会机构。为了将计划的服务传递给目标群体，包括对棉兰老岛在内的联盟成员负责提供资金和专业支持，覆盖的领域包括通信技术、广播传媒、教育、电力支持及教育电视。(利用媒体及传媒公司来提高教育状况的活动，尤其是在像棉兰老岛这样宗教冲突不断的地区，或许成效很难显著。类型 Ⅲ 。)

利乐综合乳液开发项目
——MDG 目标四

　　1997 年，利乐（Tetra Pak）以印度尼西亚的 1 万名儿童为对象，独立开展了一项学校供奶计划。通过与美国贸易办公室的合作，利乐开发出一种以实物捐助为基础的融资模式。多年来，美国政府通过美国农业部向发展中国家捐赠了大量的国内剩余产品，这通常是借助联合国的世界食品计划（World Food Program）实现的。其中的部分产品便用来支持学校供餐计划（School Feeding Program）。2000 年在日本召开的 G8 峰会上，美国发起了全球教育餐食倡议（Global Food for Education Initiative）。上述计划发展至今，已演变成了无数个学校餐食计划，利乐为其提供了技术和专业支持（越南 30 万名儿童；孟加拉国 20 万名儿童，印度尼西亚 80 万名儿童，菲律宾也即将开展类似项目）。所有的项目均由与美国合作的蓝多湖公司的国际发展办公室进行管理，利乐与该公司保持了密切的合作关系。（如蓝多湖这样的非营利组织，拥有许多基层的项目经验，可供利乐这类跨国公司借鉴。不过，提供来源于国外的免费食物面临的障碍之一，便是这样做可能会对当地文化和市场产生某种负面影响。牛奶并不是热带发展中国家日常饮食中的一部分，因为当地不饲养奶牛。如果选择本地产品会更好，如芒果、香蕉、大米等。这些物品属于本地文化，并且购买这类物品还能促进当地农业发展。美国及其他善意相助的国家，如加拿大等，常面临这样的指责，即认为它们以援助发展的名义，将其国内多余的小麦、午餐肉或沙丁鱼罐头倾销到发展中国家。接近类型 I。）

时代（TIME）杂志的系列特别广告
——MDG 目标八

时代杂志已经开始着手策划一个包含四部分的特别系列广告，将联合国千年发展目标置于醒目位置。该系列广告将被全球 210 万人观看阅读。该策划的亮点之一是名为"行动召集令"的活动，即由来自商界、宗教和娱乐界的风云人物，号召大家参与实现千年发展目标的行动，并阐述这样做的意义。（如果难以利用大众传媒，那么千年发展目标这样需要调动人们积极性的工作，就很难开展起来。然而，时代杂志还应该探索的问题是，是否可能不在纯慈善的意义上运作他们的广告计划。此外，千年发展目标的支持者应该努力使他们的理想备受欢迎，那么大众传媒无论如何都会报道这件事。类型Ⅰ，也可能是类型Ⅲ。）

联合利华小故事食用油籽计划
——MDG 目标七

联合利华的小故事计划的目标是，开发一种名为 Allablackia 树种子的非木材林产品的可持续供应链，并在西非建立一个新的树木油加工产业。联合利华在加纳所做的一项调查，促进了项目合作关系的建立。联合利华紧接着又积极接触尼日利亚南部的环保非政府组织和当地掌权者，与之进行合作商谈。一方面，联合利华尽量保持着其产品的长期市场需求，将产品价格稳定在公平合理的水平；另一方面，当地环保组织所做的是确保与联合利华的合作是在一种参与式、透明和公平的框架下进行的。（联合利华的小故事计划显然属于发展类型Ⅱ。）

支持 MDGs 的世界商业奖励（World Business Awards）计划——MDG 目标八

在来自 27 个国家的 64 项提名中，有 10 个项目获得了世界商业奖励，它们是全世界无数对千年发展目标做出突出贡献的优秀企业的代表，不过它们只是冰山一角，我们应该更关注业界的整体努力。下面就是荣获国际商会（International Chamber of Commerce）、联合国发展计划（United States Development Program）、威尔士亲王国际商业领袖论坛（Prince of Wales International Business Leaders Forum）世界商业奖励的优胜项目：

巴里马-瓦伊尼地区的库马卡河流域的印第安人。亚马逊加勒比有限公司（Amazon Caribbean Ltd）

肯尼亚的商业养蜂扶贫计划。非洲蜂蜜关爱（Honey Care Africa）

"造福社会—清洁饮水"工程。乔治·费歇尔两百周年纪念基金会（Georg Fischer Bicentenary Foundation）

戴比尔斯 HIV/AIDS 计划。戴比尔斯联合矿业有限公司（De Beers Consolidated Mines, Ltd）

ITC 电子信息技术中心。ITC 有限责任公司

厄瓜多尔的微型信贷。联邦与意大利合作信贷银行协会（Federcasse and Italian Co-operative Credit Banks Association）

Mogalakwena "惠普我的社区"计划。惠普公司

个人和环境卫生教育。葛兰素史克公司（GlaxoSmithKline）

PUR-净水器（Purifier of Water）。宝洁公司

人人饮水计划（Water for All）。苏伊士环境集团（SUEZ Environment）

（这是吸引公司加入到国际发展中来的良好方案。类型 Ⅲ。）

世界自然基金会（WWF）与 ABB 集团的电力供应计划——MDG 目标一、目标七和目标八

　　ABB 集团供电计划的宗旨是促进贫困地区的经济、环境与社会的可持续发展。其取得的第一个具体成果为，在塞卢斯国家公园边上一个偏僻的村庄进行试点，该村属于 Ngarambe 的 1800 强村。在这个村子里，在诸如小型商业、教育和医疗卫生方面的变化和改善是十分明显的。ABB 集团和一个国际性的环保机构 WWF，联手确保该村得到可持续的发展。该例子的意义在于，可以为今后在非洲和亚洲地区的农村或郊区开展的扶贫供电项目提供借鉴作用。

　　不仅如此，这个项目在发展问题上切入得更深。ABB 集团与其他利益相关者合作，包括政府、公司、NGOs、援助机构、市民社会，而这些合作伙伴都会将自身的经验带到项目中来，形成一种互补的网络。在 Ngarambe，柴油发电机产生的电力被输送到学校、诊所、当地政府办公楼、寺院、主干道上的小型商铺以及无数家庭。迄今为止，柴油发电都比用煤油更经济。当地的供电每天会持续到天黑后 4 小时。

　　这种改变的好处是看得见的：当地学校在天黑后仍然开放并正常上课。"学生可以更充分地准备考试，并且这对整个社会都是有好处的"一位教师评价说。自从 2004 年通电以后，小学生的数量从 250 名上升至 350 名。在诊所，医生可以在夜间正常行医，也可以安装一台电冰箱以储存药品。这些措施使病人不用再煎熬 70 千米或 2 小时的路程去距 Ngarambe 最近的大医院了。当地的商铺和一家茶馆同样感受到了延长营业时间、售卖更多冷饮所带来的收益增长。

　　ABB 集团负责供应发电机，安装地下电缆和低压设备，以及培训当地人员操作电源设备。WWF 则负责提供相关问题的指导，如减少森林砍伐，卫生保健和环保教育等。（毫无疑问，ABB 集团所做的是在研究如何使该项目更有推广性和营利性。该公司曾经是可持续发展领域里的领头人之一，而管理方面的调整影响了它的利润。看看这个负面消息是否会影响其未来长期的股价，

是一件有意思的事情；不过不可否认的是，其在 2005 年的表现是极好的。类型 II 。)

联合国开发计划署（UNDP）与商业中心
——一种模式？

显然，在发展活动中存有很多领域，企业是不便涉足的。在一些宏观层面的诸如税收计划、改善治理、反腐、投资计划、财政政策等方面尤为如此。与政府机构或国际政府组织合作，或许可以获得一个有效的平台。在第十章，我将着重讨论联合国的作用。在这里，主要从个人经验对联合国的观察出发，考察其所信赖的与企业合作的"模式"是否具有一种更为广泛的适应性，如果这种"模式"算得上成功的话。2004 年，我应邀带领一个团队，负责评估 UNDP 在洪都拉斯所有的项目活动，我其中的一个角色就是评估在当地实施的那些"商业模式"。[1]

团队在纽约听取了关于洪都拉斯商业中心模式的介绍，认为该例子看上去很有吸引力，或值得在别处推广。联合国在洪都拉斯的核心资源非常有限，2003 年只有不到 100 万美元，尤其是在 UNDP 的总体资金受到限制后（每年不到 10 亿美元——参见第十章），在这种情况下，UNDP 已经决定将其有限的资金优先用于那些低收入国家，同时尽量维持其在所有发展中国家的活动。毫无疑问，如果 UNDP 计划继续其发展事业，那么它需要寻找其他形式的资金支持。它在洪都拉斯的商业中心采取的做法，将自身定位在透明和廉洁的前提下，成为沟通政府与受助对象的中间人。2003 年，7%~8% 的政府支出是经过 UNDP 完成的。UNDP 可以从这些款项中获得 3.5%~11% 的资金作为项目和维持自身运转的经费。然而争议恰恰在于此，我们在接下来这部分就来谈这个问题。

基于 UNDP 针对其价值的积极营销活动，它得以与政府的项目跟进总统

---

[1] 看我的报告请访问 http://www.undp.org/eo.documents/ADR/ADR_Reports/ADR_Honduras.pdf。

办公室（OPSP-Oficina Presidencial de Seguimiento a Proyectos）建立一种战略联盟关系。此外，由于 UNDP 在各个层面上对反腐均提供了策略支持，因此政府发布官方指令，要求每一个政府部门的所有重大采购都要保证有 UNDP 的参与。2002 年，政府的行政支出为 534 万美元，其中有 400 万美元是经由商业中心之手支出的。

可以预知，这种采购流程将持续下去，不过最终将会被逐步淘汰，因为人们的信心将重新回归到投标方式上来。世界银行、美洲开发银行（Inter-American Development Bank, IDB）和特古西加尔巴商会（Tegucigalpa Chamber of Commerce）均对商业中心持有较深的保留意见。世界银行和美洲开发银行认为，竞争投标终将取代商业中心。特古西加尔巴商会则认为，私人部门逐步丧失了商业功能。而在当前腐败高发、执行失效的政府招投标情形下，这些批评很可能是"酸葡萄心理"。事实上，商业中心的理事长在展示他们所取得的成就时指出，商业中心：

"允许采购新生儿护理设备，使新生儿死亡率从 2002 年的 1.2% 降低到 2003 年的 0.6%。

集中护理的新生儿死亡率从 2002 年的 18.5% 降低到 2003 年的 12%。

帮助洪都拉斯社会保障局（Instituto Hondureño de Seguridad Social, IHSS）获得所需的先进设备，以使特古西加尔巴（Tegucigalpa）的集中护理中心成为中美洲最好的护理中心。

获取专业的实验室研究条件，促使所有的医院向国际水平靠拢。"[1]

更进一步，这些措施对 UNDP 的运营发展也起到了重大的作用。当纽约总部削减其资金时，本地办公室实际上在投资管理中收获了每年 10% 的增长率，并且在政策领域取得了更多的话语权。到 2002 年为止，洪都拉斯已经成为了拉美第五大支出国，其实际支出超过了 5000 万美元。

我对商业中心的判断是利弊共存。主要的优势在于以下四点：

（1）所获得的资金用于增加 UNDP 当地机构的储备，作为从纽约总部划拨资金的重要补充。

（2）收益用来集中关注洪都拉斯的特别 UNDP 发展项目。

---

[1] 个人专访，2004 年 8 月。

（3）公开招投标过程的透明度得以加强，效率得到提升，例如远程通信设备、医疗用品等的发放速度得到了显著提高。

（4）随着 UNDP 资源的积累所带来的高知名度，其成为了洪都拉斯的一股重要社会力量，对该国产生着不可忽视的影响——尤其是在提高民主治理水平、减少腐败、提高应对自然灾害的能力等方面。

然而，主要的弊端体现在如下三个方面：

（1）由于对一些企业实体的援助而导致竞争降低。例如，虽然洪都拉斯电信公司（它是商业中心的最大支持者）得到了援助而提高了效率，但是导致业内竞争程度的降低，因为其他竞争者并未获得 UNDP 的援助，因而无法降低成本。

（2）商业中心与商业活动过于密切的关系对政府将产生一种较大的影响，即 UNDP 的独立性将受到威胁。

（3）在商业中心开展自身业务的时候，政府和私人部门的能力并没有得到加强；比如，政府招标过程的透明性并没有因此而提高。

虽然上述优点显得比缺陷更重要，但是仍然很难下结论说洪都拉斯的商业中心模式就可以像 UNDP 所期望的那样，移植到其他国家同样适用。这是因为，洪都拉斯是一个特殊的个例，其特殊性在于政府（或至少政府中的一些人）意识到腐败阻碍了其开展项目的能力，故而希望利用一个更"廉洁"的机构来做这件事。很少有别的政府部门能够接受这种做法。

然而，倘若该模式能够转变成一种基于 CSR 的联合国与私人部门的"商业伙伴"形式的话，那么它将具有更为广泛的前景和吸引力。也就是说，在联合国与之打交道的每一个企业中，引入对 CSR 的相关考虑（事实上也适用于公共组织和 NGOs）。企业社会责任，正如在本书中所界定的那样，是一种随着时间推移在系统范围内有助于企业自身发展的途径。世界上已有许多企业开始采取这种开展业务的新方式。CSR 不同于慈善捐赠，它的目标是对一家公司或机构的所有利益相关者负责（从股东、所有者、管理者、员工，到外部利益相关者），如对顾客、人权、社区及供应商的尊重。如果成功将 CSR 思考引入洪都拉斯的商业行为中，UNDP 将是在拉丁美洲有此作为的国际性先行组织之一。如果 UNDP 把 CSR 作为其商业中心的主要目标，则有助于将更强的透明度和更好的治理引入企业和相关机构中来。

因此，目前洪都拉斯的商业中心或许并不是一个可以运用到其他国家中的良好模式。如果说有这种可能性的话，那么在这种情况下 UNDP 将变成一个负责提供服务的政府附属机构，而不再是一个独立的发展援助组织。不过，在商业中心与企业成功合作的基础之上进行探索，或许可以建立起一种模式，尤其是在 CSR 或类似的框架下进行这项尝试。

腐败和相关对策

人们已经逐渐认识到，腐败会给发展带来严重的障碍。比如，当政府招标要修建一座桥、一条路或一座建筑的时候，中标者通常不是那些出价最有竞争力、信誉最佳的人或组织，而是那些善于利用权力手腕者，那么在整个过程中就会埋下无数问题。首先，"获胜者"对不止一位政府官员提供了好处。其次，项目实施质量难以得到保证，劣质材料难以避免。最后，这个项目接受政府的评估，而无疑将会产生一份完美的评估报告。如此一来，项目完结了，而真正的问题才接踵而来。随着工程的质量问题逐渐显现，维护成本急剧上涨。那么该由谁来买单呢？当地民众不仅已经为一个成本高昂而质量伪劣的工程纳税，还要继续为本不必要的高维护成本和低质量产品买单。这些现象几乎存在于每一个发展中国家，且往往是司空见惯的。或许这并不全是腐败导致的，但可悲的是许多都与腐败密切相关。

我回忆起若干年前，评估埃及的一个社会发展基金项目的情况。在阿斯旺，我与一位组里的工程师一同顺着公墓高地的围墙行走。这座墙巨大得足以将坦克挡在外面，延绵数英里消失在远方。这意味着这是一个由社区主导的发展项目，阿斯旺的省长证实了这点。工程师告诉我，才让我第一次了解到问题，世界上大约有一半的建筑工程与腐败牵扯在一起，就因为欺骗外界是如此易如反掌的事，如劣质混凝土、偷工减料的钢筋、劣质水泥，等等。虽然阿斯旺省长介绍说面前这座公墓墙是埃及人民的基本需求，但是它是否属于上述情况我无法判断，只可惜我在那之前并没有见过埃及其他公墓的围墙。

奇怪的是，谈话被远距离麦克风记录了下来，随后团队被召回开罗，被

指责认为对埃及的社会利益漠不关心。UNDP 在埃及的常驻代表（Resident
Representative，RR）告诫我最好放弃这项调查，转而与我的团队游览金字塔
才是明智之举。我们的使命没有完成，然而我还是向 UNDP 提交了一份报告。
数年后，我的一个好友奥斯曼就社会基金项目发布了一份报告，指出了项目
中存在的大量缺陷，与我在当初的报告里所提出的非常相似。后来奥斯曼成
为了埃及规划部部长。联合国开发计划署常驻代表被派往约旦，在那里我们
又狭路相逢了。当时我在约旦筹划一项社会统计项目，正当我认为该计划将
非常成功时，却被告知我的策划由于存在缺陷而受到搁置，必须放弃。所幸
我还继续在 UNDP 工作，就像所有曾有过"污点"却重获尊严的人那样。顺
便一提的是，那位常驻代表不知何故丧失了在约旦的职位。

　　以上两个例子表明了由于腐败而给社会带来的额外成本，同时可以帮助
解释许多国家持续的欠发展问题。近年来这类问题正逐渐引起越来越多的关
注和重视，这部分地归功于国际透明组织（Transparency International）的出色
工作，他们以清廉指数来衡量一国的腐败程度，对各国进行排名。在这份按
腐败程度从高到低的排名里，为首的是乍得和孟加拉国，冰岛排最末，埃及
排在了第 70 的位次。① 不论是在联合国的人类发展排名还是在国际透明组织的
清廉指数排名上，这些国家排在末尾的可能性是排在首位的三倍。正是由于
在税收方面缺乏透明度和责任感，才导致了贫困和腐败。

　　毫无疑问，如果腐败问题得不到有效解决，将成为阻碍 CSR 的一块短板。
利益相关者们如果不得不受到腐败行为的牵制，那么他们将难以使企业对他
们抱有责任感。近年来，在利润巨大的油气领域所发生的变化是，像壳牌、
英国石油公司、雪佛龙德士古、艾森克石油公司等企业巨头，均在它们所涉
及的发展中国家业务范围内为减少腐败做出了一些探索性的尝试。其中一项
重大的举措是，由托尼·布莱尔（Tony Blair）于 2002 年 9 月在世界可持续发
展峰会（World Summit on Sustainable Development）上提出的采掘业透明化倡
议（Extractive Industries Transparency Initiative，EITI）。这份倡议致力于增强石
油、天然气和采掘企业向政府支付款项以及税收的透明度。其目的是保证采
掘行业向当地政府贡献的收入成为促进当地经济发展的引擎，而非成为加重

---

① 参见 http：//www.infoplease.com/ipa/A0781359.html，2006 年 2 月 21 日。

冲突、腐败与贫困的帮凶。2005 年，国际透明组织的创始人彼得·艾根（Peter Eigen）成为了 EITI 技术秘书处的负责人。[①]

许多石油公司，如我在前文描述过的壳牌公司，已经成为了世界上 CSR 的领跑者，最明显的一点体现在它们一直积极地参与发展事业。当然，这在很大程度上是由于那些适于开采和生产石油的国家本身较为不稳定，这一点通过人们熟知的壳牌因为尼日利亚奥格尼部落首领肯·萨罗维瓦（Ken Sara-Wiwa）的死亡而遭到重创的事件便可感知一二。最近，随着迅速上涨的油价和随之上升的石油利润，全世界的目光又聚焦到了石油企业。正如经济学家（2005）评论的那样，这些石油公司将是未来公众敌视的头号目标，尤其在美国。[②] 因为，在欧洲，税收支出承担了石油最终成本的很大一部分，因此人们的批评声比较缓和，而在美国的情形却大不相同，因为石油价格的上涨立即就反映在汽油和热燃油的价格变动上。经济学家上所载的一项盖洛普民意测验显示，在 2004 年 5 月，22% 的民众认为汽油价格的上涨是由于石油公司和炼油企业蓄意哄抬油价造成的；只有 8% 的人估计油价上涨的主要原因是由供需决定的。2005 年 8 月，42% 的美国人对石油产业没有好感，包括 35% 的人表现出了十分反感的态度。

因此，对于石油公司来说，持有种种担忧是可以理解的，甚至 EITI 也逃脱不了各种质疑和批评。全球见证（Global Witness）认为，如果 EITI 想要取得更多的信任，它需要在保证企业和国家承担相应的责任方面做出更多努力，"目前，EITI 的利益相关者很难知道，不论是在形式还是实质上，究竟哪些人遵守了 EITI，而哪些人是在走过场。因此，那些老实地遵守着 EITI 行事的国家和公司并没有为其治理的改善而得到应有的信任，而那些'搭便车'者却宣称他们完全遵守着 EITI，虽然这只是其回避来自国际社会要求遏制腐败的压力的一种途径。"[③] 理查德·墨菲（Richard Murphy），作为一名独立的注册会计师，分析研究了 EITI 报告准则（Reporting Guidelines）和 EITI 工作手册（Source Book），发现它们存在"重大缺陷，前后不一致及选择性回避的问题，

[①] 参见 http：//www.eitransparency.org/iag.html，2005 年 12 月 27 日访问。

[②] America's most hated companies'，The Economist，24 December 2005，p97.

[③] Global Witness（2005）'A constructive critique of the EITI Reporting Guidelines and Source Book'，London，UK，p1.

后者是指一个国家或一家公司宣称其执行了 EITI 所有的规定，却根本拿不出任何类似于清晰的现金流量表这样的证据。"①

在 EITI 的网站上有一张值得关注的表，展示了公司或国家签署了 EITI 以后获得的长期收益。② 一旦考虑到超过半数的国家是石油和矿产依赖国，而且它们一向处于世界上最贫穷、腐败最严重的国家之列，那么关注这种远期收益就变得非常有意义。

内达迪·乌斯曼（Nedadi Usman）女士，作为尼日利亚财政部（Minister of State for Finance for Nigeria）部长，始终强调，即便尼日利亚石油和农业资源丰富，但仍存在严重的石油资源的浪费问题。③ 的确，不仅是尼日利亚，许多单一资源国家也面临相同的问题，比如塞拉利昂、伊拉克、委内瑞拉、利比亚、安哥拉、乍得、伊朗、马尔代夫、沙特阿拉伯。这个名单还可以列下去，这些处于转型期的经济体一直没能摆脱这种资源浪费给它们带来的不良后果——我们看到，即便在一开始的时候，不论是哈萨克斯坦还是土库曼斯坦，都没能明智地规划利用好其石油财富。④

但并非所有的国家都令人失望。目前一些十分富裕的国家便很好地利用了其并不丰富的资源。挪威依靠石油所获得的大量财富最后都回馈于民了，虽然仍存在许多问题，但它成功地将失业率保持在较低水平——在写作本书期间大约为 4.2%。虽然迪拜属于以石油富余著称的阿联酋的一部分，但实际上其石油储量已所剩无几。然而，迪拜在人力资源开发上投入了巨资，允许劳动力移民，而今已形成一种多元化的经济结构，形成了以贸易、信息技术、金融服务及旅游业为主的产业格局，并且获得了举世瞩目的成功。同样，瑞士在 100 年前只是一个资源贫乏的风景国度。但通过对资源的精心管理和人力资本的大规模投入，如今其拥有蓬勃发展的银行业、旅游业及创新型轻工业。瑞士非常重视就业情况，至今仍保持着 4.2% 的低失业率。

所以，腐败并不是导致单一资源国在发展领域步履维艰的唯一原因。丰

---

① Global Witness（2005）'A constructive critique of the EITI Reporting Guidelines and Source Book', London, UK, p1. http://www.globalwitness.org/reports/show.php/en.00068.html, 2006 年 1 月 15 日访问。

② www.eitransparency.org, 2005 年 12 月 27 日访问。

③ Jonathan Power（2004）'Nigeria and perils of African oil' Arab News, London UK, 6 February.

④ 借鉴 Michael Hopkins（2004）'Main Challenges for Azerbaijan' 作者在 2004 年 2 月 18 日巴库举行的"人道主义信仰进取十周年"中发表的讲话。

富的石油可导致实际汇率的上升，从而使诸如农业和工业这样的非油矿领域在价格上失去竞争力。由于进口商品同本国产品比起来变得更为便宜，这就进一步导致非油矿产业的萎缩和崩溃。这在经济学领域被称作"荷兰病"，最早是指大力开发北海的油气资源后，为本国经济带来了巨大的损害，后来用以形容一国经济以牺牲其他行业为代价发展资源产业的现象。

通过事先的深思熟虑和审慎决策，这种损害是有可能避免的。我曾参与过这样一个在阿塞拜疆的项目，暂称作"点石成金"计划。[①] 该项目的最终目标是希望通过国内人力资本的尽快增强，来缓解由石油产业繁荣带来的物价上涨。[②]

结　论

这里举出了不少的例子，而这些只是世界上正在进行的巨大努力的很小一部分，这些例子共同表明了一点，即大型私人企业都积极地参与到发展中来了。就像我在案例后面所评论的那样，这些努力并不算十全十美，但可以确切知道的是，除了牢记盈利是必要的之外，企业还意识到，为了促进经济繁荣发展，必须以实际的态度反思它们的政策是否是有利于穷人的。

同样，还有更多的问题值得考虑。例如，我们所指的发展类型 Ⅱ "间接经济影响"真的应指一家公司在经济发展中的作用吗？为了使企业的工作真正符合"世界公民"的要求，是否应该将 MDGs 嵌入它们的年度报告中，还是只要加入联合国全球协议就已经足够了？换句话说，我们从这里走向何方？我的建议是，企业应该树立发展愿景，并制定阐明企业对间接经济影响方式的理解的相应报告，并且考虑如何与更广泛的发展事务相联系。这些内容将在第十二章深入探讨。

---

① 国家石油基金 EITI 网站 http：//www.oilfund.az/search.php? get=EITI 和 EITI 非政府组织联盟网站 http：//www.eiti-az.org/ts_gen/eng.index.htm 上提供了有关阿塞拜疆实施 EITI 的详细信息。

② 关于项目的更多细节可以在开发计划署的网站上找到，这个网站专门针对这个项目，详见 http：//www.un-az.org/blackgold/index.php，方法背后的理论支持可参考 Michael Hopkins（2003）'Structural employ-ment problems with a focus on wages', Geneva, ILO,（in an edited volume by Eugenie Date-Bah, ILO, 2003）.

第四章 发展的失败：一种全球化视角

在过去的 40 年里，西方国家已经投入了 4500 亿美元用于援助非洲。然而，经验和研究都证明了为了实现许多目标，援助常常失败 [理查德·莱恩 (Richard Laing)，《英国卫报》，2006 年 2 月 22 日]。

引　言

世界发展的梦想失败了吗？想要用短短的一章将这个问题说清是很难的。在写作本章时我身在美国，往往不由自主地用美式思维看问题。在总统进行国情咨文演讲的第二天，我不能写下总统的名字，我如此震惊他和他的团队在过去几年所做的一切。看起来，这位美国的领袖描绘了无数令人眼花缭乱却显而易见的事实，这些许诺的实现在超出其任期的遥远未来。在他的演讲中，他最后提出美国有必要减少对不稳定国家的石油依赖。

无疑，美国经济明显在一段时期下降，令人十分钦佩的是作为一度被视作机会、自由与民主的发起者。一方面其帮助盟友战胜法西斯主义，抵抗共产主义俄国；另一方面其支援那些声称反对共产主义的独裁者，开始了在反共旗帜下对许多主权国家实施干涉的征程，以及凭借美元坚挺的事实。可这算不上历史的伟大时刻——只要问问受美方扶持的皮诺切特所摆布的智利新任总统，或是遭受"橙剂"影响的越南人。

如今，美国高度依赖来自动荡国家的能源供应，美元价值可能会因为中国中央银行的一个微小信号而波动，财政赤字随着对高收入人群降低征税力度而加剧，而这又进一步导致美国需要通过每天借 20 亿美元来填补对外贸易缺口；而其国际关系在反美势头暗涌的局势下滑落至了低谷。甚至贫困在加剧，正如我在第二章中指出的，美国大约有 3700 万贫困人口，也就是说，约每 10 名美国人中就有 1 个在贫困线下挣扎，并且贫富差距还在继续拉大。贫困线下的人口占到总人口的 12.7%，该比例之高在发达国家中是数一数二的。在总统乔治·W. 布什执政期间，跌入贫困线下的美国居民新增了 540 万。

美国政府的短视反馈给了一些大公司，迫使其不得不以同样的短期利益至上为行动方针。美国通用和福特两大汽车公司都宣布涉及数万个职位的裁员计划。它们饱受来自日本竞争者的市场压力，原因在于，这些对手不论是在改进质量的技术投入方面，还是在体察客户需求方面，都尽了美国大公司不曾尽到的努力。在美国大街上挤满了耗油量大的 SUV（运动型多用途车），一些大如坦克，通常只有一个人使用。这些车辆的用途似乎很少能证明它们的尺寸和耗油率是合理的。汽油价格约为每加仑 2.4 美元，是欧洲汽油价格的三倍之高。由于能源征税率高，欧洲已经对替代性能源进行了开发，并且如今已经是这方面的领先者。对它们来说，这是个全新的市场。美国在这方面远远没有赶上。

这种短视其实是由美国政府所设立的激励机制和美国的生活方式决定的。当整条华尔街都只对短期利益感兴趣时，谁还关心长期投资？在培训、技术和 CSR 等方面的投入都被视为成本（通常来说是这样，尽管还有助于避免部分税费），是对短期的底线产生不良影响的因素。

那么，上述事实将会对世界发展带来什么样的影响呢？影响可分为正面和负面。正面影响主要表现为，美国的经常账目赤字有助于许多国家增加出口，最明显的是印度和中国。

而负面影响至少是正面影响的三倍。第一，美国一贯与联合国的主张不一致，尤其在 2005 年美国驻联合国大使约翰·博尔顿与联合国会谈之后，美国愈加特立独行了，虽然他的经历表明其历来对联合国持敌对立场。第二，美国为了维持其从石油进口所获得的利益而卷入了战争，使恐怖组织越发得意忘形，如今其头目如本·拉登比世界上任何活着的人都要吸引媒体的注意力。第三，美国一边宣扬良好治理和民主的时候，一边支持着许多从第二次世界大战以来就以独裁专制著称的统治者，如智利的皮诺切特（Pinochet）、伊朗的沙（Shah）、埃及的穆巴拉克（Mubarak）、沙特阿拉伯的沙特国王

（King Saud）、伊拉克的萨达姆·侯赛因（Saddam Hussein）（直到其将视线转移到位于地平线上的沙特和科威特的油田）、危地马拉、尼加拉瓜、索马里、乌兹别克斯坦等，名单还可以列很长。

这种"一步到位"式的思维，即通过支持一个独裁者来保护自己的石油利益的方式，一旦其扶持的人倒台，将会面临更严重的问题——事实上，这类独裁者的垮台是迟早的事情。托马斯·弗里德曼（Thomas Friedman）对这种中东效应有过精辟的总结，他写道：

在中东国家，一旦处于顶层统治地位的那个"掌权者"失势，只要不触碰宗教组织的利益，那么就没有什么障碍了——这正是美国在伊拉克所得到的经验。通常政权机构和教会组织之间并没有什么直接联系。像埃及、利比亚、叙利亚和伊拉克，都长期处于一种专制政体的统治之中，而这种政体绝不容忍任何未经其批准的组织存在。在这些地方不存在真正意义上独立的司法、媒体及进步的民间组织或社团——从妇女组织到商会无不如此。而别的一些地区的情况就大不相同。原因何在？恰恰在于它们拥有自由活跃的市场，形成了实力强大的独立经济中心，而不在于是否有石油资源。不论是哪派政党上台，都必须考虑如何来满足社会发展的需求，保证人们接受教育、创办公司的权利，以提升在全球竞争的能力。只有依靠这样的思路并付诸实施，统治者的政权才能得到巩固。在中东，石油和民主难以共存。因此可以理解，阿拉伯第一个也是唯一一个真正的民主国家（黎巴嫩）从来没有坏一滴油，并不是个偶然。[①]

在本章，将要指出，正如各种新闻报道所聚焦过的那样，正是非洲存在着最为严重的欠发展问题。许多年来，世界对于非洲的关注正逐渐降低，这也使非洲成为了一个专制独裁和治理不善的庇护所，导致一个又一个的国家在落后的陷阱里越陷越深。举例说，对于如今被称作津巴布韦的不幸地区，为何难以介入干预始终是个谜团。穆加贝（Mugabe）做了任何一个经济学家都不会做的事，迅速而彻底地摧毁了一个成功的经济体。当回头审视这些失败的发展案例探究其背后的原因时，我需要先对当今世界的发展概况做个总的概述。

---

① Thomas Friedman（2006）'Addicted to oil', The New York Times, New York, 1 February.

发展趋势

经济发展

根据联合国的报告（见表 4.1），21 世纪的最初几年，在全球经济不景气的背景下，经济增速比 20 世纪 90 年代有所放缓。对这种情形产生不利影响的因素包括国际贸易增速的大幅放缓，以及非石油商品价格的不景气。拉丁美洲、加勒比海和西亚地区在经历了 90 年代的高增长后，开始进入人均产量逐渐下滑的时期。亚洲东部和南部相比其他地区仍表现出高增长状态，不过比前 20 年放缓了不少。显然，这两个地区一直受到当地高增长国家的带动，如中国和近几年的印度。

非洲，尤其是撒哈拉以南地区，虽然在 20 世纪以来略有改善，但其在过去 20 年里的表现都是不尽如人意的。然而，下面我们将看到，在撒哈拉以南的非洲国家中，约有一半地区的人均收入增长对减缓当地贫困是没有明显作用的。根据联合国的报告可知，对于这些地区，人均 GDP 至少要保持在 3% 的速度增长，才能在一个有效周期内对降低贫困产生一定效果。

表 4.1　发展中国家：人均 GDP 的增长率
（年度平均百分比变化）

单位：%

	1981~1990 年	1991~2000 年	2001~2003 年
所有发展中国家	0.8	2.8	1.6
拉丁美洲和加勒比地区	−0.6	1.4	−1
非洲	−0.7	−0.2	0.5
撒哈拉以南的非洲	−1.2	−0.3	0.7
西亚		0.4	−1.4
东南亚	4.7	5.0	3.8

续表

	1981~1990 年	1991~2000 年	2001~2003 年
东南亚不包括中国	3.9	3.5	2.4
最不发达国家	−0.5	0.5	2.2

资料来源：经济和社会事务部①。

贫困

贫困趋势

在过去 20 年中，贫困状况加剧了吗？要回答这个问题，首先要明确贫困指的是什么，以及其是如何被界定的。显然，为了便于比较不同时期、不同国家和地区的状况，需要界定一个统一的贫困参考标准，并且在不同国家之间都可以进行换算。在此我借鉴了世界银行所设定的标准，即人均收入每天 1 美元和每天 2 美元（按 1993 年的购买力平价计算准确的应为 1.08 美元和 2.15 美元）。这些数字本身是有争议的，因为这似乎是说所有的贫困都是与收入关联，并且似乎达到了这个标准，那些陷入贫困的人就可以从此摆脱困境。

世界银行对于该问题也十分重视，并且意识到，许多贫困问题是由于缺乏食物、饮水、房屋以及公共服务设施造成的。② 此外，许多居住在乡镇地区的贫困人口（表 4.2 说明了这一点），是非常缺乏现金的。还有一些过着所谓的原始生活的人们，他们通过自己生产并与同伴交换自己所需的产品来维持生计。

奇怪的是，并不存在一种衡量贫困的客观标准。虽然在这方面有许多人试着回溯朗特里（Rowntree）在 19 世纪的英格兰所做的有名的研究。贫困在某种程度上和美丽是类似的，当你面对它们的时候，你知道它们是什么，但是却无法准确完整地给出界定。

更不幸的是，那些用来评估贫困的数据本身就是漏洞百出的。这些数字

---

① United Nations（2003）'Progress to towards and challenges and constraints to the achievement of the major development goals and objectives adopted by the United Nations during the past decade', Report of the Secretary-General, August, New York, Ref: A/58/327, p4.

② 世界银行，在巨大的压力下改进他们的工作，尽管他们用高超的技艺描绘了贫困地图并致力于政策途径，查阅世界银行的贫困大数据库请前往 www. worldbank.org.

来自于常规的家庭消费品调查，而这样的调查有依赖于被调查对象对于过去一周对所需食品的粗略估计。一些调查更为细致深入，为了估算人们一周的食物需求，而与受访者共同居住上一周以便观察记录。另一些调查依据家庭主妇在日志里对所需食物的记录。当然做这种预期是相当不现实的，因为大多数贫困人群的识字率十分有限。

另一个关键问题是，贫困线衡量的是绝对贫困，而不是相对贫困，显然对于大部分人来说后者更为重要。对于处于贫困和绝望中的人来说，看到周围的人也处于差不多的境况，能够获得某种安慰。但是，同样贫困程度的人，处于收入分配极不平均的环境中，也就是说，富人过着国王一样的日子，那么穷人的不满程度会大大增强。

亚洲发展银行的伊莎贝尔·奥尔蒂斯（Isabel Ortiz）写道："对贫困的定义和衡量实际上更接近一个政治问题。许多国家倾向于掩饰大规模贫困现象存在的事实，因为这使其显得发展水平较低，公共政策失效。"[1] 她还写道，"贫困不仅是收入微薄，还包含了非经济的维度，如歧视、剥削和忧虑。除此之外，还要考虑的方面包括对资源缺乏控制权，易受震惊，暴力和腐败的无助感，缺乏谈判决策的话语权，基本权利无保障以及边缘化"。

世界银行拥有的相关数据是我们唯一可得的数据，但是比起数年前的情况已经有了很大的改善，那时我们所掌握的关于发展中国家的贫困数据很少。2001年，根据世界银行的估计，全球约有11亿人口的日均消费水平在1美元以下，26.5亿人每天少于2美元。前者要低于1990年测算的12亿人，后者则略高于27.4亿人。这组数据显示，在这十年中相关国家在应对贫困方面所取得的进展是有限的。就人们所忍受的实际困难来说，贫困实在是太严重了，并且状况始终在恶化，这一事实表明还有许多工作要做。

2001年与1990年的情况相比，生活在日均1美元以下的人数减少了，而2美元以下的人数却增多了，这表明极端贫困的状况稍有好转，而通常意义上的贫困却增多了。我们所生活的地球上，有多达26.5亿人甚至接近一半的人过着日均花费2美元以下的生活。从1945年联合国成立以来，各类国际组

---

[1] Isabel Ortiz（2005）'Backgrounder: Poverty reduction–Poverty trends and measurements', Manila, Asian Development Bank.

织及各国政府始终致力于对抗贫困，从当前的状况看来，这无疑是个巨大的失败。

区域贫困趋势

全球状况明显是不容乐观的，然而，局部地考察世界不同区域的贫困状况，情况又变得更糟。许多区域取得了重大的进展，而另一些地方遇到了很大的障碍（见表4.2）。例如，1990~2002年，以1995年的不变价格来看，那些负债累累的贫穷国家的人均收入仅仅从298美元增长到了337美元（根据世界银行的估算）。

在过去十年，在东亚和南亚地区，主要是中国和印度取得的进步，带动着减贫事业不断向前发展。在这些地区，私营部门充当着绝对的主力，不依赖于海外投资，而主要通过加大当地人力资本投资和促进市场繁荣来实现这种发展。

在非洲地区，尤其是撒哈拉沙漠以南的情况最为糟糕，并且这种趋势还在延续。萨克斯撰写的联合国千年发展目标报告显示，非洲在每个维度的目标达成方面都远远落后于其他地区和国家（见表4.2）。在1990~2001年，撒哈拉以南地区生活水平低于日均1美元的人数从2.27亿上升到了3.16亿，总人口中的贫困率从45%增长到46%（见表4.3：陈绍华和拉瓦林）。[1] 在撒哈拉以南热带非洲地区的33个国家中，人均GDP只有270美元每年，仅为日均71美分（世界银行，2004）。[2] 如果将贫困线提高到日均2美元，那么将有5.16亿或者77%的人生活在贫困线下，相比1990年的75%又增长了2个百分点。

中东和北非的情况稍好，在一些石油资源富足的地区有约1/4的人生活在日均2美元的贫困线下，不过令人沮丧的是，中东地区的贫困人口数字一直处于上升状态，从1990年的2100万上升到2001年的2300万。

在东欧和中亚，自从苏联解体以后，就不得不依靠自己的设施设备自谋生路，因此在我们所讨论的时期里经历了一个贫困显著加剧的过程。需要注意的是，日均1美元的贫困线实际上低估了那些生活成本较高地区的真实贫

---

[1] Shaohua Chen and Martin Ravallion (2005) 'How have the world's poorest fared since the early 1980s?' Development Research Group, World Bank, New York, p29, www.worldbank.org.research/povmonitor/Martin-Papers/How_have_the_poorest_fared_since_the_early_1980s.pdf.

[2] World Bank (2004) World Development Indicators 2004, Washington DC, World Bank.

表 4.2　按发展区域划分的生活于贫困线下的人口

贫困线为每天 1.08 美元 ᵃ

	百万人		占总人口比例 （%）		生活在农村的贫困 人口比例 ᵇ（%）	农村人口占总人口 百分比（%）
	1990 年	2001 年	1990 年	2001 年	2001 年 ᶜ	2001 年
东亚	472	271	30	15	80	65
东欧和中亚	2	17	1	4	53	37
拉丁美洲和加勒比地区	49	50	11	10	42	24
中东和北非	6	7	2	2	63	42
南亚	462	431	41	31	77	72
撒哈拉以南非洲	227	313	45	46	73	67
总计	1218	1089				

贫困线为每天 2.15 美元 ᵃ

	百万人		占总人口比例 （%）			
	1990 年	2001 年	1990 年	2001 年		
东亚	1116	865	70	47		
东欧和中亚	23	93	5	20		
拉丁美洲和加勒比地区	125	128	28	25		
中东和北非	51	70	21	23		
南亚	958	1064	86	77		
撒哈拉以南非洲	382	516	75	77		
总计	2655	2736				

　　注：a 表示贫困线的确定以 1993 年美元作为购买力平价。b 表示计算公式为农村贫困率 ×（100 − 城市比率）/ 全国贫困率。注意公布的贫困率往往低估了城市贫困率。c 表示 2001 年数据不可用，利用最近一年的可用数据代替。

　　资料来源：世界银行。引用自联合国千年发展项目"投资开发：一个切实可行的能够达到千年发展目标的计划"，伦敦：地球瞭望出版社 2005 年版。

困程度。例如，在拉丁美洲、加勒比和一些转型中的欧洲国家，日均 2 美元的贫困线或许更符合当地情况。

社会经济概览

　　在某些方面，贫困数据掩盖了社会和经济方面的真实状况。或许人类福祉的终极指标应该是人均预期寿命，即人在出生时就可以预期的平均生命长度。发展中国家作为一个整体来说，在 1990~2001 年缓慢提高，预期寿命从

63 岁延长至接近 65 岁（见表 4.3）。此外，营养不良人群的比率也有了 3 个百分点的少许下降。更令人欣慰的是，5 岁以下儿童死亡率从每千人 103 人下降到了 88 人。仍然是发展中国家，新增 8% 人口获得了饮水供给服务，同样新增 15% 人口享受到了基本的卫生服务。

表 4.3　评估发展中国家 1990~2002 年平均增长状况（人口加权）

人均国内生产总值（1995 年，美元）	1071	1299
贫困率（%）a	28	21
营养不良患病率（%）b	20	17
5 岁以下儿童死亡率（每 1000 新生儿）	103	88
出生时预期寿命（年）	63	65
HIV 感染率（%）	0.5	1.6
使用改善饮用水人口比例（%）	71	79
改良设备使用率（%）	34	49

注：a 表示贫困率是日收入低于 1.08 美元的人口占总人口的比例。2002 年数据不可用；使用 2001 年代替。b 表示 1990 年数据不包括独立国家联合体中的国家。

资料来源：联合国千年发展项目：《投资发展：一个实现千年发展目标（MDGs）切实可行的计划》，伦敦：地球瞭望出版社 2005 年版，第 14 页。

　　另一个需要考虑的方面就是男性和女性的相对境况。根据 MDG 报告，就实现性别平等这个目标的相关进展来说，还是显得非常不足和不均衡。[1] 举例说，对于任何国家和个体而言，未来总是建立在当前的教育基础之上的。然而考察一下接受中等教育的女性与男性之比可以发现，2001 年该数字在南亚仅为 0.77，西亚和撒哈拉以南非洲为 0.79。此外，我们接下来还会看到，仍以非洲为典型，在关于 HIV/AIDS 的统计数字背后还潜藏着许多不为人知的事实。

---

[1] UN Millennium Project（2005）'Investing in development: A practical plan to achieve the Millennium Development Goals（MDGs）', London, Earthscan, p23.

聚焦撒哈拉以南非洲

不足为奇，非洲日益吸引着全世界的目光——从"向贫困宣战"到"拯救生命"，再到汇集众多演员与歌星，利用镜头获得大量宣传。其原因在于，撒哈拉以南非洲在 1981~2001 年，人均 GDP 缩减了 14%，贫困人口比重从 41% 上升至 46%，新增 1.5 亿人陷入极端贫困状态。

表 4.4 列出了一些较近的数据，从中我们看到，7 亿多人的寿命预期竟然只有 46 岁（2003 年数据）。每 10 个孩童中有 1 人刚出生就不幸夭折，年龄段 15~24 岁年轻女性约每 10 人中至少有 1 人是艾滋病病毒携带者或已感染者。

此外，在写作本书的同时，撒哈拉以南非洲正经历着新一轮的食品危机，急需食品援助。[①] 联合国粮食与农业组织（Food and Agriculture Organization，FAO）发出警告说 27 个撒哈拉以南的非洲国家需要援助。当然这些并不是新问题，它们产生于数年来的投资不足。令人奇怪的是，50 年前，非洲还是一片在食物方面完全能够自给自足甚至还有富余的陆地，而如今却变成了一个严重依赖进口的地区。在不到 40 年的时间里，这片次大陆从一个基本食品原料出口地转而变成了一方依赖粮食进口和援助的土地。

表 4.4　HNP 组数据

HNP 组数据：撒哈拉以南非洲	最近一年	数据
社会经济环境		
总人口（千人）	2003 年	704684
人均居民总收入，阿特拉斯方法（美元）	2003 年	510
学校预计教育年数	—	—
成人识字率（占 15 岁以上总人口百分比）	—	—

---

① 这一章节参考 Martin Plaut（2006）'Africa's hunger-a systemic crisis'，BBC，www.bbc.co.uk，2006 年 1 月 31 日访问。

HNP 组数据：撒哈拉以南非洲		
	最近一年	数据
人口指标		
人口平均年增长率（%）	1990~2003 年	2.5
抚养比率（受赡养者占工作年龄人口比例）	2003 年	0.9
总生育率（新生儿占妇女人口的比例）	2003 年	5.2
青少年生育率（每 1000 个 15~19 岁的妇女生育比例）	2003 年	127
避孕普及率（15~49 岁妇女的避孕百分比），任何方式	—	—
健康状况指标		
出生预期寿命（年）	2003 年	46
婴儿死亡率（每 1000 新生儿的死亡比例）	2003 年	101
5 岁以下儿童死亡率（每 1000 个）	2003 年	171
母亲死亡率（每 100000 个活产孕妇），模型估算	2000 年	917
营养不良儿童普及率——体重不足（占 5 岁以下儿童百分比）	—	—
卫生指标		
儿童免疫接种率，麻疹（占 12~23 个月儿童百分比）	2003 年	61
儿童免疫接种率，DPT3（占 12~23 个月儿童百分比）	2003 年	59
熟练保健人员照顾率（占总新生儿百分比）	—	—
医生人数（每 1000 人）	—	—
医院床位数（每 1000 人）	1990 年	1.2
肺结核治疗成功率（占登记病情百分比）	—	—
DOTS 检出率（占检测总数百分比）	—	—
卫生财务指标		
卫生总支出（占 GDP 百分比）	2002 年	6.4
公共卫生支出（占 GDP 百分比）	2002 年	2.6
公共卫生支出（占卫生总支出百分比）	2002 年	40.4
人均卫生支出（美元）	2002年	31.9
风险因素以及未来的挑战		
HIV 发病率（15~49 岁的百分比）	2003 年	6.70
女性 HIV 发病率（15~24 岁的百分比）	2001 年	9.40
结核病发病率（每 100000 个人）	2003 年	353
结核病死亡率（每 100000 个人）	—	—

续表

HNP 组数据：撒哈拉以南非洲		
	最近一年	数据
HNP 组数据：世界		
社会经济环境		
总人口（千人）	2003 年	6273584
人均国民总收入，阿特拉斯方法（美元）	2003 年	5520
预期的教育年限	2002 年	12
成人识字率（15 岁以上人口百分比）	—	—
人口指标		
人口平均增长率（%）	1990~2003 年	1.4
扶老比（在劳动年龄人口中所占比例）	2003 年	0.6
总生育率（新生儿占妇女人口比例）	2003 年	2.6
青少年生育率（每 1000 个 15~19 岁的妇女生育比例）	2003 年	62
避孕普及率（15~49 岁妇女的避孕百分比）任何方式	—	—
健康状况指标		
预期寿命（年）	2003 年	67
婴儿死亡率（每 1000 个）	2003 年	57
5 岁以下儿童死亡率（每 1000 个）	2003 年	86
母亲死亡率（每 100000 人）模型估算	2000 年	411
营养不良儿童发病率——体重不足（占 5 岁以下儿童百分比）	—	—
卫生指标		
儿童免疫接种率，风疹（占 12~23 个月儿童百分比）	2003 年	77
儿童免疫接种率，DPT3，（占 12~23 个月儿童百分比）	2003 年	78
熟练医护人员接生（占总数的百分比）	—	—
医生人数（每 1000 人）	1998 年	1.7
医院床位数（每 1000 人）	1991 年	3.9
肺结核治愈率（占登记病情百分比）	—	—
DOTS 检出率（占检测总数百分比）	—	—
卫生财务指标		
卫生总支出（占 GDP 百分比）	2002 年	10.0
公共卫生支出（占 GDP 百分比）	2002 年	5.8
公共卫生支出（占卫生总支出百分比）	2002 年	60.0

续表

HNP 组数据：撒哈拉以南非洲		
	最近一年	数据
HNP 组数据：世界		
人均卫生支出（美元）	2002 年	523.7
风险因素以及未来的挑战		
HIV 发病率（15~49 岁的百分比）	2003 年	1.00
女性 HIV 发病率（15~24 岁的百分比）	2001 年	1.60
结核病发病率（每 100000 人）	2003 年	140
结核病死亡率（每 100000 个人）	—	—

注：HNP = 健康、营养、人口，DOTS = 督导短程化疗。
资料来源：世界银行发展统计。

　　虽然有关于非洲的乱象是否该归罪于数十年来殖民暴政的后遗症的争论很激烈，但是当前的许多问题都有其自身的原因。50 年之后的今天，已经很难相信当初的殖民统治能够完全解释这种持续的混乱。比如，FAO 指出，非洲 27 个国家中至少 15 个国家存在着政治问题，如内乱、难民出逃和返乡等，无不宣告着其对于援助的迫切需求。通过比较，27 个国家中只有 12 个国家涉及干旱因素。也就是说，相比自然灾害，连年战争、政变及内乱更应成为饥荒的主要原因。2004 年，非洲联盟委员会（African Union Commission）主席阿尔法·奥马尔·科纳雷（Alpha Oumar Konare）在非洲联盟峰会上发出警告，在过去的 50 年中，非洲经历了 186 次政变和 26 场大规模战争。据估计，在非洲已有约 1600 万难民和流离失所人员。

　　正如马丁·普劳特（Martin Plaut）所指出的那样，至少存在四个关键问题：

　　（1）由于没有政治影响力，农村地区长期处于投资不足的水平。非洲的精英阶层对政治压力做出反应主要集中在乡镇和城市。

　　（2）与治理不善紧密相关的腐败和管理混乱。显然，农户需要的是稳定，才可能生产出其家庭及社会所需的粮食。

　　（3）艾滋病减损了家庭中最主要的生产劳动力。在非洲南部情况尤其糟糕，超过 30% 有性生活的成年人携带艾滋病病毒。根据援助机构施乐会的报告，当有一名家庭成员感染以后，家庭的食品产量将降低 60%，因为妇女不仅被当作家庭中的照料者，还要参加很大部分的农业劳动。

（4）高人口增长率（如表 4.4 所示，人口增长率每年 2.5%，并且若没有艾滋病流行的因素，这个数字会更高），不仅是贫困的结果（夫妻尽可能多地生育小孩，以保证一定的后代存活并帮助解决部分养老问题），还反过来加剧了贫困。1975~2005 年，非洲的人口翻了一番，从 3.35 亿增加到 7.51 亿。在非洲的一些地区，土地富饶，养活当地的人民不成问题。然而在更多的地方，人口的迅速膨胀造成了严重后果。农户不得不将他们的土地一次又一次地细分，导致小块土地或家庭迁移到不适宜的地方。在撒哈拉以南非洲，有 72% 的耕地和 31% 的牧场被列为退化农用地。

HIV/AIDS

自从 1981 年发现第一例艾滋病患者以来，全世界已有超过 2000 万人死于该病。从 20 世纪 90 年代至 2001 年，感染者的数目便翻了一番。[1]

联合国报告显示，如今撒哈拉以南非洲的人口寿命预期仅为 47 岁。而要是没有艾滋病的影响，会是 62 岁。[2] 在博茨瓦纳，从 1950 年以来，寿命预期下降了 33 年，已经低到了一个难以估计的水平。亚洲和加勒比地区也经历了类似的过程，只不过程度较轻。5 岁以下儿童死亡率在一些国家增长了 40%。艾滋病并不单是一个健康问题，其在许多发展中国家的肆虐意味着它也是经济社会发展的巨大障碍，因为它使劳动力规模缩减，生产力降低。

千年发展目标

公共部门正在努力解决这些问题。在世纪之交，各国政府开始新一轮合

---

[1] UN Millennium Project, 'Investing in Development', p13.
[2] United Nations (2003) 'Progress towards and challenges and constraints, p11.

作，携手应对贫困和发展问题。2000 年 9 月，189 个国家共同签署了千年宣言（Millennium Declaration），以此为蓝本制定了千年发展目标（MDGs）。MDGs 是包含了 8 个维度的系列目标，据此又细设了 18 个定量目标和 40 余个定性指标。正如第二章中讨论过的，8 个子维度分别为：

（1）消除极端贫困和饥荒。

（2）普及基础教育。

（3）提高性别平等和妇女权利。

（4）降低儿童死亡率。

（5）提高孕产妇保健水平。

（6）对抗 HIV/AIDS、疟疾及其他疾病。

（7）确保环境的可持续性。

（8）为世界发展建立一种全球伙伴关系。

图 4.1 显示的是达到这些目标的路径规划。[①] 一个可测量的目标是，自 1990~2015 年，使处于极端贫困中的及忍受着饥饿的人口数目减半。根据世界银行的这些规划，在中国以外的东亚和太平洋地区，贫困率会迅速降低，不过若考虑中国，生活在日均 1 美元的贫困线下人口数量的减少，会显著影响总贫困人数。[②] 在欧洲、中亚、中东和北非，这些区域日均 1 美元线下人口数量本来就不多，只需要延续当前的减贫趋势，便可将贫困率降低到现在的一半水平。南亚，由于受到印度持续发展的影响，很有可能达到甚至超越减贫目标。但是发展和减贫在拉丁美洲和加勒比地区都进展缓慢，除非其发展进程加速，否则不可能达到预期的减贫目的。

不过，正如这里一直强调的那样，问题最多、最繁复的当属撒哈拉以南非洲。从 1990 年以来，贫困就在持续增长，按照目前的趋势，在未来的 11 个年头里，除非有重大的可预期的变革，否则其贫困状况好转的程度将非常有限。

① 对千年发展计划的现状的评估，参见 IMG and World Bank（2004）'Global Monitoring Report 2004-Policies and actions for achieving the Millennium Development Goals and related outcomes', Development Committee（Joint Ministerial Committee of the Board of Governors of the Bank and the Fund on the Transfer of Real Resources to Developing Countries），16 April.

② World Bank（2004）World Development Indicators Report，Washington DC ，World Bank.

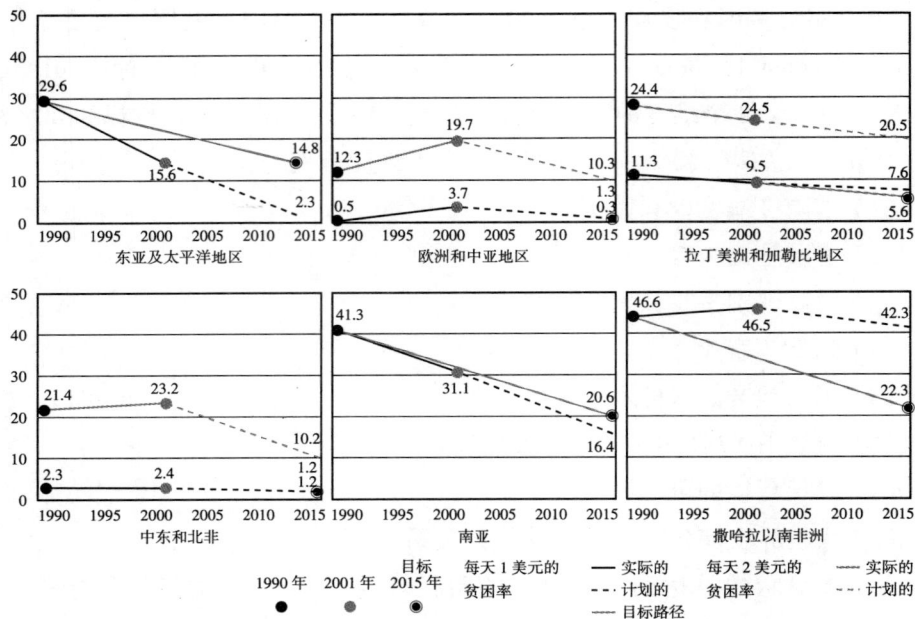

图 4.1 生活费每天低于 1 美元（或 2 美元）的人口比例（单位：%）
资料来源：世界银行工作人员估计数据。

结　论

我们在此做的上述讨论，都是为了说明，虽然发展中国家在许多方面取得了一些成就，但是贫困始终是一个严峻的问题。联合国在 MDGs 方面所做的努力是非常有远见的。然而，当前美国政府对此表现得十分苛刻，总是与联合国较劲（详见第十章）。这些正式而关键的 MDGs，在消除贫困方面显然并未取得成功，图 4.2 至图 4.4 所给出的结果虽然是乐观的，但是略加思考不难发现，实现 MDGs 仍是一个遥远的目标。

（百万人）

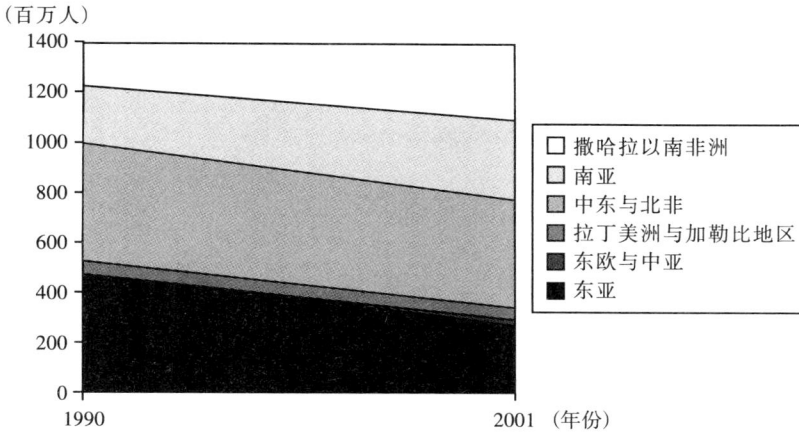

图 4.2　世界贫困（1 美元/天）

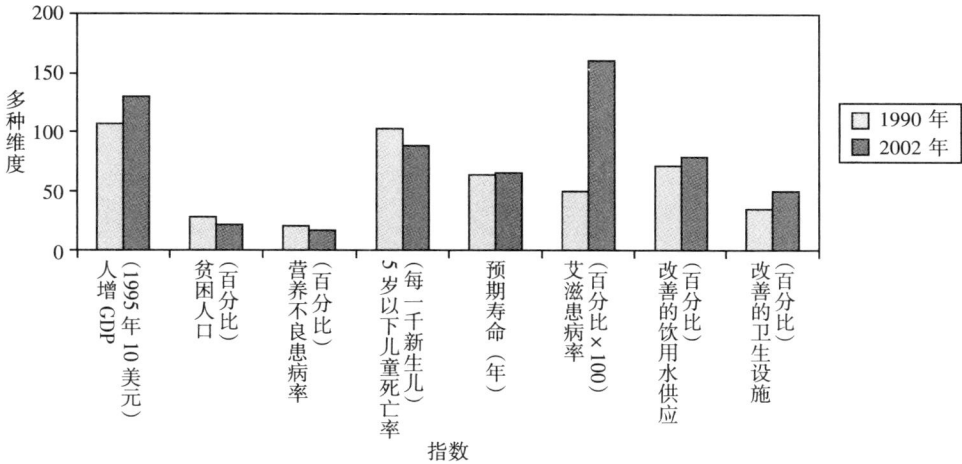

图 4.3　世界社会经济发展（1990~2002 年）

　　因此，我的论点是除联合国与各国政府的努力之外，还应该有一种新的力量作为补充，那就是私营部门的行动，尤其是大型跨国公司的积极配合。这更符合现实情况，不过，私营部门是否可能被充分动员起来，效仿"亚洲奇迹"国家和中国呢？本书中的观点是，通过利用世界上大型企业的影响力和经济实力，我们可能踏上一条远远超越目前所能达到的发展轨迹。拉丁美洲一些国家的反自由主义回潮很可能使这些国家重历 20 世纪后半期数个政府

（百万人）

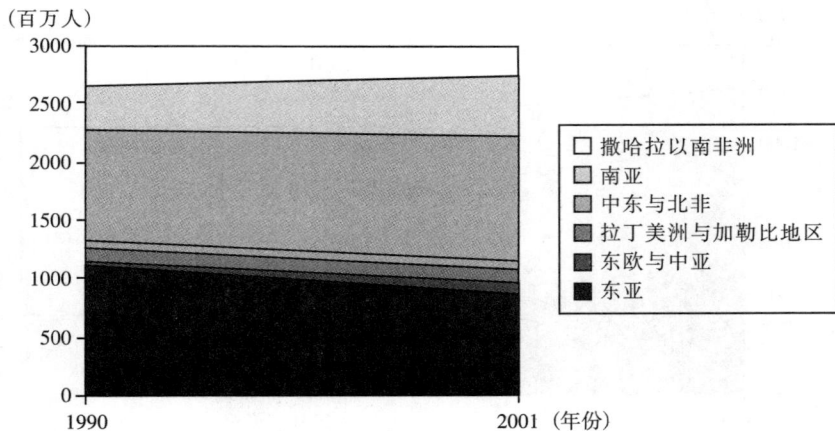

图 4.4　世界贫困（2 美元/天）

"左倾"国家的悲剧。① 跨国公司的财富和实力将以前所未有的方式得到展现和发挥。原因很简单，如果这个世界变得越来越糟，这些大公司也必然随之衰落。

---

① 这值得评论，毫无疑问，"左倾"政府更注重扶贫——比如古巴、智利阿连德政府、委内瑞拉查韦斯政府。然而，在某些时候，市场必须蓬勃发展，因为这些政府在创造经济增长方面出了名的差。比如，阿连德的支持者，智利民选总统里卡多·拉戈斯（Ricardo Lagos）任期刚刚结束，鼓励利用市场来提高智利的经济地位。但是，他在解决社会问题上几乎毫无建树 ［源自埃米利奥·克莱因（Emilio Klein）的个人沟通，2006 年 7 月］。

第五章　企业应该抛弃慈善，专注 CSR

商业是战胜全球贫困的关键，但我们谈论的不仅仅是捐赠品，是时候加大宣传了［西蒙·考尔金（Simon Caulkin），商业记者，观察家报，2005 年 3 月 13 日］。

……慈善必将逐渐摆脱目前缺乏专业性的状况，从而成为一个现代化、高效、全球性产业。［经济学人（2006）"财富与个人财富调查"，2 月 25 日，第 4 页］

引　言

很难说明企业应该放弃慈善事业。我真正想表达的意思是，那些并没有形成可持续发展模式的慈善行为应该被抛弃。本章将试图说明，CSR 能够帮助评估一项慈善行动的价值。

CSR 不等于慈善

一些人习惯将 CSR 和慈善事业等同起来。例如，迈克尔·波特（Michael Porter）写道：

企业慈善或者企业社会责任在商业领域中的地位变得越来越重要。如今的企业应当在企业社会责任方面有所投入，并作为其商业战略的一部分，唯有如此才会变得更有竞争力。①

迈克尔·波特的理解并不正确。不过就算是享有国际声誉的管理专家也将慈善和企业社会责任当作同义词使用，商业领袖、学者和政治家将两者混淆不清就不足为奇了。正如我将要解释企业社会责任与企业慈善是不同的。

我在第二章中提到，CSR 是一个关涉企业所有利益相关者的系统概念。CSR 并不只关注单个利益相关者，而慈善通常指"施行善举或具有仁慈性质的行动"。即便不是全部，在大多数情况下，慈善指的是那些本该由政府负责完成的项目，比如向发展中国家进行捐款用以改善卫生条件，帮助残疾人，捐赠治疗艾滋病毒/艾滋病的药物等。这类慈善项目的失败不应成为禁止企业在这方面发挥独立作用的理由。可是，由于政府是企业的利益相关者之一，企业不得不向政府提供它们的管理和技术支持，以此作为改进或引入这些帮助弱势群体的项目的途径。企业的存在是盈利。这没有什么错，只有盈利才是 CSR 专业人员关心的。慈善确实是为了帮助公司盈利，而所有的 CSR 行动与提高公司的底线紧密相连。

CSR 先行，利润次之

据康永哲（Young-Chul Kang）和唐纳·J. 伍德（Donna J. Wood）（1995）的研究，通常对 CSR 的界定和相关行动方面的最大误读来源于一个有缺陷的前提假设，即 CSR 是一项"利润后"的义务，也就是说，这是在企业盈利之后才应考虑的事。② 照此不难推出，如果企业营利性较差，它们就没有必要表现得有责任感。他们说，"举个极端的例子，如果所有的企业都处在重度经济动荡中，或者受懒惰而短视的管理者经营着而难以有良好财务表现，那么社会没有选择，只能接受污染、歧视、危险的工作条件、童工等问题。"

---

① Michael Porter，http：//www.ebfonline.com/debate/debate.asp。

② Young-Chul Kang and Donna J. Wood（1995）Before-Profit Social Responsibility：Turning the Economic Paradigm Upside Down，Proceedings of the Sixth Annual Meeting of the International Association of Business and Society，Vienna，pp408-418.

将社会责任的原则整合进企业治理过程中，正是此二位作者所称的"利润前"义务。他们引用那些体现了这些思想的企业，并发现企业这样做的趋势正加速上升。例如，1950 年，西尔斯公司的首席执行官按重要性列出四个业务方，即"顾客、员工、社区和股东"。对于他本人来说，利润是一个"在有责任感地满足主要利益相关集团的合法需求和预期中产生的副产品。"直至 1980 年，李维斯甚至从公众市场上回购股份，股东利益可能会限制公司成为一个有社会责任感的组织。此外，瑞士的米格罗斯公司（Migros）推动了一系列文化和社会方面的项目，其资金来源并非利润，而是总销售额，以保证企业的盈利状况不会影响对这些项目的投入。

CSR 具有慈善活动所不具备的可持续性

我们应当停止自欺欺人，抛弃这种认为慈善事业真的能帮助改善贫困的想法［罗布·赖克（Rob Reich），引自经济学人，2006 年 2 月 25 日］。

CSR 是可持续的，企业社会责任行动成为企业开展业务的重要组成部分。CSR 与公司底线之间的关系必须明确规定，因为如果 CSR 行为对底线没有任何益处，那么这些行为就会被董事会和股东无情地拒绝掉。

慈善有一种不切实际的倾向。它常常产生于公司董事们在特定时机下的突发奇想。许多 NGO 组织从企业那里获得资金并且做出了杰出的工作。当然，欣然地承认公司资助与合作的主要动机是"扩大影响"，这在某些时候比去帮助企业解决问题更有作用，不过在大多数时候仍然是为了满足公众的利益需求。

正如喜力啤酒的广告一样，大多数 NGOs 参与发展实施的其他项目（主要指政府项目）都无法实现。但问题是，NGOs 的干预措施采用的是基于一种像机关枪的扫射型无精确目标方式，因此取得的成效也是参差不齐的。它们可以根据其偏好而选择干预对象。另外，政府必须一视同仁，且面面俱到。而一家企业（包括非营利组织如 NGO）如果能协助政府在国内或国际上做出更有效、更合适的贡献，将会更值得推崇。如此一来，便保证了项目干预的广泛性甚至是预期全覆盖。

本章开头所引的《经济学人》（*Economist*）杂志的文章指出，那些有远见的组织已经推动了一些有价值的社会投资行动——洛克菲勒基金会（Rockefeller Foundation）设立了一个黄热病治疗中心，盖茨基金会（Gates Foundation）捐赠数十亿美元解决世界贫困的健康问题，卡耐基（Carnegie）捐建了数千个公共图书馆。然而，《经济学人》杂志指出，这类持续性的投资风潮，"只是个例，并不普遍"。

赞助是否也应停止？

企业赞助不同于企业慈善活动。赞助形式是一种商业途径，是企业沟通、宣传或公关预算中的一部分，通过一种动态的、具有画面感的形式向客户展示企业的产品和服务。赞助通常要求合作方提供某种服务，或采取某些行动，因此需要财务支持，这往往涉及明确的营销回报，直接与公司的底线相关。

在一些情况中，这种行为或许真是出于良好的意愿，如通过赞助联合国儿童基金会（UNICEF），使公司的产品与在世界范围内减少童工的行动建立一种价值上的关联。慈善并不一定要求某种明确的服务或行动作为回报，并且它也不是建立在一种商业合作关系的基础之上。在个体层面，这就像是对各大慈善机构提出的邮政要求给予积极回应。虽然慈善与赞助行为二者之间很难划分明确界线，存在着许多中间地带，不过最好的选择是明确地赞助潜在目标，而非一些模糊的慈善行动，因为后者很可能是难以持续下去的。

如何看待那些正当的理由？

不难预见，我的一些措辞将激怒许多读者，斥责我歪曲了许多善良的人和善良的意愿。可是这并不是我所要谈论的重点，我希望看到可持续的行动，而不是那些即便是出于善良本性的人们的突发奇想。不过那些依赖公司财务支持的慈善行动结果如何？这类行为是否值得肯定？显然，这类行为是缺乏理性的，如果企业突然停止援助慈善机构，那么将有数亿人受苦。

值得注意的是，当前存在着一个结构性问题。政府主要鼓励的是慈善捐赠，给予企业税收减免，因为这样能减轻政府自身的责任。政府本身在某种意义上也是"企业"，因此同样需要社会责任。我的建议是，留出一段较长的时间，比如十年，来逐步淘汰慈善捐赠的方式，这样当前的慈善机构和政府都可以进行逐步调整和适应。企业在这个转型时期除了可以在管理和技术方面提供咨询建议外，还可以进行适当的金钱支持。

总结起来，一些值得考虑的行动包括：

（1）企业应该抛弃那些在 CSR 框架之外的一切慈善行动。

（2）企业应该与政府携手合作，共同促进经济和社会发展。

（3）在 CSR 框架下的社会投资行为应该是可测量和可监管的，以保证其可持续性。

（4）通过补贴帮助那些无法得到帮助的人。政府应该主动关注弱势群体，而不仅仅去等待那些企业慈善机构的一时兴致：一项慈善计划的失败常来源于一家公司的失利，而最终的受害者则是这项计划链条最末端的那些弱势群体和受助对象。

一家在慈善捐赠方面表现慷慨，却没有意识或参与到其更广泛的 CSR 实践中的公司，其为商之路也难以长远。这一点我非常赞同迈克尔·波特的观点：

如果企业只是做善事，向社会公益事业捐赠大量资金，那是在浪费股东的资金。这在长期看来是不可持续的，并且股东将迅速丧失其本应获得的利益（参见第一条。）

第六章　CSR 与发展的一个批判

引　言

许多年来，作为一个 CSR 的支持者，发现批判一个概念的人似乎比提出者取得更大的进展。当然批判比提出容易，本章来讨论一些概念的常见批判及其回应。[①]

许多人都不相信跨国企业对穷困存在积极作用。他们认为，公司可以把生活贫困的人变成他们的消费者（所谓的金字塔底层），正如我所说的类型 II 发展帮助，和主要农产品的生产者。但是，他们更认为公司对利润的追求会伤害贫困人群。

一些激进的批评者认为，跨国企业对本地企业与小型企业产生激烈竞争，由此也影响了本地的经济与传统的就业。[②] 他们认为跨国公司很少支持本地企业，不会促进他们的收益与就业。甚至有人认为，向穷人销售品牌产品几乎无异于白白掠夺他们的血汗钱。

在另一个极端，许多投资者和公司执行长官认为国外直接投资会有利于本国。他们认为，可以创造许多额外的就业岗位，还可以将许多技术、技能

[①] 本章的部分第一次出现在 Michael Hopkins（2005）'Criticisms of CSR', published as a chapter in Ramon Mullerat （ed.）（2005）CSR: The Corporate Governance of the 21st Century, The Netherlands, Kluivert Publishers.

[②] Jason Caly（2005）Exploring the links between international business and poverty reduction: A case study of Unilever in Indonesia an Oxfam GB, Novib, Unilever and Unilever Indonesia joint research project, first published by Oxfam GB, Novib, Oxfam Netherlands and Unilever in 2005.

与工艺传播到本国工人与企业。他们相信，跨国公司的投资将帮助该国更好地融入世界经济。不论是直接的投资还是间接的投资，都将有助于减少贫困。因此，他们觉得应该接受这种投资，不用过多地考虑将会有多少的福利留在本国。虽然世界上许多贫困的国家和地区遭受过如上所述的负面影响，但同时也有许多受益的国家。

作为保守派的智囊团，英国的经济事务协会（Institute for Economic Affaires）认为跨国公司不会轻易放弃利润最大化的目标。其会长约翰·布伦德尔（John Blundell）写道：

当涉及商业中的关键问题时，比如放松管制或自由化，CSR 的倡导者都一致保持沉默，让人感觉到这种顾虑只不过是政府应该主导经济这种早已被揭穿并且废弃的谬误思想的余孽。[1]

CSR 并不一定意味着更多的管制和更少的自由化，实际上对 CSR 支持者的观点进行更深入的研究，并发现关键点并不是追求利润本身，而是利润是如何获取的。因此，在某些情形下，如果两种方式都能够获得社会性收益或承担了社会责任，那么自由化政策与放松政府管制从根本意义说上并没有太大的区别。

正如下面将看到的，许多批评者从概念和定义的角度提出问题，在第一章与第二章讨论中就可以看到许多从与商业有关领域衍生出的概念，例如公司可持续性（Corporate Sustainability）、企业公民（Corporate Citizenship）、公司责任（Corporate Responsibility）、商业责任（Business Responsibility）、商业社会责任（Business Social Responsibility）、商业名誉（Business Reputation）和企业道德（Ethical Corporation）等。在本章中，把针对 CSR 的批判分为显著不同的七个类别：

（1）CSR 缺少一个统一的定义，每个人似乎都有自己的理解与定义。

（2）CSR 只公共关系计划的一部分，为了欺骗越来越怀疑的公众。

（3）CSR 不过是企业慈善的另外一种说法，企业对社会福利（或者"我们的星球"）直接贡献在很大程度上独立于其盈利能力。

（4）CSR 具有误导性，把人们的注意力从关键问题上转移。说它是一个

---

① John Blundell（2004）Corporate Social Responsibility Poisons Market, London, IEA.

解决方案，还不如说是祸根。

（5）CSR 忽略了发展经济学及其关注的资本主义和新自由主义，认为 CSR 是一种通过后门（以不引起人们注意的方式）将社会主义引入经济活动之中的方式。

（6）商业的社会责任开始于也结束于利润的增加，CSR 是一个没必要的干扰。

（7）CSR 是虚伪的，公司不可能做到自律。

本章将更详细地讨论上述每一个问题。

缺少定义，每个人都各执一词

在第二章中，我提到了大量的关于 CSR 定义的问题，在这里就无须重复。显而易见，关于企业社会责任概念与定义确实有很多。然而，却没有一个较为统一的说法。一位著名的 CSR 管理者告诉我说，所有的这些都是"语义学"的问题，因此定义是不重要的。

但是，没有一个统一的语言，我们不能确信是否我们与企业的对话正以一致的方式被听取和解释。这一缺陷会使一些公司认为 CSR 是一个纯粹的公司慈善，从而忽略了其整体概念。但是，也有一些公司，比如壳牌、英国石油公司、英国合作银行，他们把 CSR 看作是一个新的公司战略框架。

CSR 只是公关计划的其中一部分，以欺骗越来越多持怀疑态度的公众

CSR 是否应该属于公司公共关系部门中的一部分呢？蒂姆·赖特（Tim Wright）认为是的。他在他的一篇获奖论文中说道：

大量的公共关系公司都增加或者加强了 CSR 的实践。通过了解媒体管理，

公司热衷于操纵与控制议事日程。例如爱德曼公关（Edelman Public Relations）雇用富有经验的非营利主张者的老将史蒂文·沃恩（Steven Voien）来执行第一个 First & 42nd 项目，这是爱德曼发起的第一个全国性的 CSR 实践与管理咨询项目。类似的还有，WPP 集团旗下的博雅公关派贝内特·弗里曼（Bennett Freeman）出任华盛顿的企业责任常务董事。伟达公关（加拿大）（Hill Knowlton Canada）发起了一项全球 CSR 实践。[①]

在由世界银行赞助的"CSR 与媒体"的网络会议中也出现了类似的观点，雷切尔·奥利维尔（Rachel Olivier），是一位来自中国香港的记者与我共同主持会议，对于亚洲公司的 CSR 信息做出了如下评论：

众所周知，向公众开放信息，使公众能够更容易地获取信息，这是一件好事情。但是公共关系领域已经努力让人们认为他们已经这么做了。他们的存在不是阻碍了事情的发展，而是促进了事情的发展。我和许多其他人面对的一个关键问题是，通过制度化大量的内部和外部公共关系工作人员工作程序，表面上似乎增加了公众获取信息途径的多样化或易得性，但实际上，他们每一个人都仅关注自己部门的内部信息的流动，阻碍了公众、媒体与其各自部门之间的信息交流，使自己更像一个信息的看门人。不幸的是，那些没有上市的公司，均没有向公众传播信息的激励，他们为什么要做一些他们没有法定义务的事情呢？（人际沟通，2004 年 4 月）

毋庸置疑，公司在公共关系中运用 CSR 来改进他们的社会形象或声誉。那么，CSR 还有其他的功能吗？运用道琼斯可持续性指数（Dow Jones Sustainability Indices），我在另外一个研究中的研究结果表明，即随着时间的推移，大公司变得越来越具有社会责任感或承担更多的社会责任。[②] 虽然这并不意味着所有公司或企业都是好的，但这的确意味着，世界各地的各种不同组织的所有的行动、抗议和分析等都是有积极作用的。实际上研究表明，从整体上看，一般来说或从平均角度看，公司变得越来越有社会责任感。事实上，"一

---

① Tim Wright （2003） 'Plus ça change, plus c'est la même chose：The grand illusion of corporate social responsibility'，Leicester University Management Centre，winner，Guardian/Ashridge MBA Essay Competition.

② Michael Hopkins （2004） Measurement and Progress of Corporate Social Responsibility，March，www. mhcinternational. com and Michael Hopkins （2005） 'Measurement of CS'，International Journal of Management and Decision Making，vol 6，nos 3/4，pp213–231，available from www.mhcinternational.com/monthly_feature. html#Measurement_and_CSR.

般来说"或"从平均角度看"一词告诉了我们事情发展的方向。例如，想要在 CSR 排名上取得一个好名次，刚开始时总是比之后更容易实现：清理一个泄漏的管道，编写一个没人读过的道德准则，书写一份优秀的 CSR 报告，确保生产的产品不会伤害你的客户，拒绝在孟加拉国使用童工的供应商等。所以，平均来看在 CSR 方面做出进步是相对容易的，但问题是如何把这种观点传递给整个组织？这就是问题所在，这就是为什么丑闻常常在看似"干净"的组织中出现，比如壳牌或者英国石油公司、美国安然（Enron）、帕玛拉特（Parmalat）和美国世界通信公司（World Com）等。

CSR 是公司慈善的另一种说法

关于这个观点，在前面已经说过很多。但是，这确实是一个很流行的看法。比如，《经济学人》一书就有一篇题为"两面资本主义"的文章中写道："CSR 是在慈善基础上的改善。CEO 应该忽略并回到自己原来的工作之中"。[①]

因此，《经济学人》似乎在暗示着一个企业可以支付饥饿工资，污染环境，把员工看作奴隶，忽视客户的抱怨，贿赂政府，把人权问题留给总统布什，并且追求辉煌的利润。没人会认为这是反资本主义的。

《经济学人》的另外一个观点认为，CSR 不是反资本主义，因为问题的关键不是追求利润而是如何获取利润。长期在公司工作的人不仅仅关注价值，也同样关注社会责任。波士顿大学和耶鲁大学学者的研究著作《最后的建造》[②]中认为，有远见的公司通过关注关心它的利益相关者造就了它非同寻常的成功。这些利益相关者包括客户、员工、社团和环境。确定主要的利益相关者，评估做什么更好，同时关注成本，这些都是 CSR。

---

① The Economist，24 January 2004.

② James C.Collins and Jerry I Porras（2002）Built to Last：Successful Habits of Visionary Companies，HarperBusiness，New York.

CSR 引起了误导，把人们的注意力从关键问题上转移开来；说它是一个解决方案，还不如说它是祸根

正如杰弗里·钱德勒（Geoffrey Chandler）在他的一篇文章中所说，CSR 作为引起灾难的根源，是由于 CSR "缺乏清晰的定义……CSR 很可能阻碍政府规章制度的引入或实施……Nessus 的衬衫毒死那些穿它的人。"① 他继续说道："……一个普遍的解释是，CSR 仅仅是企业自愿加于其身上的漂亮的装饰物。"他相信这不是公司社会责任概念的全部，我也这样认为，CSR 是 21 世纪公司成功与生存的基础。钱德勒说，"对 CSR 的这种错误解释亦导致其自身意义或影响力的丧失：对于 CSR 的这种误解正是关于公司现实状况的一种扭曲性理解。事实上，自从公司这种组织存在以来，政府管制一直是使公司能够充分承担其非营利性责任的必要保障。'CSR' 提供了众多就业机会，并引发了关于其责任的一系列争论。它在实践中的影响将人们的注意力从基本需求中转移。"②

不幸的是，钱德勒滔滔不绝的言语可能有损他关于 CSR 整体概念的看法。他用了一个很极端的词语如"祸根"误导了公司，并且给他们提供逃避 CSR 的措施，这些都不是我们想要的。

CSR 忽略了发展经济，它关心资本主义和新自由主义

迈克尔·布莱恩（Michael Bryane）写道，在关注 CSR 角度发展的文献中

---

① Geoffrey Chandler（2003）'The curse of CSR', New Academy Review, vol 2, no1, Spring.
② 个人沟通，2004 年春。

出现了"三种实践学派：新自由学派（关注根据 CSR 活动风险与回报进行自我调节）、国家主导学派（关注国内的与国际的规制与合作）和第三方学派（关注营利组织与非营利组织的角色）。然而，这些实践学派都可以用适用于更广泛的发展领域的理论如此批判。比如，新自由学派不能解决由 CSR 所造成的资源配置不当的问题，国家主导学派不能解决政府激励 CSR 背后的不成文政策，第三方学派不能解释 CSR 中的利己主义"。[①]

迈克尔继续写道：

围绕 CSR 展开的讨论看上去预示着一种旨在促进社会目标实现的政府、商业与公民社会之间的新型合作形式，然而，已经在发展理论中持续争论了一个世纪的许多困境和复杂性在这场 CSR 的讨论中被遗漏了。新自由学派强调充分激励而非保险模式，但是它不能解决重要资源分配的扭曲问题。国家主导学派强调在合作与政府控制之间的平衡，但是忽略了国际组织，各国政府和商业利益间政治力量斗争的重要主张。第三方学派强调了公众参与政策制定的可能性，但忽略了公众参与的本质是高度政治化和冲突性的。CSR 是作为政府、商业与公民社会之间关系转型的更广阔议题的一个部分。[②]

迈克尔的观点很有用，他正确地指出 CSR 工作者忽略历史与理论的倾向。但是，没有必要将迈克尔的三个模型分割开来。学术界经常使用程序化的方法来概念化复杂的问题。CSR 也未逃离这样的命运。进而，转变为当前 CSR 的讨论为：①为 CSR 立法（国家主导学派）；②无法律约束（自由或自律学派）；③一定的立法以确保公平环境（第三方学派）。上述的划分事实上刻画出了三种学派间关于 CSR 立法问题的争论。[③]

商业的社会责任开始于也结束于利润的增加，CSR 是一种不必要的干扰

米尔顿·弗里德曼（Milton Friedman）再三声明："商业的社会责任开始于也结束于利润的增加"，这说明社会责任问题可以是每一个人的事情，但不是

---

①② Michael Bryane（2003）'Corporate social responsibility in international development: An overview and critique', Corporate Social Responsibility and Environmental Management, vol 10, no 3, pp115–128.

③ 详见这个讨论中我的发展的观点，Michael Hopkins（2002）'CSR and Legislation', Monthly Feature, www.mhcinternational.com, July.

商业的事情。但是，随着政府承受越来越大的压力政府在改善社会问题上减少开支。然而，不发达和失业的问题都将长期存在。HIV/AIDS 让许多国家的政府束手无策，尤其是非洲国家。因此，在公共资金短缺的情形下，或者即便只是与现有机构合作，商业也应该比以往任何时候都承担更大的促进人类发展的使命。① 从长远来看，消费者购买力的增强与世界范围内的收入分配改善对商业经营有明显的好处。但是，商业应该直接参与到这些人类发展的事务中来，还是仅仅缴税，依靠政府和公共组织能够明智地使用税款？也就是说，企业只要在预期符合人类发展的最佳利益的情况下实现利润最大化就足够了？

2001 年 5 月 16 日，《金融时报》（Financial Times）上马丁·沃尔夫（Martin Wolf）的一篇文章对 CSR 进行了批评，他指出根据前 OECD 首席经济学家戴维·亨德森（David Henderson）的说法，社会责任由于企业偏离使其创造利润的主要角色而扭曲市场运行。②

沃尔夫主要关心 CSR 是由一些激进团体来实施的。这些人的特点"不外乎是对跨国企业、资本主义、跨境贸易自由化、资金流以及市场经济观点持敌对或极力批评的态度。人们可能期望，也确实希望，商业界对这类反商业观念予以痛批。但……强调是妥协和和解。"③

与沃尔夫不同，亨德森认为 CSR 并不是受限于所谓的"反资本主义者"，他提出了数条更有说服力的主张。亨德森认为，商业应该对自己的"行动负责，这是他们应该做的"，当下负责任的行为不是对 CSR 条款不加区分地支持。④ 虽然，亨德森没有定义什么是"负责任的行为"。但是，他列举了在他看来企业不宜接受的 11 条。他的主要观点用斜体标出，每条之后是我对其观点的回应。

（1）可持续发展这一目标及其实现方式拥有良好的定义并得到了普遍认可。

可持续发展这一词最早出自环境运动。即便在环境领域，"可持续"这个术语也受到了批评，认为它模糊不清，有多种可能的理解，其中还有些是相

① 值得注意的是，世界银行有一个名叫"发展的商业伙伴"的发展计划，旨在与私营部门与 CSR 合作，联合国已经着手建立全球伙伴关系，这要求商业伙伴们确保劳工的培训，人权与环境条件。
②③ 详见 Martin Wolf（2001）'Sleep-walking with the enemy', Financial Times, 16 May, www.ft.com.
④ David Henderson（2001）False Notions of Corporate Social Responsibility, London, Institute of Economic Affairs（IEA）.

互矛盾的。[1] 一些混淆的出现是因为诸如"可持续发展""可持续增长"及"可持续利用"等说法被当作同义词交替混用。国际自然保护联盟（International Union for the Conservation of Nature，IUCN）认为这种不加区分的使用是不对的，他们认为"可持续增长"一词本身就存在矛盾，因为任何东西都不可能无限增长。同时，"可持续利用"一词只能使用在自然资源上，保证资源的使用比例在其可再生空间内。可持续发展是指改进人类的生活质量的同时不超出生态系统的承载能力。我们越来越频繁地听到公司可持续性的说法，并且没有人会反对他们自己公司的可持续性，即永远经营下去。因此，在这个例子中可以明显地看到亨德森的抱怨。

（2）一家企业为社会（或"家园"）做出的直接贡献被认为是独立于它的盈利能力之外的。

这意味着这种所谓的"激进分子"要求公司时刻做出慈善行为，即使在没有利润的情况下也要如此。显然只有傻子才会这么做。

（3）现得到认可的"企业公民"的概念被赋予了重新定义商业目标的义务，即同时符合"三重底线"标准与追求"社会公平"。

不关注定义和概念是令人担心的，当这种忽视受到质疑时，一位 CSR 的管理者认为她的"公司对于具体问题而非语义学更感兴趣"。但是第二章中的相关定义指出"企业公民意味着这样一种策略，从与利益相关者的短期交易关系转变为长期的、以价值为前提的关系，并且忠诚基于公司有能力去建立一种共享价值观和使命感与主要的利益相关者"是明智的，显然没有任何对公司必须满足"三重底线"（TBL）标准的要求。事实是，关注 TBL 已经成为主流，这个概念源自于约翰·埃尔金顿（John Elkington）的《餐叉食人族》（*Cannibals with Forks*），[2] 并且它是在 NGO 环境运动中兴起的。如第二章所定义，CSR 本身不承担此类义务。

（4）应该在商业中引入新的规划、监督与检查系统，以确保满足一系列经常有问题的环境和社会目标。

这一观点与上一观点有点相似，环境主义者确实希望能够减少污染的排

---

① World Commission on Environment and Development（1987）*Our Common Future*，Oxford，Oxford University Press.

② John Elkington（1997）*Cannibals with Forks*，Oxford，Capstone.

放等，考虑环境问题的必要性是广受认同的。到目前为止，CSR 只提出了应以符合道德原则的方式与利益相关者相处，除了强调要开启协定"社会目标"的对话之外，实际上却没有设立任何具体目标。

（5）大量的利益相关者应该密切且正式地参与到商业的运行与监督之中。

利益相关者包括内部的，比如所有者、股东、管理层（包括董事会），以及外部的利益相关者，比如政府、当地社区和消费者。[①] 显然，内部的利益相关者需要密切且正式地参与到他们自己商业的运行与监督之中。在不同的案例中外部利益相关者有不同的看法。但是，法律在确保商业如何运行情况下，保护外部利益相关者的利益上发挥着重要作用，比如保护客户的安全，生产产品的道德要求等。

（6）社会授予商业特殊的权力与利益，作为回报，它们必须通过从事那些与盈利无直接关系的善举，以期从社会获得一份非正式的"经营许可"。

对于"经营许可"已经有过太多的讨论，但实际上并无企业需要一本类似于汽车或飞行员驾照这样的资格证或牌照才能运营。因此将这种经营许可与企业善行的"必尽之义"联结起来并不是主要参与者的特征。关于应该对 CSR 的哪些方面进行规范，哪些方面保留其自愿性，从而保证企业经营处于一种"公平的竞争环境"中，这样的讨论还将继续。

（7）社会预期（Society's Expectations）是不容置疑的，如果企业希望获得与持有"经营许可"，就不能辜负这些期望。在很大程度上可以与非政府组织道德投资基金和其他市场经济激进批评者的当前需求相一致。

道德（和社会）投资基金正快速增长（如下），但其借力于市场经济所取得的成果恐怕很难与那些"市场经济的激进批评者"联系起来。

（8）一般经济活动特别是逐利导向的公司经营所导致的结果是，环境已经并且还在遭受致命的破坏。

这些问题的观点的确是无法轻易忽略的事实。显然，亨德森陷入了自由市场倡导者的激进阵营里，该阵营的标志性事件是布什政府拒绝《京都议定书》等有关环境的国际条约。

---

① 利益相关者参与公司的开创性工作，R.Edward Freeman（1984）Strategic Management：A Stakeholder Approach，Boston，Pitman.

（9）近年来的全球化过程带来了以下问题：①跨国公司占据了不成比例的利润；②"社会排斥"广泛存在；③贫穷国家被"边缘化"；④行动与决策的权力从政府向跨国公司转移。正因为这些原因，如今跨国公司的角色与责任必须被赋予更为重大的意义。

这几个来自于所谓反全球化阵营中的观点有一定事实依据。但并非所有 CSR 的支持者都是反全球化的。

（10）国内经济取得的进步，以及在整个世界，很大程度上依赖于更为严格及一致的规范与标准的采纳和实施，这些规范涉及环境和社会领域，也包括国内规范和跨境规范。

对于规范和准则的讨论已经成为许多国际组织的常规活动，例如 ILO，OECD（亨德森曾经工作的地方）及 EU。一些 CSR 支持者并不愿实施更加严格的标准，他们意识到企业不应被一系列新规则和规范团团包围。

（11）与政府合作，在 NGOs 和国际机构之间进行协调，以更好地实现"全球治理"和"全球企业公民"为名追求在国际社会实现这些标准，已经成为了企业的职责。

OECD 的公司治理原则是这个过程的现代实例。公司治理必须防止权力滥用，这种滥用可能不只来自于有钱有权者，还包括那些在发展中国家的巨头们。在发展中世界，这些巨头们自身就意味着权力。

总之，亨德森的观点可以看作是激进的市场资本主义，任何的管制就是对市场经济的攻击。然而，不能将 CSR 与商业案例分开独立考虑。因此，将弗里德曼的话从"社会责任或利润"改为"社会责任和利润"更为合适。

CSR 是虚伪的，公司不可能做到自律

这是乐施会在其报告《面具的背后：CSR 的真面目》中提出的论点。[1] 乐

---

[1] Oxfam (2004) Behind the Mask: the Real Face of CSR, Oxford, Oxfam 2004 and argued by Andrew Pendleton, the author of the report, and David Vidal of the Conference Board in New York in 'Beyond the bottom line', The Guardian, London, p18, 12 June 2004.

施会引用了壳牌的案例，认为壳牌在 2005 年初因误报石油储量而"光环尽失"，因此 CSR 政策并未挽救其地位。倘若 CSR 有什么"撒手锏"的话，那就是迫使公司都必须遵循的法规。作为回应，戴维·维达尔（David Vidal）认为将完美作为"优秀"的对立面是危险的。将公司保持一种完美的 CSR 绩效标准是一个不现实的承诺。

正如在第二章讨论过的那样，CSR 仍将需要经过漫长的探索，才能从公司高层的几个声明和内部的积极分子，转变为深植于公司核心的精神品质。平均来讲，公司能做到遵守 CSR 政策，但正如统计学家向我们揭示的，"平均"一词掩盖了各种各样的问题。此外，没人会特别反对相关立法朝着更有利于所有公司公平竞争的方向发展。一些公司负责 CSR 的领导持积极态度，只要这样的立法能够使竞争者与自己的最佳实践保持一致。在纯粹的自愿与完全的法律之间存在一个连续变化体。现在可能更接近于自愿行为。但是，随着时间的推移会更接近法律行为。

结　论

CSR 不是一个新的概念，然而在过去的几年里 CSR 发展迅速突显出来，几乎每天都有新的有关 CSR 的报告出现。这些报告来自公司、国际组织、NGO 或者新闻工作者。但是面对批评，CSR 会经受住时间的考验沉淀根基，还是会成为一时的流行慢慢消失在时间的迷雾里？

更可能的是，CSR 会转变为不同的概念，但不会彻底消失。因为商界竞争是残酷的，CSR 及其内涵会最终演变为嵌入所有组织之中的部分，就像如今对环境的关注一样。因此，将来关于 CSR 的讨论会越来越少，因为其已经变成了日常经营很正常的一部分。

第七章 CSR 与贫困

私人部门有时候被看作是贫困的敌人。然而它在促进经济增长，从而降低世界贫困水平上起着重要作用。与促使经济增长一样，私人部门在解决贫困问题上有自己的政策和途径。越来越多的企业和政府认识到了它们在国际发展中的重要作用（英国，国际发展部）。①

那些最贫穷的发展中国家想要摆脱贫困，最需要的一定是扶贫企业的发展。②

引 言

发展中国家的大型公司应该在减轻贫困上发挥作用吗？③ 当然，到目前为止，对于低生活标准、开发、贫困、失业，以及如何促进人类发展等问题的解决，通常几乎全部留给政府来处理。

然而，迄今为止，在过去的 50 年里，国际社会已经花费了超过一万亿美元的资金，以及数倍于此的努力、劝告和心血，去减轻人类痛苦，为贫困人群创造起步条件以帮助贫民脱离贫困。④ 不禁设想，我们是否可能利用跨国公

---

① Department for International Development (DfID) (2003) 'DFID and corporate social responsibility: An issues paper', London, UK.

② Kurt Hoffman, Chris West, Karen Westley and Sharna Jarvis (2005) 'Enterprise solutions to poverty: Opportunities and challenges for the international development community and big business', A report by Shell Foundation, London, March.

③ 本章的一种版本最初在企业社会责任工作组提出，Corporate Social Responsibility Working Group, Development Studies Association (DSA), University of Manchester, 11 September 2001.

④ Shell Foundation (2005), P4.

司的有增值能力的资产呢？

越来越多的公司开始采用社会责任政策，采纳道德准则，并且考虑究竟要不要采纳吉百利（Cadbury）、格林伯瑞（Greenbury）、汉佩尔（Hampel）和现在的特恩布尔（Turnbull）（全部在英国）所建议的公司治理建议。这是否意味着公司现在应该对扶贫问题重点关注呢？如果是这样的话，在企业绝大部分经验都是关于如何经营公司和创造利润的前提下，他们在贫困地区可以做些什么呢？他们是否需要设立贫困事务部？对于扶贫减贫事业的关注会帮助他们创造利润吗？本章将探讨这些问题。

在此我主要关注那些在发展中国家开展业务或活动的大型企业，这类企业可能在当地下设了全资机构，组建了合资公司，或成为了当地的一个重要供应商。也就是说，暂不讨论大量的本地私营企业。稍加思索不难发现，几乎所有的穷人都在私人部门中打工。那些在公共部门任职的人并不在最贫困的人口之列，在一定程度上，他们即便失业，也享有"待业"的奢侈。但对于真正最穷的人们来说，这种奢侈是永远无法实现的。

CSR 与贫困的一个分析框架

为了研究 CSR 与贫困的问题，我引入一个分析框架。该分析框架包括公司从供给和需求两个方面对社会问题的回应。其中，从供给角度的回应等同于从促进发展角度的回应，是指一家增长中且盈利的公司能够提供岗位和收入——在之前的章节中我称之为类型 II 发展。因此，想要增加这种供给，就需要私人部门有繁荣发展的特定环境的条件。

在许多国家，贫困和分配不均导致社会不稳定和腐败，以及由此造成在合同谈判中的更加不可信。这会导致商业运行成本的增加，以及人们普遍不愿在贫困的国家工作和投资。这样的例子比比皆是，处在透明国际清廉指数顶端的新加坡，它的私人投资远高于撒哈拉以南的大多数国家，比如尼日利亚。而这些国家均处在指数的底部。

所以，跨国公司的供给创造了经济增长与就业。大型的跨国公司可以直接提供工作岗位，但在全世界约 26 亿工人中，这些公司工作的总人数可能也超不过 1 亿，约占全部工人数的 4%。[①] 可能还有同样数量的人，其工作和生计是间接依赖于跨国公司的，例如供应商，或者那些从跨国公司所创造的福利中获益的人群。

然而，不能认为那些直接获得工作机会的人就是穷人。外国投资者更喜欢吸引和雇用那些具有高技能水平的人而非穷人。主要还是跨国企业的间接作用能够给穷人带来一些福利，比如为供应商的供应商工作（跨国公司在发展中国家的直接供应商通常也需要较高的技能）。供应商的供应商包括在小型企业里工作的人或者个体户，他们都算穷人。因此，外资通过跨国公司帮助减贫的机制主要体现为一种"滴漏"效应[②]。这种形式很难改变，原因很简单，穷人之所以贫穷是因为他们缺乏使他们能够脱离贫困的必要技能，因而难以满足跨国公司所需的技能要求。

从需求角度的回应稍微复杂一些。这是对公司的期望或要求以使公司才能够自由地运营。由于"期望"和"自由"在某种程度上有着相反的含义，因此上述说法看起来有点矛盾。对公司的要求体现在成百上千的条规和期待中，企业社会责任的倡导只代表了众多相似期待中的一种。这些期望蕴藏在诸如英国道德贸易倡议、联合国全球契约以及国际劳工组织公约和标准等中，也涵盖在公司法以及公司治理法案中所规定的那些法律条款中。在需求响应中最突出的是组织的利益相关者。虽然没有公认的定义，但肯定不仅包括内部利益相关者，也应该包括外部利益相关者。其中，内部利益相关者包括所有者、管理者、股东和员工。而外部利益相关者更具有争义，包括供应商、当地团体、家庭、环境（NGO 社团）和政府。每一个团体都向企业表达着"需求"，可能只有环境组织提到了贫困问题。跨国公司对这些需求的回应会影响到公司长期的收益，进而影响不同利益相关者群体从跨国公司获得的收益。

关于贫困还有第三个组成部分，那就是供给与需求的整合，即私人企业直接针对穷人采取的举措。在许多案例中，常常以"商业伙伴关系"的标题出现，其内容通常描述的是企业通过较好的公共关系和对当地情况的了解来

---

① 假设有 1000 个跨国公司，每个公司 10 万员工，总共 1 亿员工，世界人口 65 亿，40% 的人口是劳动力，那么劳动力共计 26 亿人。

② 经济学上的一种利益扩散理论，译者注。

取得竞争优势。但往往当考虑减轻贫困问题时，人们想到的并不是私人部门，而是由国家提供服务的那些部门成为人们的诉求对象。

然而，对于私人部门来说，穷人群体资源的开发仅仅是刚刚起步。在第三章中介绍了一些案例研究，提到公司已经在积极地培育小额信贷项目。从针对穷人信贷项目的经验中可以看到，只要初始能力建设和投资一旦开始，这种项目就是可继续和可盈利的。私人部门对这种未开发的潜在资源的意识，是促进国际组织和捐款者帮助穷人帮助自己的关键。在这方面人们已经付出了大量的努力。一旦穷人踏上了发展轨道的第一个台阶，这整个过程就需要通过某种方式维持下去，例如依靠银行系统持续向他们提供贷款。再者，当穷人通过乡村信贷计划（Grameen-type Credit）表明其所具有的信誉，那么节俭的文化就可以建立起来，良好的信用记录就可以共享给商业借贷部门，但不包括那些具有剥削性的借款人。

甚至早在十年前，私人部门与公共部门的对话就明显是很困难的。例如，1994 底在联合国举行的纽约会议上，为了准备 1995 年在哥本哈根举办的世界社会首脑会议（World Social Summit），私人部门和公共部门共同参与了这次比以往规格都高的会议。在那里，许多联合国的高级别官员和一些金融大鳄［时任社会问题首脑会议主席与现任国际劳工组织局长胡安·索马维亚（Juan Somavia）；时任开发计划署署长詹姆斯·斯佩思（James Speth）；波士顿道富银行首席执行官马歇尔·卡特（Marshall Carter）；前花旗集团的银行家沃尔特·里斯顿（Walter Wriston）；等等］坐在一起来探讨社会发展的专业人士和全球银行家之间的共通之处。这种愿望是明确的，但是要达成这样的愿望还不具备条件。根据卡特的说法，"当我们谈到受托责任时，为了确保股东不会处在不必要的风险中时，你可以看到那些开发人员开始查字典"。①②

从那时开始，许多事情都发生了改变，一系列全球性事件表明了公私对话开始出现，比较著名的有开发计划署的资金问题（Money Matters）和资金问题研究所的形成。近几年里，许多其他全球性论坛也在解决这些问题。比

① 意指不明白对方的意思，译者注。
② Lloyd Garrison（1997）'Money matters to Marshall Carter-So does the developing world', Choices (UNDP), vol 6, no3, pp4-9.

如国际劳工组织企业论坛，其在 1996 年和 1999 年的两次会议吸引了超过 1000 家企业和感兴趣的个人参与。联合国全球契约与世界银行的业务合作伙伴发展计划一样，是另一个促进公私对话的例子。它涵盖了包括人权、劳动标准与环境等因素之间相互联系的问题。它希望企业能够同联合国签署一份合约，承诺他们将"巩固、支持、颁布"与这三个方面相关的九项原则。这三个方面远远不足以覆盖所有的 CSR 问题，包括利益相关者缺位，道德准则缺失，也没有企业要形成一份社会报告的要求。现在我们关心这些新措施是否会增加企业成本，接下来我们探讨这个问题。

劳动力市场的刚性特征

经济上关心的一个关键问题是，当公司在发展中国家开展贸易，如果考虑诸如"道德贸易倡议""核心劳工标准""利益相关者咨询"，甚至全面实施 CSR 等问题时，是否会不利于他们发展，因为这可能削弱他们的竞争力。正如沃尔夫所说：

企业若在一定程度上认为必须遵守一种在世界范围内统一的环境标准和雇佣准则，那么受损的可能是那些贫困的国家，因为这种做法忽视了在运营中本来合理的差别，而如果根据这些差别制定相应运营准则对经济欠发达的国家更为有利。同样，企业如果都施行成本过高的运营方案，他们的竞争力和盈利能力都将被削弱，进而他们能为经济发展所做的贡献将会缩减。①

如果沃尔夫的观点是对的，那么提升发展中国家公司在生产过程中的 CSR 水平，将有损他们的竞争力，从而会减缓经济增长并增加贫困。

欧洲工商管理学院（INSEAD）的伊桑·卡普斯坦（Ethan Kapstein），他有一篇文章的主题就是关于该问题的。在文中说道：

可以考察一下劳工及环境标准与多边贸易协定的关联。改善工作条件与空气和饮水的质量都是值得称赞的目标，并且当经济上和技术上有可能时，

---

① Martin Wolf（2001）'Sleep-walking with the enemy', Financial Times, 16 May, www.ft.com.

公司应该这么做。NGO 组织可以在该过程中起到有益的作用，可以为政府和公司提供信息、建议和政策选项。但是把这种工业化国家的标准强加于发展中国家及生存于这些国家的企业身上，会产生事与愿违的结果，即减少投资与新增就业机会。更多的工人会被驱赶到那些拥有更低标准或没有标准的非正式经济体中。①

卡普斯坦的观点与现实并不完全一致。英国道德贸易倡议已经尝试将公平贸易标准加入贸易实践中。②"道德"贸易没有应用于英国的军工系统已受到质疑。位于德国由数个慈善机构如乐施会、Traidcraft、香蕉物联网（Banana Link）等所有的公平贸易组织，至少已经部分回答了卡普斯坦的担忧。

公平贸易是道德贸易的一个子集，它直接涉及产品的生产者，这些产品主要是农产品，包括咖啡、茶、水果、葡萄酒等。在英国，即便优质的消费者也必须为公平贸易框架中所列产品付费，新加入公平贸易的产品种类还是在急速扩增。根据《观察者》的报道，在英国境内，2003 年加入公平贸易的产品数目是 150，到了 2005 年，这个数字飙升至 1300。③公平贸易不那么容易定义，但是这意味着生产者必须在公平贸易协定（或类似框架）的标识系统中注册签约。这个系统一个方面的内容就是基于国际劳工组织的劳动标准雇用员工的守则。④

公平贸易是执行 CSR 的一个实例。但是，我认为必须去平衡市场机制与对供应商和消费者的保护。对于在遵循行为准则、劳工标准和产品协议的道路上，公司究竟要走多远的路，目前还是一个存在争议的问题，并没有一个简单的答案。例如，沃尔夫说过如果公司遵循 CSR 政策将损害较穷国家的发展。博帕尔村民未必接受这种观点，他们在一家联合碳化物工厂中曾经历过

---

① Ethan B.Kapstein（2001）'The corporate ethics crusade', Foreign Affairs, September/October.

② Clare Short（1997）'Development and the private sector: A partnership for change', at the Institute of Directors, 8 July, DfID, London, p13.See also Facilitator's Report（2002）'The challenges of assessing the poverty impact of ethical trading: What can be learnt from fair trade initiatives and the sustainable livelihoods approach?', Department for International Development, 13 March, available on www.livelihoods.org/post/Docs/trade_pov.pdf, accessed 26 February 2006.

③ Andrew Purvis（2006）'Ethical eating: How much do you swallow?', The Observer, London, 26 February.

④ 详见 http://www.fairtrade.net/pdf/hl/english/Generic% 20Fairtrade% 20Standard% 20Hired% 20Labour% 20Dec% 202005% 20EN.pdf，2006 年 2 月 27 日访问。

沃尔夫型（Wolf-type）条件的影响所带来的痛苦。毫无疑问，那些劳动力成本高于劳动力产出的国家，将在国际竞争力方面遭受困难。的确，CSR 的支持者也没有解决这个问题，并且一些本应做出回应的国际组织，尤其是世界贸易组织与国际劳工组织往往也对此避而不谈。但是，发展中国家的企业需要逐步接受 CSR，因为如果公司争相压低工资水平，让工人在极恶劣的环境下工作，这种"损人利己"的行为最终会降低有效需求和世界贸易水平。

关于全球标准的问题，我同意亨德森的观点：

施行严格而统一的准则的效果尤其在劳动力市场中正大打折扣。以"社会公平"或"绝对"人权为名制定的规则，不论是政府制定的还是企业制定的，都可能减损合约的自由程度，因而剥夺人们的机会。这样一来，那些本来最不幸的人常常变得更不幸。[1]

我非常赞成劳动市场中的弹性，就像亨德森认为，法国每周 35 小时工作制和公司向解聘工人支付双倍赔偿金（源自 M&S）的规定可能降低未来外资在法国的国内投资水平。最近，法国当局已经开始认为过于严格的劳动力市场规则是导致高失业率的罪魁，因此开始批准更为有弹性的劳动合同。

事实上，由于市场的不完全与政府的干预（例如规定最低工资），劳动力的成本通常高于市场价格。例如，在菲律宾，高于市场工资的最低工资具有正反两方面影响。虽然，这一问题在 CSR 领域外已进行了广泛讨论（参见下一章中将讨论的生活工资），但 CSR 支持者还是没有关注这一问题。显然，考虑到最低工资标准的负面作用，CSR 企业不可能支付高于市场工资水平的报酬。然而，归根结底，想要提高劳动收入进而增加有效需求，一种关键的方式是提高发展中国家的劳动生产力。凯恩斯也注意到了通货膨胀的问题。但是，像我一样，他也不会建议那种以利率和通胀的考量为主导的经济政策，而这类政策在许多国家中大行其道。我一直不明白为什么较高的生活标准，在好的工作领域中的更高就业率没有成为重点政策目标，反而主要关注通货膨胀？相反，物价膨胀应该是一个过程指标而非"某个"表面上必须实现的结果或目标。

---

[1] David Henderson（2001）'Misguided virtue: False notions of corporate social responsibility', March, London, UK, IEA（Institute for Economic Affairs）.

为什么关注国内和国际的劳动生产率是重要的呢？虽然这件事看上去是显而易见的。人们普遍认同，在自由化的环境中，工资将趋向于与边际产出率相等。然而，国与国之间的劳动产出率和工资会有所不同。当所有国家都竞相压低工资水平时，希望将工资降低到世界最低水平以使本国市场实现完全就业的出清状态的想法是荒谬的。事实是，各国的劳动生产率趋向于反映各自的相对要素禀赋。此外，那些依靠对科技或人力资源或二者进行投资而处于技术发展前沿的国家，将拥有更高的劳动生产率，进而更高的报酬率。因此，较高的相对工资水平本身不是问题。但在特定要素禀赋的情况下，如果工资与相应的劳动成本比其边际产出率预期得高，那么该国将变得缺乏竞争力，其出口和就业将遭受损失。

在发展中国家，关于根据 CSR 原则对劳动市场进行制度性干预的价值，存在巨大分歧。理查德·弗里曼生动地描述了这一分歧。在分歧的一端，世界银行的经济学家们将政府管制工资、强制投资社会基金、就业保障和劳资谈判看作是对理想世界的扭曲。而在另一端，国际劳工组织的经济学家们强调干预的潜在益处，认为有管制的市场调整起来优于无管制的市场，赞同三方协议与劳资谈判是实现充分就业的最好途径的观点。[1] 弗里曼总结上述分歧认为，既没有什么依据证明前一观点，也没有什么证据支持后一观点。

弗里曼的观点受到了来自西欧的制度主义观点的冲击，像德国、奥地利、斯堪的纳维亚半岛在制度干预劳动力市场上取得了一定的成功（一直到最近）。然而，扭曲主义的观点来自美洲国家，他们的分析人士对比了很少受束缚的美国经济与拉丁美洲的国家干预情况；拉丁美洲干预状况可以被合理地归为"中观"水平的干预活动，因为大多数国家的干预都是在宏观层面进行的，即通过提高利率来控制通胀，同时在中观层面采用其他的手段。弗里曼赞同对此并无明确的政策分析结论，因为它取决于特定国家的经验和它们所在的环境。因此，由于某些特质的存在，在某些国家某些地方有效的干预手段和制度在另一些国家和地区并不适用。

在发展中国家，结构性的调整过程被视为对劳动力市场具有正反两方面

---

① Richard B. Freeman (1993) 'Labor market institutions and policies: Help or hindrance to economic development?' Proceedings of the 1992 World Bank annual conference on Development Economics, Washington, The World Bank.

的作用。① 从短期来看，调整的直接效应在劳动力市场中显现出来，对这一点一般没有太大疑问。对于发展中国家和工业化国家，结构性的调整是很常见的，比如世界劳动分工转换、公共事务的私有化、偿还债务、反通货膨胀政策，或从计划经济向市场经济转变。在所有这些国家中，这种调整都会引起失业……这将无可避免地带来社会问题。② 当政府财政赤字相对稳定是公共半国营企业重组时，这种情况将会出现，这是一个很复杂的主题，不可能在这里深入地探讨，读者可以参考前面两个脚注中的引文。

产品导向的路径能否降低贫困？金字塔底层的财富

普拉哈拉德和哈特在他们闻名世界的著作《金字塔底层的财富》中指出，全世界有 65 亿人，大约有 40 亿人的年人均收入小于 1500 美元（按购买力平价计算）。③ 在财富金字塔的顶部有 7500 万到 1 亿人的年收入超过 20000 美元，有 15 亿~17.5 亿人的年收入在 1500~20000 美元，还有另外 40 亿人的年收入小于 1500 美元。正因为大部分潜在的消费者都是穷人，所以普拉哈拉德和哈特认为市场潜在的被忽视的一大资源正是这刚步入市场经济的数十亿的底层消费者。

在应该为这些贫困的消费者做些事情方面，他们的观点与 CSR 是一致的。面对数十亿的消费者，跨国公司能够增加他们的利益，他们认为，可预见的方面包括"经济增长，利润增加和在人类发展方面难以计量的贡献"。释放消

---

① 参见 ILO（1993）'Patterns of employment growth under changing conditions of labor supply and demand', ILO Governing Body Report, GB258/CE/3/1 October; Tony Addison（1993）'Employment and earnings', in Lionel Demery, Marco Ferroni, Christian Grootaert（eds）Understanding the Social Effects of Policy Reform, Washington, The World Bank, March; Guy Standing and Victor Tokman（1991）Towards Social Adjustment—Labor Market Issues in Structural Adjustment, Geneva, ILO）.

② Stephen Mangum, Garth Mangum and Janine Bowen（1992）'Strategies for creating transitional jobs during structural adjustment', Education and Employment Working papers, PHRD/World Bank, WPS 947, August.

③ C. K.Prahalad and Stuart L.Hart（2005）'The fortune at the bottom of the pyramid', www.digitaldividend.org/pdf/bottompyramid.pdf, 2005 年 2 月 24 日访问。

费资源潜力的关键就在于跨国公司通过技术生产穷人负担得起的产品。他们以印度斯坦利华公司（Hindustan Lever Ltd）为例，该公司是英国联合利华的子公司，它是开发金字塔底层市场的先锋。它进入市场的速度比较缓慢，直到 1995 年，一家叫作 Nirma 的当地企业开始向主要居住在乡村地区的贫穷消费者售卖洗涤产品时，联合利华才开始采取行动。Nirma 成长得很快，斯坦利华公司目睹竞争者正在逐渐赢得被自己无视的市场。于是开发了一款名叫威尔（Wheel）新的洗涤剂，他们发现穷人经常在河水中或者其他公水资源中洗衣服，因此这种新产品大幅减少了产品中油分的比重。斯坦利华公司分散了生产、营销和分销等环节，以更好地利用印度农村的大量贫困劳动力，很快就通过成千上万个小型批发市场建立了销售渠道，这些小型批发市场正是处于金字塔底部的人群最常去的交易场所。斯坦利华公司还改变了其洗涤产品业务的成本结构，由此能够以较低的价格出售威尔洗涤液。此后，斯坦利华公司在 1995~2000 年保持了每年 20% 的营业收入增长速度，它的市值达到了120 亿美元。斯坦利华公司在印度的经验也为母公司带来了收益和启迪，联合利华公司继续在巴西开辟了一个新的洗涤产品市场。

也有其他的机会，不一定非低技术含量的产品不可，因为满足基本需求的方式是很多的。通信是一种基本需求，但是有一半的穷人还从来没有打过电话。对于他们来说成本还是很高。一个人在美国向在瑞士的银行职员打电话，每分钟只要 1 美分，甚至通过 VOIP（网络语音）可以实现"免费"通话。然而，试图在索马里通过打跨境电话将口香糖销售到发达国家，至少需要支付每分钟高达 1 美元的话费，二者存在 100 倍以上的差距。这些成本部分是由制度导致的，正如许多发展中国家将电信服务看作是富人的专享，因而也是一种变相税收形式。此外，也不得不承认，许多发展中国家的个人直接或间接地从与通信公司的种种关联中获得了巨大的利益。

普拉哈拉德和哈特观点中的问题

跨国公司在金字塔底部发展业务明显是有很多好处的。普拉哈拉德和哈特显然发现了那些能够被挖掘和创造的财富。但是，在金字塔中部和顶部也有大量的财富，甚至是更容易获取的。

为了便于计算，我使用普拉哈拉德和哈特在上文中提到的收入区间的上界值来描绘人口和平均收入水平分布。这样，我们姑且认为有 1 亿人的平均年收入达到 50000 美元，17.5 亿人的平均年收入是 10750 美元，还有 40 亿人的平均年收入为 750 美元。

这些数据显示，最穷的第三层群体占到了世界人口的 68%，但只占有总收入的 11%；最富有的等级只占世界人口的 2%，但占有总收入的 19%；而中间等级的情形是世界 30% 的人口占有 70% 的总收入。即使假设最穷那层群体的年收入是 1500 美元（普拉哈拉德数据区间的上限），这个分布也不会有很大的调整。最穷的人占有总收入的 20%，最富的人占有总收入的 17%，中间的其他人占有总收入的 63%。

因此，世界上的大公司选择从最富有和中间阶层人群那里赚取财富是毫不奇怪的，因为在这两个群体中富人的密度更高。显然，在世界上较富裕的地区吸引中等收入消费者的交易成本较低。当东京、米兰或北京这样似乎无限膨胀的大都市中居住着数目可观的、有购买欲望的消费者时，为什么还要费力将手机卖到广袤无垠的撒哈拉沙漠地带呢？即使使用普拉哈拉德和哈特自己的数据，他们的经济观点也存在缺陷。

现在，我并非希望通过反驳普拉哈拉德和哈特的观点来说服有实力的企业忽视金字塔的底部人群，下面将会讲到，我的意图恰恰相反，尤其当考虑到普拉哈拉德的想法能吸引必要的研究、开发及管理技术。但是，针对穷人本身的争论不会帮助世界上的穷人。此外，普拉哈拉德的观点至少还有以下四个问题：

第一，这也是商业界的陈词滥调，即如果商业能在金字塔底部创造巨大的利润，那他们为什么不这样做呢？在一定程度上，他们多年来一直在尽其所能赚取收益。记得在 20 世纪 70 年代中期，我到索马里旅行［这个国家在西亚德·巴雷（Siad Bane）的领导下有一个正常运作的政府］。从首都往北需要半天的旅程，必须依靠四驱车（完全不像发达国家 SUV 行驶在优质道路上的可笑情景），因为走到一半路程时公路就逐渐消失了。接着，我们步行了 1 小时，最后坐船过河，到达了一个人口约 1500 人的村庄，村长在那里迎接了我们。我们人数众多，但作为他们的访客，我们竟喝上了他们用来招待客人的芬达汽水！看来在我们来之前，可口可乐公司就已经将业务推广到这里。那么，如果在金字塔的底端蕴藏着巨大的财富，为什么还有那么多跨国公司还没有采取"挖掘"措施呢？部分原因自然是还没有意识到这一点。

但是，向没有充足购买力的人群销售产品和服务的成本是巨大的。普拉哈拉德和哈特的确认识到要在金字塔的底端搭建一个复杂的商业体系是一项既消耗资源又需要高效管理的工作。"开发出环境友好的可持续性产品和服务需依赖大量研发工作。分销渠道和商业网络的建立和维护也是昂贵的"。但他们还指出"很少有当地公司具有创造这些基础设施的管理性或技术性资源。"跨国公司可以将一个市场的知识和经验迁移到另一个市场，并且可以作为构建商业体系的协调者，向体系中的其他成员输送知识、管理创造力和财务资源。但是，当更容易关注资金在金字塔顶端和中间的位置时，跨国公司为什么要这么做。

普拉哈拉德和哈特没有给出回答，但 CSR 路径或许可以做出更完整的回答。如今，那 40 亿穷人几乎不能为跨国公司带来收益，但随着他们的购买力逐渐增强，他们将成为跨国公司越来越大的市场。这是 CSR 论点的一部分，当跨国公司更为关注他们的利益相关群体时，他们会发现这样做和他们自身的利益是一致的。这一点下面会更详细地进行讨论。但是，普拉哈拉德和哈特的不足在于，他们的观点本质上是一种对于"数量、成本、供给"的考量或经济学家所称的供给学派理论。

第二，是其在本质上忽略了需求方，或者穷人依靠什么来挣得收入。针对如何刺激需求这一点，他们的主要观点是让穷人成为小型企业主。要实现这一点，他们认为主要依靠小额信贷。关于这一主题有大量的文献。总体上看，文献展示了这类方案的成功前景。

这是因为，欠发达的关键问题之一是缺乏以合理的实际利率获取信贷的途径。已经有了一些创新性的方案来弥补这种欠缺，例如由穆罕默德·尤努斯（Mohamed Yunus）及其乡村银行（Grameen Bank）发起的微型信贷。简言之，小规模的储户（大部分是妇女，已经证明她们比男性更为谨慎）每周仅贡献 1 美元的储蓄。这些钱再以贷款的形式借给他们采购物品，而其额度低至 25 美元。例如购买细铁丝围栏来把他们饲养的鸡围圈起来，以防止疾病传播或被捕食者猎食。借款人处于同辈压力（Peer Pressure）①之中，使其根据预先制订的还款计划偿还贷款。99%的贷款都已经成功偿还，而这些资金被用来发展当地经济。不过，每年33%的实际利率被作为最低贷款利率，以此保证信贷基金计划的可行性。

这一方案有两个问题：第一，该方案假定了当地社会有足够的收入来购买这些生产出来的产品；第二，其假定了那些提交并被批准的商业计划是可行的，虽然当地人通常没有经营小型企业的经验，但主要的困难还是该方案能否成功的问题。一旦小规模的微型信贷方案开始实施，并且贷款额度越来越大时，就必然牵涉正式的银行。但是，银行并不愿意把钱借给金字塔底部的穷人，因为他们已经在中等阶层和富人阶层那里赚到了足够多的钱，并且借贷成本更低，借款人更加成熟。当然，发放大额贷款的实际成本比小额贷款低。小规模微型信贷计划的成功是因为其中的部分成本包含在了项目成员无偿奉献的时间成本中。对于较大的金融机构，这些运营成本必须计入实际现金成本之中。

对于穷人来说，没有什么神奇的公式可以令其创造收入（经济学家称为有效需求）。发展中国家大部分新的工作岗位是由中小型企业（SMEs）提供的。当然，一家中小型企业需要市场，如果它能与大型企业建立合作，那么对其开展市场活动将颇有助益。因而大型公司如跨国公司在提升他们供应商的绩效方面所做的努力能够产生多方面的作用。我们将在后面讨论这一问题。但是，有必要指出那些针对供应商的行为准则，虽然是抱着最良好的愿望制定出来的，但它们可能产生的负面效应是使小型供应商很难达到标准进而很难运营下去。

第三，他们与大多数人一样，大力宣扬技术的作用，认为技术能够极大地帮助金字塔底部的穷人。然而，综观世界各地的贫穷地区，依赖技术脱贫的例子很少且不常发生。但是，技术的确能在很多领域发挥作用，比如良种培育（新的杂交水稻产生了巨大的积极影响，引发了20世纪60年代到70年代的"绿色革命"）、便宜的通信，更多地适用技术产品②（例如手摇式收音

① 意指来自储户的监督与压力。译者注。
② 强调技术对市场需求和生产者自身技术能力的适应性或适合性。译者注。

机），治疗腹泻所用的口服补液盐（之前腹泻对婴儿是一种主要致命疾病），以及政府管理系统、安全领域、管理技术本身等方面的技术改进。

第四，在普拉哈拉德的著作中，他正确地指出了问题的关键是创造消费能力，但是他只给出了部分的解决方案，在我看来只是有限的解决方案。[1] 他指出创造穷人消费能力的传统方法是提供免费的商品或服务，但正如第五章所说，他们恰恰没有考虑到慈善行为可能使人感觉良好，但"这种问题解决方式不具有可推广性和可持续性"。[2] 有趣的是，普拉哈拉德建议通过将产品制作成小包装的方式来满足穷人的需要。但是，这种方式的效果是有限的，因为穷人的收入是不稳定的。由于在他们勉强维持生计的生活方式中，并没有足够的现钱一次性购买如一整瓶阿司匹林，因此不得不来回商店很多次，而每次只购买很少的物品。然而这种方式将可能使穷者越穷，原因很简单，他们的交易成本会比富人更高。例如：①从时间角度看，他们不得不花费时间多次往返商店与家之间，而且商店并不总是开在他们便利之处，对于那些肩负家庭责任的妇女们尤其耗费时间；②因为他们不能像富人一样一次购买大量物品，从规模经济中获益；③其中有一个隐含的假定，即穷人有足够多的时间。但通常并不是这样，因为他们必须花费绝大部分的时间，在困难和绝望的环境中去挣得微薄收入以维持生计。

所以，有什么办法可以逃出过去所谓的"贫困陷阱"吗？回答是肯定的，如我在第一章中提出的，企业社会责任的概念对穷人大有裨益，它提供了一种革新式的基础，在此之上，世界的贫困和欠发展问题能够得以解决。并且通过劝说大、中、小型参与者相信 CSR 能够为他们带来财富，我们就能够做到这一点。

---

[1] C.K.Prahalad（2005）The Fortune at the Bottom of the Pyramid：Eradicating Poverty through Profits，New Jersey，Wharton School Publishing.

[2] 同上，第16页。

提高工资将会发生什么——Gap 案例

我要为盖璞公司（Gap）点赞。尽管他们意识到了（额外审查）带来的一些风险，但他们相信保持透明度的积极作用是更加重要的。["播种基金会"（As You Sow Foundation）企业社会责任的集团董事康拉德·麦卡隆（Conrad MacKerron）]。[1]

当活动家们以促使发展中国家企业提高工资为己任时，情况会怎样呢？最著名的案例之一就是服装零售商 Gap，它是美国第一批拟定经营道德规范的企业之一[2] Gap 从坐落于萨尔瓦多（El Salvador）的圣马科斯自由贸易区的文华国际服装厂（Mandarin International Apparel Factory）进货。文华是 Gap 的独立供应商之一，许多工人被解雇是因为试图成立工会来抵制恶劣的工作环境——每天工作 12 小时，过度拥挤和炎热的工厂，压迫式的管理手段，以及约 0.56 美元的小时工资。Gap 也因此广受关注。虽然 Gap 并非唯一一家与文华合作的公司，但美国国家劳工委员会对 Gap 发出警告，将主要的压力施加到了公司头上。Gap 之所以成为劳工委员会的攻击目标，是因为它以不负其良好的公众形象著称。大概一家形象不佳的公司不太可能成为众矢之的，但也不可能获得顾客的积极响应。

在该事件中，Gap 首先取消了在萨尔瓦多的合同，但又考虑到这样做并不能改善那里的工作条件。因此，它与国家劳工委员会签署了一份协议，承诺只有当供应商的工作条件改善以及工会活动的领导复职后才会重新与之建立采购合约。Gap 还承诺为文华改善生产环境提供具体的帮助，并准备请第三方来监督其道德规范的实施情况，在那之前，监督工作由 Gap 的员工承担。

---

[1] 引用 Jenny Strasburg（2004）'Gap finds problems at thousands of its overseas factories, openness on work conditions praised', San Francisco Chronicle, 13 May 2004. 播种基金会是一家旧金山的股东咨询集团，它支持改善企业环境与劳动实践，它如同 Gap 工厂监控报告的顾问，详见 http://www.sfgate.com/cgi-bin/article.cgi? file=/chronicle/archive/2004/05/13/MNG6E6KL7E1.DTL，2006 年 2 月 27 日访问。

[2] 基于 Michael Hopkins, The Planetary Bargain.

一个独立监督团队就此成立，与当时的泛宗教企业责任中心（Interfaith Center on Corporate Responsibility）和商务社会责任（Business for Social Responsibility）共同开展工作。他们设定的主要目标如下：

审查违反 Gap 道德行为准则和当地相关法律的行为。

推动有利于遵守 Gap 道德行为准则和当地相关法律的实践。

鼓励员工培训，让他们了解他们自身权利的基础知识。

审查对员工的虐待行为。

提供一个安全、公正、可靠的冲突解决机制。

培育一个富有成效的、人性化的工作环境。

促进工厂内现有流程的应用，以实现尽可能快地解决问题。

Gap 对合作公司的监督系统一直延续至今。然而，在这次事件中，Gap 虽然收获了良好的公共形象，但其所有改革措施均没能成功。根据"环球交易"——一个非政府组织压力小组，为监督美国境内企业的道德准则实施而成立，Gap 只对监督系统投入了极少的资源，并且将这样的监督推广到同一地区其他工厂的承诺也没有兑现。①

因为这些解决方案和独立监督小组的建立，Gap 已经不同于美国的其他跨国公司。其他的跨国公司虽然也有道德标准，但它们没有授权给独立第三方监督这些标准执行。Gap 的做法为有社会责任感的企业提供了一个范本，至少在与第三方组织打交道方面是这样。它也同样说明了社会责任信念的实现不只是一个梦想，一家大型公司事实上有很多这样的公司，将其自身及合作方的社会责任看得与谋求最大化利润同等重要。

不难预见，Gap 不仅能巩固其良好的公众形象，还将因此而增强盈利能力。不过一家公司一旦开始成为活动家们关注的目标，那么一切就会继续发展下去。但那些一直默默无闻的公司只能甘于被忽视的命运，比如美国埃克森美孚公司。

Gap 的经验对贫困问题产生了哪些影响呢？直接影响不会很大，因为那些为 Gap 工作的人一般算不上绝对的穷人，例如那些日工资低于 2 美元的人。然而，它将对真正的穷人产生重大的负面影响，像 Gap 这样的公司会寻找那

---

① 详见 http://www.globalexchange.org/economy/corporations/gap/overview.html.8。

些比萨尔瓦多更少约束的国家进行投资。Gap 为其雇员开出的高工资可能导致其他行业的劳动力工资水平抬升，以至于工资水平高于劳动产出率，进而引发通货膨胀或失业增加，抑或二者同时出现。

CSR 对减轻贫困有积极作用吗？

CSR 就其本身来说是一件好事，种种原因如它倡导更好地对待利益相关者而改进道德行为标准、改善员工的工作环境、关注当地社区发展、减少对环境的破坏，等等。它还能促进类型 III 发展行动的增加。然而，企业在减贫方面的直接影响（注意我说的是大型跨国公司而不是"小私企"），在"供给"方面是很小的。这是因为：

通常穷人不直接为跨国公司工作。

跨国公司没有创造很多的工作岗位，即使最大的公司也仅雇用 10 万到 20万名员工，而全世界有 20 亿到 30 亿的劳动力。

通常，跨国公司的供应商大多是高技术型企业，很少雇用穷人。

在需求方面，跨国公司可以做的相对较多，比如：

确保产品和生产过程的安全。

制定确保穷人能够支付得起的定价政策（AIDS 药品就是一个明显的例子）。

爱护环境。

制定拥有反贫困措施的发展政策。

与相关当局和国际组织一起努力，确保民主的环境、和平、廉洁，减少官僚化，反对歧视。

总而言之，在应对贫困的议题上，公司有许多事情可以做。但是这些做法似乎不会大幅度地减少贫困人口的数量，特别是企业的主要焦点在于商业活动，很少有跨国公司了解减贫项目，并且也没有意愿来雇用相关专家。除了上面列出的最后一条，其他诸条事项并没有向公司展现出关注反贫困措施能给自身带来哪些好处。公司对设置一个贫困事务部门的意愿是不强烈的，正因为考虑到强调扶贫减贫看起来无助于公司盈利。他们可能会出于公关的考虑来做这些事情，但直接的商业受益仍不明显。我将在最后一章给出一个大型公司拥有"发展愿景"的例子，在这个例子中，"发展愿景"并不意味着一个发展事务部门，而指向公司对自身能够在促进社会发展领域所尽责任的考量，即类型Ⅲ发展的相关选择。

另外，跨国公司嵌入 CSR 的理由是充足的。对于每个利益相关者（通常他们都不在贫困人群之列）来说，施行 CSR 的好处是巨大的。尽管在道德和伦理上，公司介入扶贫事务是可接受的，但对于达拉斯、东京、中国香港和雅加达这样的商业都市，由于这类事务对提升利润影响微弱，因此不被董事看中。正如世界可持续发展工商理事会主席毕约恩·斯迪格杰（Björn Stigson）在 2006 年的日内瓦会议上所说：

"企业参与的边界在哪里？政府在妥善处理社会事务方面遇到的困难越来越大。但我们企业能做什么？不能做什么？我们需要与社会其他参与者共同商讨一下，不同行动者的活动边界在什么地方。"①

_____

① http：//www.wbcsd.org/plugins/DocSearch/details.asp？type=DocDet&ObjectId=MTgyMjM，2006 年 2 月 25 日访问。

第八章　供应链问题

当购买物品与服务时，买进的不仅仅是那些服务，从某种意义上说，购买的是某种声望。[达伦·福特（Darren Ford）][1]

引　言

在 GSR 与发展问题中，供应链是非常重要的，因为大型公司与发展中国家的联系主要体现在与供给商的联系。这些联系一般都是日常性的活动，如由谁向谁供给晨间咖啡，最流行的服饰怎么供货，印着"意大利"或"德国"的顶级名牌服装越来越多地在发展中国家批量生产，比如阿玛尼（Armani）、杰尼亚（Emilio Zegna）和波士（Boss）等。只有设计、样品上色与织造、推广、营销等高端活动（也是高利润回报的活动）在工业化国家完成，甚至目前这几个方面的情况也在发生改变，例如中国已经开始设计自有的流行品牌，印度也在研发它们自己的软件。在过去这些年里，目睹了"日本制造"的寓意已经从廉价的塑料玩具变成了最新的电脑、汽车和电子产品。

但是，大型公司掌握着巨大的权力。就工作机会和收入（后面详细探讨）而言，这些赠予发展中国家的利益可能会因为公司决策的不确定性和灵活性而遭受重创。例如，美体小铺（Body Shop）的创办人安妮塔·罗迪克（Anita Roddick）写道，类似于墨西哥这样的国家中，倒闭工厂的数量惊人。大公司将它们的供货合同转移到了中国，在那里工人的小时工资只有 27 美分，而墨

---

① 感谢达伦·福特，皇家采购与供应学会（CIPS）对早期版本的评论，个人沟通，2006 年 3 月 5 日。

西哥的小时工资是 1.27 美元。[①] 文章提到，沃尔玛在中国一个省就与 4400 个工厂签订了合同。

什么是关键问题？

至少有四个关键问题：

CSR 应该沿着供应链条延伸多远？

不同供应商的相对重要性。

国际标准的范围。

与看似较低成本的选择相比，企业社会责任有多重要？采购方会是改革的积极推动者吗？

CSR 应该沿着供应链条延伸多远？

为了确保公司的社会责任不负其形象，究竟应该考虑哪些供应商方面的问题？供应链究竟意味着什么？我引用《洞察》中一篇精彩报道的定义，"供应链"是指商业过程中从开采原材料到交付物品或服务至客户手中的所有阶段。[②]

这个被普遍接受的宽泛定义意味着在商业过程的不同阶段，对"供给链"的使用方法略有不同：

在物流准确性是营利性重要驱动力的商业活动中（如食品零售业），"供应链"用来描述产品储存与配货转移到零售点的过程。

对于那些生产名牌产品（如香烟、高级软饮、高档日用品等）的公司来说，"供应链"有时被用来指代生产过程的下游部分，即产品生产、存储、运输、推广及销售整个过程所依赖的机制与合伙关系。

公司的供应链可能又长又复杂。英国一家大型综合零售商的供应商可能

① Anita Roddick（2003）The Guardian, London, UK, 22 September.

② Insight Investment Management Limited（2004）'Buying your way into trouble? The challenge of responsible supply chain management', Insight Investment, 33 Old Broad Street, London EC2N 1HZ.

分布在 100 个国家，数量超过 20000 个。一家跨国食品生产商可能依赖着几十万的农民。还有的厂商为了加强其采购合作，只与英国伦敦或中国香港的少量批发商或代理商打交道。这些代理商或批发商再与成千上万的工厂和农场签单，这些小企业依赖转包和家庭作坊来完成订单。通过手术器械、足球和服装的供应链，已经可追溯到工人的家乡，如巴基斯坦、孟加拉国和摩洛哥的村落。因此，公司在这些国家经营业务就要面对全新的、困难的来自文化、业务、物流和道德方面的挑战。

供应商的相对重要性

重要的供应商能获得特别关注，而那些并不处在大采购商控制范围之内甚或未被注意的廉价商品的小供应商，会在终端客户变得太难应付和挑剔时转移到别的市场去。往往正是这样的小事件引起大灾难。戴高乐机场跑道上的一小块金属导致了"协和式"超音速飞机的致命事故；蝴蝶扇动翅膀可能引发若干小时后的飓风；在生产过程中使用过一个未达法定就业年龄的儿童可能会导致零售商的声誉尽毁等。迄今为止，那些将 CSR 标准同样应用到自己的供应商上的企业还不敢将这套标准顺着供应链延伸得太远。[①] 虽然要小心栽培呵护那些最重要的供应商，但同样应该要求他们遵循与买方相同或相似的准则。

国际的标准

供应链的相关外部标准，如 AA1000、SA8000 或者 FLA（公平劳工协会），对于公司形象是至关重要的吗？在发达国家与发展中国家，已有很多关于这些标准的口头和书面探讨。关键议题围绕劳工标准展开，其中最常用的是国际劳工组织的核心劳工标准（ICLS）。然而，这些核心标准并非特别难以达到，而且这些标准一般都在国家层面使用，而非仅限于企业层面。有关这些标准的应用、其效果以及其对企业"底线"方面的影响的最新研究，几乎没有或极为少见。国际劳工组织（ILO）也没有做这些方面的研究，因为出于政治而不是技术方面的考虑，对于国际劳工组织来说，制定新的劳工标准相相对于分析核心劳工标准（ICLS）的影响来说要容易得多。国际劳工组织

---

① 达伦·福特告诉我，情况在改善，他写道"顾客正在主导产品分析，他们意识到，小价值供应商具有重大风险与机遇"，个人沟通，2006 年 3 月 5 日。

（ILO）的劳工标准有 195 条建议，这些建议对于成员国并不是非执行不可的，此外还有 186 条规范性条款（公约），这些规范性条款或公约，一旦获得成员国接受并获得批准，则意味着必须写入本国的法律，① 成为必须实施的约束性条款。国际劳工组织的核心劳工标准（ICLS）包括了这些规范性条款或公约中的八条。

上面提到的《洞察》报告注意到，大多数公司都已经意识到，在供应链企业中违反劳工标准的情形一旦被发现，它们将面临各种风险；有些公司甚至认为，它们有责任将那些违反劳工标准的公司从供应链中剔除。作为一种开端，许多公司已经明确标明它们的供应链图，并且标出它们认为极有可能发生违反劳工标准的国家或供应商。许多公司已经设立了各种审计系统，试图发现与（在一些案例中）解决那些违反劳工标准的问题。其中最为显著的或引人注目的是，基于国际劳工组织的核心劳工标准（ICLS）制定的标准：SA8000（即社会责任 8000）或 FLA 标准（即公平劳工协会标准）。

缺少一个统一的行为准则框架，即一个供应商面对不同的购买者时不得不遵从不同的准则，使未来的行为准则面临着不确定性。显然准则的效用在于，它可以提醒遵循这些准则的人与那些不遵循这些准则的人打交道时，必须小心谨慎。当然，随着供应链的不断扩展，说明或判断谁遵循或没有遵循这些行为准则，会变得越来越迷雾重重。达伦·福特提到一种可行的方法，据他说这种方法闻名于理论界，但只在个别跨国公司中真正实施过，这种方法被称为"无序治理"，即在这种治理结构中，没有处于垄断地位的一方，各方通过签署一份谅解备忘录（Memorandum of Understanding，MOU）进行治理。②

《洞察》报告亦指出了企业社会责任问题的另外一个方面。据其观察，截至目前，一些居于发展中国家的西方公司一直被看作是"被动的旁观者，其失败的根源在于，对于一些发展中国家'愚昧的'或'没有原则的'供应商

---

① 一些国家批准了公约，并写入法律，但并未实施——比如乌兹别克斯坦，在 ILO 网站可以查阅到"8 年来，委员会非常遗憾一直没有收到乌兹别克斯坦的报告"。1996 年公约第 47 条、第 52 条、第 103 条和第 122 条一直未收到；1998 年公约第 29 条和第 100 条一直未收到；1999 年公约第 98 条、第 105 条、第 111 条、第 135 条和第 154 条一直未收到。委员会相信乌兹别克斯坦政府不会违反提供履行公约报告的义务，如果必要，按照其宪法义务，可以要求委员会提供适当协助，ILO 面对顽固的政府实在无能为力。
② 达伦·福特，个人沟通，同 P167 脚注①。

违反劳工准则的泛滥视而不见"。[①] 报告认为，一些公司的自身购买行为，例如购买方施加价格压力、要求更灵活更快捷的产品交付等，可能恶化了劳工标准问题，削弱了其供应商遵从买方公司自身伦理交易准则的能力，在助长违反企业劳工行为准则方面，起到了火上浇油的作用。[②]

除了劳工问题还有其他问题，例如经营中的透明性问题。第三章中的采掘业透明化方案（Extractive Industries Transparency Initiative，EITI）就是这方面的一个例子。此外，还与供应商的其他利益相关者密切相关的那些问题，例如本地消费者（不是所有的供应商的产出都只有一个消费者）、政府、当地社团、环境（没有在本书中讨论）、本地股东、当地管理者等。然而，引起人们关注的主要问题还是劳工问题。那么，为什么多数大公司使用发展中国家的供应商呢？很明显，这是因为丰富的劳动力与低廉的劳动力成本。后面会详细讨论这一问题。

企业社会责任有多重要？

当购买者为寻求一家有价格优势的供应商而面临重大压力时，企业社会责任在供应链中应该被赋予多大的权重？直至今日，购买者视 CSR 为"不是我的事"，因而他们会毫不犹豫地摆脱任何他们认为有碍其取得高绩效的事情，的确很多公司具有强大动机这么做。正如《洞察》报告写道：

购买商通常更倾向看重价格、订购、节约成本等。他们会因为以便宜价格采购到新颖和令人激动的产品而感到得意与满足。他们没有动力去考虑更为宽泛或更为长期的问题、考察供应商的生产状况，或是考虑其长期无形资产，如诚信或公司声誉等。在其对伦理或品格感兴趣的某些情形下，购买商们会发现自己被迫陷入了一种"双重考虑"的困境。他们意识到了他们供应商的问题，但是却没有机会去改变什么。在这种情形下，由于会导致个人层面与动机层面的深层冲突，此时真是无知胜有知。[③]

公司与一般消费者拒绝支付或抵制以剥削方式生产的产品，引发了许多工业化国家给予企业社会责任问题的高度关注，因而随着时间的推移，后一

---

① 投资管理有限公司，2004 年，第 8 页。
② 投资管理有限公司，2004 年，第 8 页。
③ 投资管理有限公司，2004 年，第 32 页。

种观点可能会有所改变。如果视 CSR 是一种良好的行为模式，那么购买商在这一改变过程中也同样能发挥积极作用。① 虽然在公司社会责任领域变化是缓慢的，但消费者的行为已经表明，他们愿意为那些他们所知道的"干净地"（Cleanly）② 生产出来的产品付稍高的价格。然而，正如我们在第三章关于沃尔玛的报告中描述的那样，许多公司仍然拒绝加入这种改变过程。

实施企业社会责任的压力，另一部分则来自政府机构。例如，英国政府商务部（Office of Government Commerce of UK Government）的一份报告指出了一些这样的问题。③ 该报告以某种官僚语调强调指出，政府采购人员需要知道社会立法，这在某些特定环境下可以使他们富有责任感，或在处理其与承包商间关系时，肩负起责任。

另一项源自政府的众所周知的规划，是英国交易道德协定（ETI）。④ 英国交易道德协定认为，道德贸易或道德采购意指，公司应在其整个供应链中承担起维护劳工权利和人权实践的责任。英国交易道德协定制定了一套行为准则，期望其供应商能够遵守。这套行为准则，基于国际劳工组织的劳工标准，设定了最低劳工标准。然而，英国交易道德协定并非不存在争议，因为英国政府在国际贸易中一贯采取双重标准且饱受各方的批评：例如，支持与一些流氓政权进行军火交易，在这些政权中，所谓的劳工标准，无非就是提供足够的水和面包，以便维持从事强迫性劳动的犯人能够活命的水平。在乌兹别克斯坦，英国驻乌大使（UK Ambassador）克雷格·默里（Craig Murray），仅因揭发乌兹别克政府在劳工和人权上的恶劣行径，遭到英国政府被迫离职，就是一个例子。地缘政治因素，乌兹别克斯坦南部的美国大型空军基地意味着，类似于强制性劳动、非法买卖儿童和虐待犯人（包括活煮一个不幸的穷人）等问题，大部分被英国政府故意隐瞒起来，据说可能出于为了保持他们与美国当前"特殊关系"的原因。

当然，英国交易道德协定的制定者并不赞同英国政府所有甚或任何的不

---

① 感谢达伦·福特的建议。
② 意即以遵循企业社会责任标准的方式进行生产。译者注。
③ Office of Government Commerce (2005) 'Joint note on social issues in purchasing', Social procurement group, June, Trevelyan House, 26–30 Great Peter Street, London SW1P 2BY , www.ogc.gov.uk.
④ http://www.ethicaltrade.org。

当之举，然而其声誉却遭到严重损毁，因为英国政府在国际关系中的正直形象在近几年来数次曝光度极高的事件中受到了质疑。

供给链在社会发展中发挥了什么作用

跨国公司通过两种途径创造就业职位：一种是在主公司中直接地创造就业职位，另一种是通过供应商、分销网络和公共服务等间接地创造就业职位。这两方面的经验数据都十分匮乏。文献查阅表明，20 世纪 90 年代初，这是一个讨论得十分活跃的主题，因为 1994 年日内瓦联合国贸易和发展会议（UNCTAD）上发布了有关这一主题的重要报告。然而自此以后再没有什么新进展。

根据联合国贸易和发展会议的报告，20 世纪 90 年代初，全世界 100 强跨国公司的投资存量占投资国对外投资（FDI）总存量的 1/3。[1] 这些跨国公司拥有 1200 万名雇员，占其在国外工作的全部就业人员的 40%。实际上，联合国贸易和发展会议的报告估计，1992 年，在跨国公司直接雇用的超过 7000 万名的员工中，只有 1200 万名是它们在国外的分公司雇用的。如此看来，跨国公司在大多数发展中国家直接创造就业的效应很小，因为假设全世界的劳动力大约是 20 亿，[2] 大部分分布在发展中国家，跨国公司雇用的员工总数大约只占世界全部劳动力的 3%。

当然，间接雇用的情形就不同了。这其中的一方面是"离岸外包"（Off-Shoring）现象，在"离岸外包"中，供应商提供通常由跨国公司在境内提供的服务。这类现象虽然在数量上还在不断增加，但是其形成的就业规模也仅仅是数百万而已。虽然没有全球数据的估计，但是一个被广泛引用的来自麦肯锡公司（MCkinsey）关于美国的预测数据表明，到 2015 年，大概有 330 万美国经济活动职位会转移到国外。[3] 2003 年 7 月，已经有 40 万职位外流出美

---

[1] UNCTAD (1994) World Investment Report, Geneva, UN, p208.

[2] 根据作者粗略的估计，20 世纪 90 年代中期世界人口大约 60 亿，其中的 40%，即 24 亿人是劳动人口。

[3] http://news.com.com/Who+wins+when+jobs+move+offshore/2030-1014_3-5096283.html，2006 年 1 月 28 日访问。

国。然而，考虑到美国有 1.4 亿就业职位，即使到 2015 年，外流职位也只占到美国总就业职位的 2%左右。

当只有蓝领就业职位外流时，"离岸外包"现象并不会引起人们的注意，因为随着发达国家从非技能生产向技能生产、脑力密集生产的转型，这种现象视为经济结构调整的自然现象。例如，随着美国东南部的一些公司将纺织制造业的生产转移到了中国和东南亚，它们关闭了部分车间和工厂。近年来，"离岸外包"现象不断延伸，已经进入了所谓的白领职位范围。印度是这种现象的主要受益者。根据麦肯锡公司的预测，到 2008 年，印度的 IT 服务和后台管理事务将增加五倍，达到年出口 570 亿美元的产业规模，雇用 400 万人，占印度国内生产总值的 7%。[①] 例如，大公司已经将他们的话务中心转移至印度，因为那里的人工费率[②] 比美国低 50%~80%。

但是，多数评论家都认为，"离岸外包"现象既有利于流出国，也有利于流入国。通常认为，国内市场的效率提高会导致成本的降低，从而促进高速增长。很明显，受雇的员工并不接受这种观点，例如在话务中心工作的员工，他们认为他们的工作被转移到了国外。这些工人通常是非技能工人，没有接受再培训的可能，也找不到其他的非技能工作。企业社会责任的观点并不是要停止"离岸外包"这一过程，而是要确定承担社会责任的企业重构方案，以便帮助那些因此而受到牵累（即本土失业）的人们。[③]

在发展中国家，关于就业创造问题讨论最多的一个方面是建立或扩大出口加工区（EPZs）。根据上面提到的联合国贸易和发展会议报告，20 世纪 90 年代初，分布在大约 60 个国家的 200 个出口加工区，提供了大约 400 万个就业岗位。不难想象，这些出口加工区严重缺乏劳工标准，并且工资也是最低的。工人们蜂拥而至，并不是因为出口加工区工作条件优良，而是因为环绕这些地区的工作环境极端恶劣。对于那些寻求工作的人来说，只要找到一份工作就行了，根本顾不上考虑工资的高低。尽管人们对此兴趣强烈，并且就业岗位数量比 20 世纪 90 年代初翻了一番，但其数量仍然很小，还不到全世

---

① http://www.mapsofindia.com/outsourcing-to-india/future-for-outsourcing.html，2006 年 1 月 28 日访问。
② 指小时工资或人工成本。译者注。
③ 详见 George Starcher （2002）'Socially responsible enterprise restructuring'，October，Monthly Feature，www.mhcinternational.com.

界就业总数 1% 的 1/5。

　　显然，跨国公司在就业角度上的关键问题是间接的就业创造。联合国贸易和发展会议报告估计，跨国公司间接提供的就业岗位大约为 1.5 亿，是直接就业提供的两倍多。再加上直接创造的 7000 万就业，跨国公司共创造就业机会 2.2 亿左右。如果假设就业数量的增长近似地等于世界人口的增长，1992 年到现在世界人口增长约为 2%。那么，到 2005 年时，跨国公司直接和间接提供的就业机会可达到 3 亿，大约占 26 亿世界就业人员的 12%（26 亿等于 2005 年世界人口 65 亿的 40%）。虽然这一数字看上去很重要，但每 7~8 个世界就业人员中来自跨国公司创造的就业却仍然只有 1 个。可能更重要的是，跨国公司在全世界直接或间接创造的 3 亿就业，可以获得高于平均水平的工资，而且随着全世界的关注点转移到发展中国家的就业质量问题上，提高与跨国公司相关的员工质量和支付工资，成为人们关注的一个新问题。

什么是需要考虑的劳工问题？

　　通过处理供应链中的劳工标准和关注支持的不断变迁，采购方能够在这其中产生重大影响。这样的一个例子来自中国。希拉里·萨特克利夫（Hilary Sutcliff）领导的 Impactt 团队的研究发现，工厂工人通常每月工作 400 小时以上（一天 12~13 小时，或者一周 80~90 小时），几乎是法律规定时限的两倍。[①] 工人们经常被迫加班，每月几乎没有假期。可想而知，这种做法自然会降低效率、导致事故频发、引发工人不满和高离职率。

　　Impactt 的报告指出，一系列内部和外部的供应链实践都驱使着过度的加班。外部因素包括采购方的购买行为，除了紧迫的交货时间、后期样本批准外，这种购买行为还包括合同规定的由生产商或厂家承担产品延期交付的产品的空运成本。

---

　　① Hilary Sutcliffe（2005）citing Impactt，在其《中国的加班文化》中发表了公开报告，报告定名为"转换时间"，http：//www.impacttlimited.com 可阅。

报告关注指出的驱使过度加班的内部因素，主要包括缺乏效率的内部生产系统、混乱或糟糕的人力资源管理，以及无效率的内部沟通。Impactt 与 11 家采购公司及其供应伙伴合作，历时三年，旨在验证如下结论，即通过处理过度加班的影响因素，在保持工资水平不变的情况下，可以有效改善工作条件或环境，逐渐缩短工作时间。在该项目研究期间，工厂提高了生产率、改进了产品质量、稳定或提高了工资，并且降低了工人离职率。大部分情形则是，显著降低了工作时间，提高了工人每月休假天数，在趋向符合中国严格的劳工法律方向上获得了显著的进步。

除了提高生产率，这一研究的更大成功之处在于，工厂管理承诺，更为开放地接受新的工作实践，采购公司承诺和参与以及各方之间的透明度等方面，都发生了可喜的变化，取得了巨大的成功。报告还就如何处理与供应商的长期协作、提供变迁或改进支持、开发更富有责任的购买行为等问题，对采购公司提出了质疑。使买进行为具有了更多的责任。这一研究强调了这样一种观点，"即使在最为难以应付的领域"，CSR 视角或方法在处理劳工实践方面具有"积极的作用，并就如何在整个供应链中整合融入上述的变迁或改善，向购买方提出了挑战"①。

前面提到的《洞察》报告列举的购买公司在供应链中可采取的一系列行动，包括了劳工问题的关键方面。这些方面主要是：

（1）制定行为准则：不同的行为准则设定了什么是公司认为可以接受的最低标准。一家公司可以设计自己的行为准则，也可以直接实施一些由外部组织设计好的行为准则，比如上面提到的行业协会或商会或英国道德贸易组织（ETI）。多数准则的设计都是基于国际上认可的，包含国际劳工组织公约（ILO Conventions）中的劳工标准（见专栏 8.1）。

（2）实施风险评估：这是通常所指的案头评估（Desk-base Assessment），用来确定哪家供应商最有可能违反这些标准。

（3）培训员工：为了确保采购公司熟悉劳工问题，确保直接参与购买过程的雇员具有他们需要的相关能力或技能，为了确保供给商的相关管理者清楚知道相关规定或要求，必须制定与实施大范围和持续的培训项目。

---

① 指上述研究报告的第 4 页。译者注。

（4）实施道德审计：这包括考察供应商的生产设施，探访管理者与工人，评估其是否遵从了行为准则。审查既可以通过内部员工（通常是产品技术专家或质量代理人，偶尔可能是采购方）完成，也可以通过外部专家完成。

（5）拟定改进计划：基于审查结果，拟定一系列改进建议令供应商实施，以便达到所要求的道德标准。理想的情况是，采购方与供应商合作，帮助供应商达到所要求的道德标准。

（6）报告/披露：公司大都向公众或社会发布其供应链政策和它们执行这些政策的进展的一般信息。然而，这种方法无非是一家采购方发现其供应商问题，指出并令他们纠正问题，或者最理想的情形，是与他们一起来修正问题的一种方法。该方法没有将供应链看作一个整合的系统或整体，并且最重要的不是关注采购公司的行为如何实际影响供应商使其达到这些道德或伦理标准的能力。

专栏 8.1 将不同行为准则划分为九个关键部分，其中包括国际劳工组织的核心劳工标准（ILO Core Labor Standards）、联合国全球契约（the UN's Global Compact）中的四项劳工原则，以及英国道德贸易组织（没有一个是相互排斥的）。值得注意的是，不论是联合国全球契约，还是国际劳工组织的核心标准，都不能涵盖此表中所列有关劳工的所有关键问题。当然，更多其他的项目包含在超过数百条完整的国际劳工组织的劳工标准中。因此，那些自称遵从了国际劳工组织核心标准的公司，事实上并没有涉及一些重要问题，例如禁止虐待员工、禁止过度加班和应支付足够的生活工资等。

专栏 8.1　　　　企业行为准则包括的典型问题

（1）自由选择就业：雇用者不得使用狱中劳役（Prison Labor）或者任何形式的奴役性的劳动。只要其愿意，（经适当提前通知后）员工享有自由离开的权利。不得或禁止通过扣压他们的护照或身份证来强行扣留他们。（GC，ILO，ETI）

（2）结社自由：员工享有组织与参加商会并且进行集体谈判的权利。（GC，ILO，ETI）

（3）安全和健康的工作环境：工作环境和条件要到达适当的健康和安全标准。（ETI）

（4）禁止雇用童工：禁止雇用低于法定就业年龄的童工。必须采取适当措施解除雇用的童工并使其返回学校接受教育。（GC，ILO，ETI）

（5）支付足够的生活工资：雇员工资最少应达到本国法定最低工资水平，鼓励企业支付它们足够维持生活的工资。雇员还应该收到一份工资单和工资的详细分类单。（ETI）

（6）禁止过度加班：工作时长应该遵从本国的法律规定，并且在任何时候，连同最多 12 小时的加班时间，每周工作时间都不得超过 48 小时。加班应该是自愿的，须征得雇员的事先同意。（ETI）

（7）禁止歧视：在聘用、晋升、培训或其他任何事情上，雇用者不得以任何理由，包括种族、民族、性别、社会地位、工会会员等，在任何方面歧视员工。（GC，ILO，ETI）

（8）正规就业：应尽可能与雇员签订适当的雇用合同，安排全职雇用。雇主不得以任何子合同或单一劳动契约关系为由，逃避社会保险支付、带薪病假和产假以及其他利益支付。（ETI）

（9）禁止虐待或不道德对待员工：禁止对员工进行身体上、语言上的虐待，或者性骚扰。（ETI）

注：GC 表示联合国全球契约包括的这些劳工问题；ILO 表示国际劳工组织的核心劳工标准；ETI 表示英国道德贸易组织。

资料来源：因赛特和阿科纳（2004）：《负责任的供应链管理面临的挑战》，第 19 页。

生活工资——支付什么？

关于生活工资问题，有很多热议，但很少有人关心。支付雇员一定的工资，满足他们和他们家庭生活的基本需要，这是一个很容易达成共识的问题。一些人，如阿尔瓦罗·J.de 雷吉里（Alvaro J. de Regili）认为，在企业社会责任中没有最低生活工资，是"不负责任和不可持续的"[1]。然而，和其他人一

---

[1] 例如关于最低工资和企业社会责任的讨论，http://www.jussemper.org/Our%20CSR%20Concept/Resources/CSRwithoutLW.pdf，2005 年 11 月 6 日访问。

样，他也没有详细地说明他所说的具体含义。显然，"剥削"定义有许多变种。大多数人将关注点放在了"生活工资是什么"这一棘手的问题上。

在许多西方国家，生活工资与"最低工资"联系在一起，主要是通过谈判或政治压力来设定。结果是，该工资为公司和公共部门提供了一个工资的底线，但是这一底线通常几乎不能满足基本需求，特别是房租。主要的问题是基本需求是什么并没有一个一致看法，而且事实上基本需求也无法客观地加以确定。分析家们已经奋斗多年，试图寻求确定贫困线的水平，但这里也没有一种客观的设定贫困线方式。[1]

那些不能满足其基本需求的人是贫困的吗？这取决于如何界定贫困线与基本需求的水平和构成。基本需求的定义可以分为物质需求和非物质需求两部分。其中物质需求包括诸如食物、住房、穿衣、安全饮用水、足够的健康和教育等。非物质需求则包括诸如参与权、人身自由和社会公正等。[2] 有些人可能处于基本需求贫困状态，例如处于住房贫困线以下，然而在其他方面，如食品消费则超过了贫困线水平。那么，这些人算贫困吗？就如上面所说，贫困和贫困线的确定是价值判断，所以没有一种客观的方法确定贫困线。如果一些国家试图把不能满足任何一种基本需求的所有公民全部列入贫困行列，那么贫困人口的总数一定远远大于依据基本食物需求水平设定贫困线时的贫困人口总数。

基于食物消费的贫困线，如世界银行通常所界定的那样，可能更为实际一些，因为人们不会因此陷入关于相对贫困的争论。例如，一个家庭可能缺少食物，但有住房水平在最低水平之上，因此从住房标准判断他们并不是穷人。一个可供选择的方法是，对于确定的基本物质需求，一个家庭或个体只要有一项基本物质需求处于至少一项标准之下，就可以认为这个家庭或者这个人是贫困的。但是，非物质基本需求如何量化呢？即使我们可以量化"自由"或"参与"，那么任何贫困线的设定都有可能将某些非洲国家的全部公民都包括在贫困行列。最好还是实际一点，用一种简单的方法，而不是复杂的

[1][2] 尝试去定义基本需求，以及衡量基本需求的指标并设置基本需求的等级式目标，详见 M. J. D. Hopkins and R.Van Der Hoeven（1983）Basic Needs in Development Planning（published for the ILO），London，Gower.

方法来测量贫困或生活工资。尽管缺乏客观性，但是许多国家还是努力设定了一个贫困线以及与此相关的最低工资。

一个关于在印度尼西亚的联合利华的活动报告发现，在工资方法，成本压力迫使工厂把工资降低到可接受的水平以下。[①] 另外，加班也可能不按规定的最高水准给予加班费。成本压力可能直接导致健康和安全降到很低的水平，并且可能使用工人的弱势群体，虽然这没有显著的证据。联合利华还发现，尽管存在一个法定的最低工资标准，仍然很难在给定的背景下判断跨国公司的工资水平是否合适。例如跨国公司支付的工资应该高于法定最低工资的多少才是合适的呢？

经济学家对最低工资的争论由来已久，市场经济学家（也叫新古典主义者）对最低工资持反对态度。例如，拉尼斯（Ranis）认为，不论是来自工会的压力还是政府的压力，如果通过法定最低工资而不断提高了实际工资水平，那就势必会有损于丰富的非技术劳动力的充分利用。[②] 洛佩斯（Lopez）在一篇文献评论中指出，"最低工资"不仅因其扭曲效应导致了社会总收入的损失，而且会降低每个员工的培训水平、平均终身工资和能接受培训工人的数量，这都不利于员工。[③]

这里至少有九种观点反对确定最低工资标准：

（1）它会导致更多的国外劳动力，甚至是非法劳动力。

（2）如果设置的最低工资高于市场出清工资，就会导致通货膨胀。

（3）高失业率期间会给劳工错误的市场信号。

（4）它会降低就业率。

（5）这会对年轻人首次就业选择产生负面影响。

（6）通过增加劳动监督的需求它将提高企业行政成本。

（7）这势必会恶化收入再分配。

① Jason Caly（2005）Exploring the Links Between International Business and Poverty Reduction: A Case Study of Unilever in Indonesia, An Oxfam GB, Novib, Unilever and Unilever Indonesia joint research project, first published by Oxfam GB, Novib, Oxfam Netherlands and Unilever in 2005.

② G.Ranis（1973）'Unemployment and factor price distortions', in R.Jolly（ed.）Third World Employment Problems and Strategies, London, Penguin.

③ R.Lopez（1992）'On-the-job training, minimum wages and the structure of Production-a general equilibrium analysis', The World Bank, Working Paper, PHREE, September.

（8）它会导致社会忽视那些失业者和容易受伤害者人群。

（9）通过使低薪活动逃避公众审查，它势必对剥削产生激励作用。

支持生活工资或最低工资主要的观点是，生活工资或最低工资有助于阻止在低工资水平上剥削劳动。但是在发展中国家，如果不是绝大部分至少也是许多人，都不能在法律保护的正式部门中工作，因为那里的最低工资法十分严格。他们都在所谓的非正式部门中工作，那里即使不是所有法律无人问津，但至少最低工资法，通常如此。同时，商会主张采用有利于雇员的谈判方式来确定工资水平。事实上许多集体协议中都明显地含有最低工资条款。然而，在发展中国家，商会通常只包含一小部分劳动力，显而易见，他们不会花费很多时间来关心非商会会员，而这些人通常更可能受雇于非正式部门。

那么，所有这一切将我们带到了哪里？答案是实用主义。在拥有最低工资法的国家，企业不得不支付这样的工资。然而事情并不像看上去那么简单。有些国家最低工资标准随着地区的不同而不同，这取决于当地不同的生活成本。因此，跨国公司在一个国家支付满足其中一个地区要求的最低工资，可能并不满足另一个地区的最低工资要求。跨国公司所在国的消费者不了解其中的差别，也不明白它的复杂性。

还有一个问题悬而未决，那就是那些没有最低工资法，或者因为通货膨胀等原因使最低工资严重低于感知生活水平的国家。如果说确定满足雇员如食物等基本需求最低工资是充分的话，那么若将其家庭考虑进来，其状况又如何呢？如果该雇员是这个家庭唯一一个拥有一份"不错"工作的成员，情况又会怎样？还是那样，实用主义是唯一的答案。充分的"生活"工资应该保证一个雇员至少达到以下标准：

◆ 满足雇员与他们的直系亲属的日常基本食物需求。

◆ 能够支付小康或体面住房（a Modest Home）的基本房租（Basic Rent）。

◆ 满足雇员与他们的直系亲属体面的服装需求。

◆ 满足雇员及他们的直系亲属的基本健康与教育需求。

◆ 能够支付上下班的交通成本。

除了上面列举的，ETI 还增加了如下法律条款：①

---

① 访问 http://www.ethicaltrade.org/Z/lib/2000/06/livwage/index.shtml，2006 年 1 月 29 日。

◆ 支付给雇员的标准工作周的各种工资与福利，不论哪一个标准更高，最少要达到国家法定标准或行业标杆标准。不论在何种情况下，工资都应该总是足够满足基本需求，并提供某种临时性收入。

◆ 在员工正式进入就业或受雇之前，应为所有员工提供书面且可理解的信息，告之其与工资相对应的就业环境或条件；每次支付工资时应为所有员工提供书面且可理解的信息，告之其工资所涵盖的支付期间的相关细节或详细清单。

◆ 严禁以减扣工资作为一种纪律约束措施；未经当事人书面许可，严禁国家法律明文规定允许范围之外的任何工资减扣。所有的纪律约束措施都要记录备案。

ETI 附加的条款，包括什么是基本需求的附加条款，看上去已经足够合理，但是这些仍然不能应用于数目庞大的自我雇用领域或农业工人领域，因为正式合约并不包括这些领域。生活工资是否高于"市场工资"，也是一个关键问题。如果员工乐意在低于市场工资的条件下工作，那么企业将只支付更低的工资，即所谓的寻租。当然，如果从供应链顶端较为正式的公司，向供应链底端较不正式的公司看过去，寻租问题无处不在。这种类型的寻租行为将导致那些支付"生活"工资的企业破产。我在《星际协定》一书中对此进行了讨论。我认为随着时间的流逝，达成某种"协定"的运动将不断向前推进，在这种协定中，所有企业都赞同，不再相互拆台，最终"流氓"企业将被根除。① 然而，当生活工资显著高于市场工资时，绝不能允许工资的跳跃性增加。这种状况除了会导致履行社会责任的企业失去竞争力外，还将引发通货膨胀。为了防止负面的影响，在一定时期内需要持续推进实现"生活工资"的运动。具体需要多长时间能够实现"生活工资"，取决于当地的条件。

不发达国家中的中小企业

前面提到的十年前的联合国贸易和发展会议（UNCTAD）报告表明，在发

---

① Michael Hopkins （2003） The Planetary Bargain: CSR Matters, London, Earthscan.

展中国家，直接或间接的源自于跨国公司所获得的就业数量相对较小。发展中国家的绝大部分就业分布于农业、公共部门和中小企业。随着经济不断发展，随着时间的流逝，农业越来越变为资本密集型产业，就业量因而不断减少。历史上吸收了大量就业，公共部门也会随着经济的发展不断削减就业数量。随着私人部门工资的持续改善，公共部门对效率的关注，会导致公共部门就业数量的削减（如果这意味着一个工资与效率更高的公共部门，这倒不是什么坏事）。存在一个增长的主要领域，即中小企业（SMEs）。顺便说一下，这不仅仅是发展中国家的事实，发达国家也如此。

因此，中小企业的问题以及如何培养中小企业、促进中小企业成长和使其更有效率，则成为任何发展努力的一个主要纲领性问题。各种国际机构（以及从较小范围来讲的发展中国家的政府）积极探索的两个关键领域，是如何可以获得信贷和包括企业培训在内的技能培训机会。在第三章中的案例研究中曾经指出，跨国公司也已经意识到，这是一个关键领域，并且已经开始帮助中小企业的发展，特别在信贷和技能培训领域。跨国公司适宜地将此视为较纯粹的慈善之举更好地实现 CSR 功能的类型Ⅲ而非类型Ⅰ发展方式。

但是，中小企业自身的 CSR 怎么样呢？可能有人会说，发展中国家的中小企业（包括小型农业）即使不考虑其 CSR 问题，自身也面临着足够多需要担心的问题。但是，CSR 的许多内容已经是常识，有时候是如此显而易见但却被忽视了，例如识别并友善地对待你的客户。

不仅如此，恰如斯蒂芬妮·德雷珀（Stephanie Draper）所指出的，"事实上小企业对品格良好、多技能员工、强大的人际关系和成功处理本地关系拥有更高要求，意味着小企业能够成为企业社会责任繁荣的良好环境。[①]虽然她是在指英国的中小企业，但是发展中国家的中小企业也是类似的。根据对小企业的管理者和所有者的采访，她认为小企业拥有社会责任的主要动机包括如下因素：

（1）员工培训——能够开发出新技能与胜任能力。

（2）改进文化——强化员工的工作动机和认同感。

---

① Stephanie Draper（2000）Corporate Nirvana: Is the Future Socially Responsible? London, Industrial Society, p15.

（3）声誉——强化企业在本地的形象。

（4）招聘——增加与潜在录用源的联系。

（5）效率——聚集产品与效率的创新能力。

（6）企业责任——通过履行更广泛的责任，提高个人满足感。

（7）客户——扩大客户群。

曼谷的一个自行车轮胎修理工，波哥大路边的压榨鲜果汁提供者，或者内罗毕花卉市场的专家，他们看上去没有什么内在联系。然而，若通过至少采纳上面列出的七个观点中的几项，他们每个人都会发现，他们的生意获得较大改善。若使 CSR 持续地繁荣，必须采纳这些措施，全世界的每一个人也终将采纳这些措施。

影响能测量吗？

更准确地说，供应商的 CSR 能通过有意义的方式测量吗？大型企业发展运作的影响能测量吗？

到目前为止，有关这种类型测量的尝试很少或几乎没有。达伦·福特告诉我，在一个公平竞争环境建立起来以前，这种影响是不能有效测量的，这种公平竞争环境确定了关于组织提供其在供应链中所采纳的相关行动报告的必要性条款。[①] 当然，可以通过全国家庭调查和人口普查评估一个民族国家这种发展的进展情况。企业也开始就其经济绩效展开社会调查，这其中可能包括关于他们社会绩效的一些问题。大企业的行动报告一直不断，主要报告与三重底线相关的那些行动。三重底线指环境、社会和经济。这种积极的发展是值得赞赏的，然而认识到企业报告经常会掩饰一些应该揭露的东西是很重要的。因此，一个企业真正的绩效并不能通过他们的报告准确地反映出来。

为了努力缩小企业自己报告的绩效与实际社会绩效间的差异，全球报告

---

① 达伦·福特告诉我，情况在改善，他写道"顾客正在主导产品分析，他们意识到，小值供应商具有重大风险与机遇"，个人沟通，2006 年 3 月 5 日。

倡议组织在其《可持续发展报告指南》（以下简称《指南》）中设计一套标准化指标，为企业提供了一个撰写与发布企业报告的模板。[①]《指南》明确列出了报告的原则，建议的内容，以及关于经济、环境与社会绩效的特定绩效指标。虽然绩效指标还要不断地修订与完善，但是经济部分已经将直接影响进行了归类，分别是与客户、供应商、雇员、资本提供者和公共部门的有关的指标。另外，间接经济影响只有一个指标是 EC13，它要求企业"明确列出与其产品和服务密切相关的主要外部性"。

间接经济影响的混乱与意义模糊不清使有关企业间接经济影响的报告相对缺乏，或根本不存在，或没有。这一问题的意义在于其影响商业在实现千年发展目标中作用的定位。全球报告倡议组织在 2002 年的《指南》中明确指出，"随着政府和公民社会开始量化千年发展的进步时，他们必将考虑量化商业在这一过程中的贡献。"

上面报告提到的两个问题的框架会是什么样子呢？一种可能就是运用我已经提出的那个框架，并且已经在数种场合下用它来评估一个公司的 CSR。这里，我修订了该框架，使其更适合发展中国家的供应商。

我从基本理论框架开始，这个框架首先由唐纳·伍德（Donna Wood）教授在美国开发出来，而后将其应用于数十家公司的 CSR 评估。这一工作在别处已经有详细描述。[②]

简单地说，这一框架循着商业组织的基础结构，从三个层次测量 CSR：

层次 I：社会责任的原则

这些原则的应用层次是体制性或制度性的，是基于作为商业组织的企业的基本责任。这些原则的价值在于界定了商业与社会的制度关系，较为细致地描述了社会对任何商业（活动）的期望。总的来说，CSR 模型的这一层次全部是关于商业与社会的关系，主要由三个要素构成：

（1）合法性。合法性（Legitimacy）将商业视为社会机构或组织，而且设定了分析商业与社会内部关系的视角的基本框架。

（2）公共责任。公共责任（Public Responsibility）从其实际行动的角度，

---

① http://www.globalreporting.com.
② Hopkins, The Planetary Bargain.

在其自身原则的框架下，关注企业及其活动过程与产出。

（3）管理者的自由裁量。管理者的自由裁量（Managerial Discretion）是借此评价管理者和组织成员是否为道德的行为者的依据。在企业社会责任的每一个领域，只要有可能或条件许可，他们就有责任采取这种自由裁量权以形成对社会负责任的产出。

上述这一层次的社会责任原则，通常出现在企业的价值、愿景或使命的描述部分。在发展中国家的环境下，这本书亦要求企业在其社会责任发展报告中描述企业的发展愿景或计划（见第十二章）。

层次Ⅱ：社会回应的过程①

企业社会回应性是企业回应各种社会压力的一种能力。这种能力反映了商业组织借以适应其商业环境生存下来的能力。为了做到这一点，必须尽可能多地了解所处的商业环境，能够分析相关数据，并根据这种分析结果能够做出必要的反应。但是，商业环境不是静止不动的，它是各种不同情形的一个复杂且不断变化的整体。这种环境可能数十年不变甚或数百年不变，然后突然土崩瓦解，又像万花筒般不断地加速重新组合。能够成功洞察、解释这种环境并对此做出反应，需要同样的复杂机制。

CSR 模型的这一层次有三个基本元素：

（1）商业环境检测。商业环境检测体现商业的信息收集能力以及将这些信息在整个组织中进行传播的能力。

（2）利益相关者管理。利益相关者是指能够影响企业目标或者被企业目标影响的任何组织或个体，例如，所有者、供应商、员工、客户、竞争者、本国与国外的政府、非营利组织、环境，以及消费者保护组织等。利益相关者管理是指清晰地标明利益相关者与企业间的关系（以及不同利益相关者之间的关系），并且作为任何测量过程的先决条件，要寻找、聆听和满足他们的需要，寻求利益平衡与满足其合法性诉求。

（3）问题管理。问题管理是指，在已经识别出了企业的激励原则，已经

---

① 此处原文有误。有误原文为"processes of social responsibility"，而正确的应该是"processes of social responsiveness"，这种才与作者在前面列出的三个原则相对应，而且从下面的内容看，也应该是 responsiveness 而不是 responsibility。——译者注。

确定了利益相关者的身份、关系和势力的情况下，针对每一个利益相关者，要识别出企业需要处理的关键问题。通常公司可以将主要的利益相关者组织在一起，通过他们的对话获取这些问题。

层次Ⅲ：与企业社会关系相关的产出

CSR模型的第三个层次是测量的关注重点。为了确定是否"CSR产生了不同影响"，必须使用一系列的影响测量方法，将与此问题或问题复杂性相关的所有利益相关者都纳入绩效评估范围之内。这层次有三个主要类别：

（1）内部利益相关者影响。内部利益相关者影响是指影响利益相关者的企业内部的那些利益相关者。对于这些利益相关者的考察，可以反映出企业道德准则如何影响企业日常做出的关于社会责任的决定。类似地，也可以反映出企业的人力资源政策，例如这些政策对企业雇用与员工福利产生的积极效应或消极效应等。

（2）外部利益相关者影响。外部利益相关者影响关注企业行为对企业外部的个人与组织所产生的影响。这涉及众多方面，如产品召回的负面影响，与社区相关的企业慈善活动的积极影响，或者是有毒废弃物的排放对作为利益相关者的自然环境的影响等。

（3）外部制度影响。外部制度影响是指对更为广泛的商业体制或制度的影响，而不是某个特定的利益相关者群体的影响。例如，几次严重的环境灾害令公众意识到了商业决策对于一般公众的影响。这种新的公众意识带来了加强环境管制的压力，这种管制的变化影响的是整个商业体制或制度，而不是某一特定企业。

上述CSR模型的应用：一个例子

本和杰里的自制冰激凌小店（Ben and Jerry's Homemade Ice Cream）给出了模型应用的一个例子。本和杰里的创始人本·科恩（Ben Cohen）解释了该企业道德原则的一个方面。

"商业总是具有剥削社区与员工的倾向，我认为商业不应该如此进行。与此相反，我觉得商业有责任回报社区，因为社区允许你在那里开店，就应该支持社区。我们发现，如果你支持社区，社区反过来也会支持你。"

这段话十分清晰地表述了CSR模型中属于第一层次上的各种原则。正如上面所说，这一原则不仅体现出制度要素（使商业制度合法化），也体现出自由裁量要素（指引企业踏上社会责任的路径），并且在任何法律要求之外的领域表现良好（公共责任要素）。

在社会回应过程这一层次上，企业社会回应性是企业回应社会压力的能力。本和杰里的社会问题审视或检测可以通过一系列机制来实现，从利用时事通信的社团直接参与，到企业对特别事件的发起性资助。从其资助的组织的多样性，例如从南达科他州的"美国原住居民社区委员会"到马萨诸塞州中部的"能源安全项目"，可透视出其环境审视与问题管理机制的有效性。我们可以清楚地看到本·科恩所陈述的原则与企业具体行动之间的内在联系。

本和杰里小店所提出的数百个问题中，一个特定问题，即产出问题，是通过购买政策实施的。公司要求位于纽约扬克斯的灰石面包店（Greystone Bakery）烘焙布朗尼，用他们的利润为无家可归者提供住处，并将其培训成烘焙工人。这个产出非常特别，而且完全可以用多种方法测量。比如统计他们雇用的没有住房的员工数量和成功培训员工的数量。再如，看看现在有多少雇员或有多少烘焙工人在其他公司工作。

通过企业道德原则机制和分析框架可以看到清晰的因果关系。交叉比较各不同要素及其指标，可以对本和杰里小店进行进一步研究，以便确定，例如在将税前收入的 7.5% 捐献给慈善事业的情况下，其可盈利性受到了什么影响。相反，或许人们就一个特定指标，比如"社区参与的产出"研究其与其他元素的其他指标间的统计关系。

在这一过程中，第一组利益相关者是公司外部的，他们无家可归而且加入到培训项目之中。第二组利益相关者可以确定为那些无家可归者来自的社区。显然，作为本和杰里小店的供应商，面包房能够获取利润，反过来它为利益相关者提供利益。这之所以可能，是因为它是与本和杰里小店做生意。作为这个十分成功的社会项目的一个方面，企业的不断增长或发展，也有利于利益相关者。本和杰里小店从下述意义上说是一个经典案例，除了导致本和杰里小店经营于其中的社会中个体生活质量的真实改善外，也为如何获得更好的利润、商业声誉以及如何扩大就业提供了新的思维方式。

使用什么指标？

表 8.1 列出了可以运用的潜在的测量指标。如果你需要将其中的某些指

表 8.1　MHCi CSR 测量——元素、指标和测量

SRE 模型的元素	指标	测量
	指标与测量	
	层次 I——社会责任的原则	
合法性	道德准则或愿景表述	是否发布
	道德准则	是否发布给员工
	道德准则	是否有独立的小组进行监督
	是否发布发展愿景	
公共责任	对公司违反法律的诉讼	总计，大小
	对违法行为的罚款结果	总计
	对创新的贡献	R&D 支出
	创造就业	净就业创造数量
管理者的自由裁量	道德标准	管理者与员工的培训
	管理者被定罪的违法活动	数量，总计
	层次 II——社会回应的过程	
商业环境检测	与公司相关的社会问题审查机制	是否存在
利益相关者管理	社会问题的分析体作为政策制定的不可分割的部分	是否存在
	社会审计	是否存在
	道德会计报表	是否存在
问题管理	基于社会问题分析的政策制定	公司的管制与政策

层次Ⅲ——与企业社会关系相关的产出

SRE 模型的元素	利益相关者小组（假设）	指标	测量
内部利益相关者影响	所有者	利润价值	股票价值，再投资等
		企业不负责或违法行为	在行业标准下测量罚款，产品召回数量和污染绩效
		社区福利	给予的数量，项目占收入的比例
		企业慈善	给 SD 项目点收入比重的税前数量
		道德准则	发布，分发，培训
	管理者	道德准则	道德准则下的培训与可论证和可测量方法下的应用管理者在应用准则上的责任名次
	员工	工会员工关系	争论的证据，良好的关系
		安全问题	诉讼，罚款
		工资，补贴和收益	相似公司的相对排序（从花费的员工利益与项目上的比例来测量）
		解雇	比例，频率，个人选择
		员工所有权	总额百分比
		妇女和少数民族的政策	存在，相似公司的排名，诉讼和罚款
		道德准则	应用于产品与服务的证据
外部利益相关者影响	客户消费者	产品召回	绝对数量，诉讼或罚款中的严重说明，占总生产量的比例
		诉讼	数诉总计，价格限制，反托拉斯诉讼
		公共产品或服务利纠纷	严重性，频率
		虚假广告	诉讼，罚款

续表

层次Ⅲ——与企业社会关系相关的产出

SRE 模型的元素	利益相关者小组（假设）	指标	测量
外部利益相关者影响	自然环境	污染	绩效指数，诉讼，罚款
		有毒垃圾	绩效指数，诉讼，罚款
		回收和可回收产品的使用	比例
		有生态标签产品的使用	是否
	社团	企业给社团的项目	总计，比例
		直接参与社团的项目	数量，产出，成本，收益
		社团的争论与诉讼	数量，重要性，产出
	供应商	公司的道德准则	应用于所有供应商
		供应商的首先准则	应用
		诉讼罚款	数量，总计，产出
		公众争论	总计，产出
外部制度影响	作为社会机构的商业	道德准则	发布和应用
		通用诉讼	总计，数量，产出
		集体诉讼	总计，类型，数量，产出
		公共政策和来自企业压力的立法改进	是或否

标运用于自己的公司或机构进行分析，在我的网站中可以找到，① 它们可以应用于任何公司关于社会责任的测量。那里列出的 20 个问题均基于这里描述的理论框架，由于大多数问题只需要回答"是"或者"否"，因而只需要几分钟就可以完成这个调查问卷。

结　论

本章内容包括了主要的供应商，但是对于一个公司必须沿着供应链走多远能够满足声誉要求条件，并没有给出一个明确的结论，至少名声是需要的。在这一讨论中，实用主义必须作为指导方针，因为硬性规定既难以设计也难以应用。当应用这些标准时，通过独立的审计获得信息必然带来更为恰当的结果。然而，这样做的成本很高，只有大型供应商，或者得到母公司支持的供应商才能这样做。用来测量的那些标准本身也可能存在许多问题。第一，存在各种不同的标准，应该遵从哪一个标准是不容易的事。第二，即使是最知名的标准也没有涵盖全部的主要问题。例如，应该支付多少生活工资这一麻烦问题并没包括在国际劳工组织的核心劳工标准中，也没有包括在由国际劳工组织发展起来的大量其他的标准中。因此，即使一个公司说它们遵从了国际劳工组织的核心劳工标准（或者是其他的标准，它们说应用了国际劳工组织标准，比如联合国全球契约），这也不意味着它们应对了所有需要考虑到的内容。

随着时间的推移，国家会变得更富裕（在没有大灾难的情况下，虽然全球变暖好像是一个大灾难，但发现得太晚以至于无法控制），供应商也会更容易接受这一经营标准。然而，不应该期待发展中国家的供应商进步得太快。但是，为了避免最恶劣的剥削，至少应该将尽可能多地实现国际劳工组织劳工标准作为长远志向。

---

① http://www.mhcinternational.com/rate_your_company.html；参考 'rate your CSR'.

第九章　发展中国家的 CSR

CSR 在确保公平对待所有利益相关者的同时，是公司在可持续基础上不断发展的保障。(N. R. 默西，印度印孚瑟斯技术有限公司主席)

引　言

在本章里，我们把焦点放到发展中国家，并广泛分析这一问题：在发展中国家的本国公司应该在 CSR 与发展方面做出什么努力？这是一个崇高的任务。十年前我开始接触这项工作，在《星际交易》一书中有一部分关于发展中国家 CSR 的内容，并且寻找有关特定发展中国家的特定文献相对容易。在那里，我发现发展中国家在 CSR 方面主要涉及慈善方面。

对上面问题的快速回答就是，有许多事情都在进行，因此现在有更多的 CSR 活动需要解决。从中国和菲律宾，到印度和巴西，来自世界各地的致力于 CSR 的网站与新闻报道快速增长，这给我完成任务提供了帮助。再者，随着人们对 CSR 整体状况的兴趣的爆发性增长，发展中国家有关 CSR 的文献数量也随之迅速增长。另外，CSR 从跨国角度上看意味着什么，对这些国家的企业和一般公众意味着什么则随着国家的不同而不同。

为了探索这一问题，我集中关注我认为是关键的问题及其在全球的分布状况。此外，随着巴西、中国和印度这三个国家的影响力不断扩大（这三个国家几乎包含了世界上一半的人口），我对这三个国家的探索相对于其他国家或地区要多一些。

本章的内容概要如下：第一，发展中国家 CSR 的整体趋势是什么？第二，发展中国家本国的公司在 CSR 方面目前的行为是什么？第三，通过了解与这一领域的观察者的对话，对我的一些观点进行了一系列的反思。

发展中国家 CSR 的趋势

关于发展中国家 CSR 的趋势，经验分析结果存在较大差异。有些人发现，不同发展中国家在 CSR 方面存在重大差异，有些人则认为仅仅存在一些差异，还有一些人则认为没有什么不同。例如，根据 2005 年经济学人智库（EIU）的调查，美国和欧洲大约有 40% 的受访者认为，强调 CSR 的主要原因包括，改善社区关系的需要和转移管制者压力的需要。然而，亚洲的公司很少关注社区关系，而且那里管制者也不是那么强有力，因此只有 33% 的受访者持有上面的观点。[①]

在一篇意在检验如下假设的文章中，即"CSR 在亚洲是非同质的，因而不同国家间存在差异"，以及"这种差异可以用发展阶段的不同来解释"，查普尔（Chapple）和穆恩（Moon）研究了来自包括印度、印度尼西亚、马来西亚、菲律宾、韩国、新加坡和泰国在内的亚洲 7 个国家 50 个公司的网站报告。[②] 文章结论是，在亚洲不同国家的 CSR 的确存在重大差异，但是这种差异不能由发展阶段的不同来解释，可以由各种国家商业体制中的不同因素来解释。毫不奇怪，另一个结论是，跨国公司比那些仅仅运作于本国的公司更容易采纳 CSR，并且 CSR 的整体状况倾向于反映企业运行于其中的国家的整体状况，而不是其原生国的整体状况。

在另外一个研究中，杰里米·巴斯金（Jeremy Baskin）发现，发展中国家（特别是南非、巴西、印度和东欧一部分）CSR（他去掉了社会，并称为企业责任）发展程度远远高于人们通常所想象的状态，有时候甚至超过了某些高

---

① The Economist Intelligence Unit（2005）'The importance of corporate responsibility', London, January.
② Wendy Chapple and Jeremy Moon（2005）'Corporate social responsibility (CSR) in Asia: A seven-country study of CSR web site reporting', Business and Society, vol 44, no 4, pp415.

收入国家的标准。① 通过检查 21 个新兴市场中 127 个领头公司的企业网站与年度报告，巴斯金发现，企业责任方法在高收入的经济合作与发展组织（OECD）国家的领头企业与新兴市场中的企业没有太大的差别。② 然而，当考察每一个公司和国家的详细数据时，他看到了三个引人注目的问题。

第一，不同国家之间存在巨大的差异。有些国家在 CSR 方面处理得很好，如印度、马来西亚、巴西、南非和波兰。相反，也有一些国家几乎没有行动，例如中国、俄罗斯和埃及。

第二，处于巴西、印度和南非的公司在 CSR 方面彼此之间的共同点相对于处于其邻国的公司之间的共同点要多得多。不过，情况并不总是如此，例如拉丁美洲企业董事会中的女性成员的数目在西班牙和葡萄牙较其他新兴市场地区相对具有更多的共同之处。

第三，在新兴市场中，CSR 做得好的公司（通常它们的高收入在一个相似的水平）与做得不好甚至没做的公司之间存在着相当大的差距。这种差距要大于高收入国家之间的差距（美国除外）。再者，如果我们考察的视野扩大到特大公司之外，那么可以发现，这些公司在企业责任方面的努力共同之处相对于西欧的中小型公司要逊色得多。

新兴市场的公司只占 FT500（世界 500 强企业）的 3.8%。③ 即使是使用包含 2500 个公司的道琼斯全球指数（Dow Jones Global Index），新兴市场的公司也仅到 4.6%。

表 9.1 总结了巴斯金对几个新兴市场中企业责任现状的分析（注意其数据有限制性，这意味着要小心地看待它的结果）。

巴斯金的研究也显示出，新兴市场有超过 2/3 的公司"发布可持续发展报告或在其年度报告的专门板块中报告企业责任问题"。虽然找不到精确的可比较的高收入 OECD 国家的类似数据，但即使在 OECD 国家，这一比例也是高的。同时，由于结论的可推测性，这一比例表明，新兴市场中的公司并没

---

① 以 4 个地区 21 个新兴市场的 127 个领导企业的企业责任实践分析为基础：亚洲、拉丁美洲、非洲、中东欧，杰里米·巴斯金：《新兴市场的企业责任》，米德尔塞克斯会议上提出，伦敦，2005 年 6 月 22 日。

② 分析以下国家的企业：阿根廷、巴西、智利、中国、哥伦比亚、捷克、埃及、匈牙利、印度、印度尼西亚、马来西亚、摩洛哥、墨西哥、巴基斯坦、秘鲁、菲律宾、波兰、俄罗斯、南非、泰国、土耳其。

③ 详见 http://news.ft.com/reports/ft500 for 2004 listing。

有将企业责任看作是发达经济的保护性措施。

有些国家的报告在很大程度上要强于其他国家，南非 16 个国家中只有一个没有专门的企业责任网站。即使是比例最低的中欧和东欧，也有 56% 的公司进行企业责任报告。总之，所有地区大部分企业，都有相应的企业责任报告，整体状况如图 9.1 所示。

巴斯金提出了这样的问题：是什么因素驱使了新兴市场公司（和国家）从事企业责任议题呢？他的回答是，那些企业责任更发达的新兴市场具有如下特点：

◆ 大公司的战略是成为全球的或跨国的公司。

◆ 管制者想要激励企业责任（经常与企业治理联系起来）。

◆ 政府将企业责任看作是吸引公平投资战略的一部分。

◆ 公民社会在一系列社会与环境问题上的行动相对更为活跃。

表 9.1　总结新兴市场现存企业责任（CR）的趋势

地区	CR 的当前状态	关键驱动力
中欧与东欧	许多证据显示，波兰、斯洛文尼亚、匈牙利和捷克共和国的公司都在整合 CR 方法	外国所有者
	对许多其他国家开始感兴趣	加入欧盟成员（或加入的目标）
	公开或透明性整体在不断增长	竞争优势
	俄罗斯、保加利亚和爱沙尼亚最没有兴趣	企业治理准则的影响
非洲和中东	南非有最发达的 CR 环境和对 SRI 有兴趣	本国在 CR 方面施加的压力 管制威胁
	其他地方对 CR 不感兴趣	重要的 SRI 市场 企业治理准则的影响
拉丁美洲	巴西、墨西哥、智利、乌拉圭、阿根廷最为关注 CSI/慈善	公共兴趣的萌发与国内的不平等
	一些 SRI 基金开始出现	管制的压力
亚洲	印度和马来西亚的公司开始整合 CR	全球的压力
	其他地方开始对 CR 感兴趣	为了竞争优势的战略
	中国对 CR 关注程度最低	强大的外部投资者对亚洲企业治理和 SRI 方面的兴趣

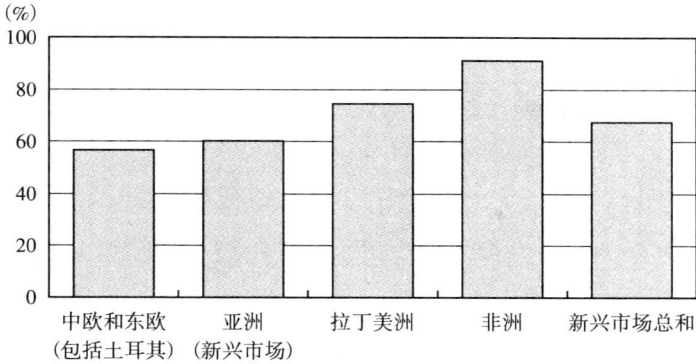

图 9.1　企业的公共企业责任报告

本国公司在 CSR 上做了什么

除了新兴市场国家，发展中国家的 CSR，虽然重要性在迅速提高，但依然没有被给予足够的重视。这至少有两个主要原因：第一，发展中国家的发展意味着提高经济增长速度、更多的国外直接投资、减少债务、更高的就业率、提高基本需求水平、改善环境、减少贫困，以及最近提出的更好的治理、透明和减少恐怖主义活动。因此，CSR 还仍然不是发展的重要议题之一。此外，民主的缺乏、贫困和舆论控制（印度除外）和不完善的制度均不能对大型公司在整肃自身行为和关注 CSR 与发展方面施加足够的压力。第二，当 CSR 成为议题时，企业的主要贡献都集中在了慈善方面，比如印度的塔塔和中东富有的银行。

尽管如此，发展中国家的 CSR 将会有所改变，因为随着通信工具的改进，全球化激励着更多的对话，同时为了在竞争中求得生存，大型本地公司不得不参与其中。其实，发展中国家的各种闹事活动已经开始为减少腐败施加各种压力，同时增加了对人权的关注。不过，不同地区之间存在较大的差异。所以，接下来会考察一些发展中国家或地区对 CSR 的不同看法。

中东

在中东，许多国家开始努力探寻摆脱暴力与落后的方式，因此围绕 CSR 的学术研讨和会议的数量呈现不断上升趋势。哈利·温斯顿的区域主任克里斯托夫·尼卡斯（Christophe Nicaise）认为，中东的公司确实正在发生较大的变化，企业社会责任开始发挥更大的作用。① 哈利·温斯顿的"绘一副微笑的脸"——拉希德儿科治疗中心项目，是中东哈利·温斯顿实施的第一个 CSR 项目，反映了其对迪拜社区的承诺。

尼卡斯认为，CSR 是构成哈利·温斯顿商业实践体系的一部分，政策与经营战略用来解决商业经营对道德、社会和环境产生的影响。尼卡斯说，温斯顿已经注意到这样的事实，CSR 行动需要与社会、环境和商业行动同步发展。

尼卡斯的例子以及许多其他例子说明，在中东，类型 I 或慈善贡献仍然是 CSR 的标准性活动，显然受到伊斯兰教的强大影响，因而对弱势群体给予特别强烈的关注。然而，利益相关者的对话、责任性和透明性等 CSR 中所固有的这些内容，在中东并没有得到足够的重视。

非洲

在非洲经营的企业，企业社会责任不能仅仅定义在出于为慈善而填写支票的范围之内，必须具有更为宽泛的内容。CSR 不仅仅是慈善。很不幸的是，传统上企业将慈善看作是一种体面的行贿方法，以便让利益相关者接受它们的经营行为。②

许多观点认为帮助非洲释放其巨大的潜力的方法是贸易而不是援助。例如（这是一个很常见的观点），世界可持续发展商业理事会（World Business Council for Sustainable Development，WBCSD）坚持认为公司应该催促政府努力撤销扭曲性关税，作为 CSR 的一部分内容，建立一个开放、透明，基于全球化规则的市场环境。③ WBCSD 相信发展的利益是巨大的，并引用这样的估计

---

① http: //www.ameinfo.com/71357.html，2005 年 11 月 29 日访问。

② African Institute of Corporate Citizenship（AICC）http: //www.aiccafrica.com/PDF% 20files/AICC% 20Press%20Pack/CSR%20trends%20in%20Africa.pdf，2005 年 11 月 30 日访问。

③ WBCSD（2005）'Business for development'，Geneva，September，p77.

数据来说明这一观点，即如果非洲在市场贸易的比例中提高 1 个百分点，那么每年的出口将多收益 700 亿美元，这比他们现在获得的国际援助多出三倍多。因此，贸易增长所带来的收益要远大于援助增长所得到的收益。

非洲企业责任研究所（African Institute of Corporate Citizenship，AICC）认为，非洲 CSR 的一些关键进程来自外国，议程由英国与美国设定。[①] AICC 提出的一个争论观点是，这是否意味着 CSR 变成了一个"殖民主义者"概念。显然，如果 CSR 是由外国建议者推动，并涵盖了以发达国家为基地的公司以及它们全部的子公司，那么 CSR 帝国主义是不成立的。即使有个别类似的企业，那也是极其少见的。若是外国人倡导 CSR，呼吁发达国家或其以非洲为基地的全资公司的发展中国家的关键供应商履行社会责任，则问题将更为棘手。

从某种程度上看，由那些上面提到的后者公司（即以非洲为基地的发达国家的全资公司）生产的产品是用来出口的，那么这些产品的某些消费者就会问，这种产品的生产是否考虑到了社会责任问题，如果没有，他们就可能购买别处生产的产品，并向本地公司施加压力。很显然，对于本地公司，它们很清楚，若不以履行社会责任的方式进行生产经营，就会有损于它们的名声和贸易机会。因此，CSR 与贸易的联系十分紧密，或许我们可以预计到，未来对这一问题的讨论将会更多。然而，CSR 并不只是一根大棒；它亦有"胡萝卜效应"，借此不断提高的声誉将增加发展中国家的贸易机会，提高利润，促进公司的成长。

然而，上述并没有包含所有的问题。首先，有些大公司只在非洲进行贸易——本地的建筑公司，提供本地服务的中小企业，如美发、装潢、驾驶等服务，当然还有算不上商业的公共部门。其次，有些公司，其生产的产品虽然是在本地消费，但却是全球性物品。石油就是一个很明显的例子，它由国内公司生产，并由国内公司消费，因而仅仅在本地交易，但却影响全球石油市场（本地的生产与消费会导致价格下降，虽然其影响可能很小）。不幸的是，禁止这些公司的各种剥削活动，如禁止使用强迫劳动、饥饿工资、血汗工厂、童工等，可能被看作是"殖民主义者"。庆幸的是，大多数非洲政府都

---

① 参考 AICC 网，详情参见 http://www.aiccafrica.com/PDF% 20files/AICC% 20Press% 20pack/CSR% 20trends%20in%20Africa.pdf。

签订了一份国际组织的指令，用来制止类似剥削行为。因此，帮助非洲政府和它们的公司具有社会责任，具有法令性质，而关于 CSR 的"殖民主义者"观点，如果不是全部至少也是大多数，是不成立的。

正如人们可以预料到的那样，这些问题是学术界争论的热点。通过对十年来有关"非洲企业公民意识"研究的回顾，韦恩·维瑟（Wayne Visser）发现，关注商业伦理的研究寥寥无几，大部分研究关注的是南非问题。[①] 在其《商业伦理：欧洲评论》（非洲特刊）的导论中，维瑟引用罗索的说法，认为"非洲大陆商业伦理领域的第一个研究可以追溯到 20 世纪 80 年代"。但他承认研究有限，且不成体系。罗索认为，非洲的 CSR（他将其称为企业公民意识）有其自己的特点，不同于世界上的其他地区，并且观察到：

非洲的商业伦理有三个特征：①从宏观层面看，受非洲过去殖民地与新殖民地的影响；②从中观层面看，强调非洲社会重建的商业道德责任；③从微观层面看，强调个体商业运用平权法案措施战胜历史上的种族歧视、性别歧视和经济排斥的方式。[②]

拉丁美洲和亚洲

在这两大区域有许多行动，在这里不可能涵盖所有不同的问题，主要关注三个最大的国家，即巴西、中国和印度，简要地说明它们在 CSR 方面的基本状况。

巴西

巴西的 CSR 项目倾向于具有"社会干预"（Social Intervention）的特征。这些项目通常以工厂的名义设计发展，但却（在地方或州层面）与政府机构联盟。卢拉总统，工会主义强势支持者，在积极推进放松政府管制的同时，极力促进公共社会项目与商业社会政策的联盟。通常，这些安排涉及不同商业协会或机构间的调解或协调问题，来管理以前的社区项目的慈善捐助问题。但是，在巴西情况并不总是如此，正如埃米利奥·克莱因（Emilio Klein）所说：[③]

---

① Wayne Visser（2005）'Research on corporate citizenship in Africa: A ten year review（1995–2005）', International Centre for Corporate Social Responsibility, Nottingham University, UK.

② Visser, 'Research on corporate citizenship in Africa', Introduction.

③ 埃米利奥·克莱因，个人通信，2006 年 7 月。

"……那些国家的所有东西都停留在理论层面，有条有理。但是，当你考虑实际情况时，所有的事情将完全不同。粗略地来看，我认为拉丁美洲的大型企业和几乎所有的事业单位都缺少一个致命的要素：公平。它们对利益相关者是不公平的，不管是内部的还是外部的。它们之所以可以这样，是因为它们拥有所有的权力，其中当然包括政府。如果你再加上它们短期的视界，你会得到我们在这里所得到的一切结论。员工、客户、承办商或者其他所有的相关方，均受公司的勒索与不得不唯命是从，尤其是那些与基本服务（私有化的）、金融服务和贸易有关的大型企业。"

在巴西，CSR 与纯粹的慈善行为正逐渐地分离开来，然而许多巴西人对慈善的特别强调或关注仍然显而易见。值得指出的是，慈善并不是商业独有的关注领域。卡佩林和朱利亚尼在 2000 年的调查数据显示，作为一个发展中国家，有超过 70%的成年人捐赠物品或钱财给社会福利机构，或者那些需要的人。[①]

该作者指出，CSR 变成了获得更为广泛的合法性战略的一部分：一种洗净企业家与企业负面形象的良方，因为这些企业被许多人认为它们只关注金钱积累和金融市场上的投机。巴西的企业家把 CSR 看作一种工具，用以在员工中恢复信任环境，强化其竞争性战略，更为重要的是，提高客户的忠诚度与社区接受度。

综观拉丁美洲，政府在保护公司员工方面具有强大的影响力。这样确实很好，然而不得不关注如下事实，那些就业人员所获得的收益可能并没有超过或多于那些失业者所获得的收益。可以称此为"拉丁现象"。像西班牙和法国这样的发达国家也有这样强大的工人保护机制，这种现象正导致劳动力市场缺乏灵活性。事实上，在拉丁美洲，那种所谓的"非正式部门"的不断增加，至少部分地源自于在"正式部门"获得一份有"保护的"工作的困难。

在巴西，关注商业的各种社会问题已经有很长的历史了。第一个将社会意识引入商业界的组织是巴西公司基督教领袖协会（Associação de Dirigentes

---

① Paola Cappellin and Gian Mario Giuliani（2004）'The political economy of corporate responsibility in Brazil, social and environmental dimensions', Technology, Business and Society Programme Paper Number 14, UNRISD, Geneva, October.

Cristãos de Empresas do Brasil，ADCE-Brasil)，这是国际商业主管基督教联盟 (International Christian Union of Business Executives) 的一个分支 (UNIAPAC)。ADCE 于 1961 年在圣保罗成立。1974 年，协会发布了重要的文件《企业家的十诫》，在该文件中第一次明确地将商业管理与社会责任联系起来。

最近，推动 CSR 行动的是国际有名的伦理研究所，它鼓励企业不仅要持有更宽泛的 CSR 的态度，而且要显示出 CSR 如何给所有者带来了实际的收益。根据这一机构的使命，社会责任应该超越经典社会投资模型，这种模型以与企业经济目标相关的相互独立的项目为特征。道德机构 (Instituto Ethos) 为其成员提供各种服务，包括最佳实践与 CSR 的相关信息、商业网络、专家咨询和出版物等。2000 年，这个机构引入了企业道德准则，并出版了企业社会责任指数。①

在过去的 20 年里，自愿性行为准则在世界范围内快速成长。根据卡佩林和朱利亚尼的数据，他们的准则有时从母公司传播到了巴西的企业。然而，对 60 个全国和本地的商业协会，以及 12 个全国和国际企业的研究表明，几乎没有一个巴西的企业采用过任何类似的行为准则。

提及拉丁美洲的社会责任时，人们第一个想到的是"腐败"。在巴西，该问题甚至涉及为数众多的领导者或官员。例如，1992 年费尔南多·科洛尔·德梅洛总统因为腐败被迫离职。《卫报》曾经提到："几乎没有任何证据表明，私人部门采取了防止腐败的措施。尽管大多数（78%）巴西大型公司有反腐败准则，但相关报告表明，不到 1/4（22%）的企业对涉嫌行贿和受贿的员工进行过调查；作为这种调查结果，曾经对相关人员进行过程处分的企业的数量就更少了（12%）。"②

从 1995 年开始，透明国际 (TI) 开始发布腐败感知指数 (CPI)。透明国际的数据显示，贿赂依然是整个拉丁美洲所有层次的公共服务的主要问题。③2005 年一个关于 17 个国家的调查显示，只有智利一个国家的分数比较靠前，达到了 7.5（满分是 10）。但是即使如此，智利仍然排在 158 个国家中的第 17

---

① 参考 AICC 网，详情参见 http://www.aiccafrica.com/PDF% 20files/AICC% 20Press% 20pack/CSR% 20trends%20in%20Africa.pdf。

②《卫报》，2005 年 7 月 25 日。

③ 访问 http://ww1.transparency.org/cpi/2005/cpi2005_infocus.html，2006 年 3 月 3 日。

位。1995 年开始的三次民意调查显示，巴西有了些许改进。在 1995 年，巴西被认为是 41 个国家中最腐败的国家之一（排在第 37 名）。最近的民意调查（2005 年）显示，巴西多多少少地保持在了中间位置，在 158 个国家中排名第62 位。我们将考察的另外两个国家表现得更糟，其中中国排在第 78 位，印度排在第 88 位。

根据卡佩林和朱利亚尼的调查，社会责任的作用仍然被认为是有限的。主要有三个方面的问题：第一，工会的领导认识到 CSR 是一个积极的方法，然而它的应用还十分有限。它没有扭转与工人面对面设定企业议程和实践的局面。第二，巴西工厂的社会责任方法仍然没有将工会作为合作伙伴包括进来。第三，在 CSR 的承诺中，企业没有为社会监督机制留下任何空间。因此，企业社会责任没有克服经典的单一商业视角。不过，这种状况仅仅局限于巴西。许多工会组织将 CSR 看作是减少工会对商业影响的工具。此外，那些支持与工会进行广泛讨论的企业已经认识到了这种讨论的积极收益，特别是在健康与安全问题上更是如此。[①]

中国

通过越来越多的新闻报道，可以看出中国对 CSR 的兴趣越来越高。例如，刘晨言说道："（媒体）上的信息是多样的，但所有信息的共同主题是，CSR并非仅仅限定在某个单一的方面（正如中国媒体经常描述的那样）。CSR 不是贸易障碍，不是证书（例如 SA8000），不是负担，也不是一个口号。"[②]

妮古拉·麦克比恩（Nicola Macbean）进一步指出："客户、非政府组织和工会对大型商业在全球追逐其利润时的剥削行为进行了批评，作为回应，政治领导和商业领导将 CSR 提升了其在政策议程上的位置。"[③]

但是，中国的 CSR 与西方的 CSR 是一样的吗？在西方，CSR 被看作是所有利益相关者相互联系的纽带，并不断促进"利益相关者对话"领域的不断成长。在西方，主要的利益相关者有公司内部的所有者、公司董事会、管理者、员工、股东以及公司外部的消费者、本地社区、工会、供应商和政府。

---

① 来自英美烟草公司的企业社会责任经理阿德里安·佩恩的个人沟通。

② Chenyan Liu（2005）'The spread of CSR in China', CSR Asia Weekly, vol 1 week 7, www.csr-asia. com, accessed 1 November 2005.

③ Nicola Macbean（2003）'China-Britain trade review', March.

显然，正因为有如此多的利益相关者，所以处理这些聚集的信息就变得越来越困难。在中国，通过大量国有企业（SOEs）以及其在中国的主导地位，相对于西方国家的政府而言，中国政府成为影响私人部门的众多决策中的更为关键的利益相关者。

在西方，关于 CSR 也存在许多不同的观点。最激进观点认为，只有承担社会责任的公司才应该获取利润。更为折中的观点认为，问题并不在于利润，因为公司必须通过获取利润来求得生存。无论如何，问题不是利润而是利润是如何获取的。如今人们已经厌恶通过剥削劳动力来获取利润，这已经是西方国家的事实，也将日益成为中国的议题。

在中国，1994 年的劳动法建立了本国的劳工标准，包括设定支付本地的最低工资，加班的最长时间，以及健康和安全要求。当地劳动行政部门负责检查和管理本地最低工资法的执行。其他的由本地健康部门和环境保护部门负责工作场所内健康与污染方面的监督。

显然，在中国这样一个幅员辽阔、地区差异巨大的国家讨论 CSR 不是一件容易的事情。东部沿海快速发展的北京或上海，其在 CSR 上的观点与内地会有明显的不同，与农村的差异则会更加巨大。许多农村的工人开始进入高速发展的工业化城市，那里有更发达的市场及不断增长的工资。然而，如果不能尽快地解决农村与城市的收入分配问题，将使农村地区面临的问题不断增加。

那么，中国为什么会对 CSR 感兴趣呢？这里可能有 6 个原因：

1. 名声（Reputation）

越来越多的消费者与投资者要求他们投资的公司有一个好的名声。在某种程度上，如果一个公司在某些方面存在恶劣行为，那么它的消费者就不会选择这家公司，该公司的价值就会降低，投资者也会因此撤资。

2. 剥削（Exploitation）

海外的客户越来越关心他们所购买的产品是否是在和谐的环境中生产出来的。不能存在任何剥削、雇用童工、环境破坏等现象。

3. 供给链正直（Supply Chains Probity）

不管是海外商业的供给商还是国内公司的供给部，都开始对海外供给进行社会责任检查。目前，主要针对的是前端的供给商。但是，随着时间的推移，沿着供给链向下，供给商的供给商也会变成检查的目标。

4. 腐败（Corruption）

经营的透明性，特别是反腐败方式，成为企业责任的主要部分。公司内的腐败会导致成本更高、更无效率，以及质量更差的产品和服务。

5. 国外投资（Foreign Investment）

投资者会选择那些他们认为是好的且稳定收益的公司进行投资。透明、廉洁和更好的 CSR 可以增加投资者对公司的投资。

6. 员工的积极性（Employee Motivation）

员工的积极性可以通过积极的 CSR 政策调动起来。在西方，最有技能的员工在具有社会责任的公司中的工作绩效要高于其他公司。

为了让中国在 CSR 的道路上走下去，引入行为准则很有必要。

例如，迪士尼（Disney）发现，即使取消了与广东个体供给商的主要生产合约，他们仍然不能满足相关非政府组织的批评。这种状况导致"国际玩具工业理事会"提出了一个倡议，为了解决单一买方的有限力量，引入了一个独立的、道德的制造业审计过程。这一过程将由代表了世界范围内超过 95% 的玩具销售商的玩具制造商来实施。这一倡议得到了中国内地和中国香港玩具产业的广泛支持，但是，这同样会导致中国的制造商合并为几家大的工厂，从而保证良好的工作条件。

在中国，最好的办法或许是根据本地的法律构建一个合理的行为准则。然而，仅仅将某种行为准则纳入法律之中并不意味着这个法律能够得到执行。因此许多公司发现，最佳实践或许可以走在基本法律要求的前面。

增强中国的 CSR 还需要做什么呢？浏览一下上面提到的 6 个原因可以发现，商业对 CSR 十分重视。所以在实施 CSR 时，公司和中国政府应该关注的关键问题是什么？下面的十个方案可能在某种程度上回应了这一问题。

在企业内部可实施的行动方案：

（1）形成一个 CSR 战略，其中应该包括一个公司在中国地位的综合愿景，确定加入联合国全球契约、SA8000、ISO9000 等倡议的成本与收益。确保公

---

① CSM（2001）'Corporate social responsibility: Perceptions of Indian business', Centre for Social Markets, July.

司在董事会层面上和在管理过程与本地实践上对 CSR 的承诺。

（2）公司是否给内部员工支付了"生活工资"，是否按时给主要的供给商进行适当的支付。如果没有，调查其中的原因，并找到实现这一目标的具体步骤。

（3）与工会和政府合作，确保公司内部有一个适当的环境和安全的制度。

（4）确保不要将 CSR 看成是一种高级的东西而推迟使用。CSR 从一开始就是商业模型的主流内容。形成并应用一些指标，定期监测和评估公司的 CSR 战略，即公司外部行动计划。

（5）与联合国本地组织及非政府组织合作，提高发展倡议的效率，包括确保其税收贡献的合理使用。

（6）关于机构内部培训技能积极主动地向广大民众推广。

（7）通过设置咨询机构以及直接与私人部门或非政府组织合作，帮助中小企业创立和发展。

（8）参与新企业的创业性指导。

（9）通过投资支持中国更广泛的发展目标。

（10）确保社区的或慈善性企业倡议可持续地发展。

印度

在印度，CSR 并不是一个新鲜的术语。[①] 早在 1965 年，当时的印度总理拉尔·夏斯特里（Lals Shastri），在主持全国会议时发表了商业社会责任问题的如下宣言：

商业要对自己负责，对自己的客户、员工、股东、社区负责……任何一个企业，不论其大小，如果它想得到自信和尊重，就必须在所有方面积极地履行其责任，而不是只为一或两个群体以社区与消费者为代价，如利益相关者或工人负责。除了高效与富有活力，商业还必须是公正与人性化的[①]。

国际化的 CSR 运动当然已经到达了印度。根据国际金融公司（IFC）社会市场中心的一个报告，许多领头的跨国公司和本地巨头（塔塔集团的卓越成员）已经成为了核心 CSR 问题的标准设置者，例如劳工条件、健康与安全、

---

① CSM（2001）'Corporate social responsibility: Perceptions of Indian business', Centre for Social Markets, July.

环境管理、企业治理与正直。①

或许，塔塔集团就是 19 世纪维多利亚女王时代的实业家和进行社会改变的教友会教徒，例如利华兄弟和吉百利家族。他们在英国建立了公司城镇，比如阳光港（Port Sunlight）和伯恩威尔（Bourneville）。像塔塔和戈德瑞吉（Godrej）这样的印度家族，很重视企业在社会责任方面的形象与名声。塔塔集团下的一个公司，塔塔钢铁厂（Tata Steel）是全国第一个发布企业可持续性报告的公司，它管理着这个工业城镇，并且获得了 ISO14001 环境质量证书。其他公司紧跟塔塔的步伐，例如印孚瑟斯（Infosys）、巴拉尔普尔工业有限公司（Ballarpur Industries Limited）、巴哈尔布尔商业公园（Paharpur Business Park）、福特印度公司（Ford India）、三星印度电子公司（Samsung India）和吉百利的印度公司（Cadbury's Inida）等都发布了环境和社会报告。

最近几年，一些大型的、形象意识和市场意识不断提高的印度公司，也开始签署自愿性国际 CSR 行动契约。联合国全球契约（http：//www.unglobalcompact.org）就是一个很好的例子，现在大约有 87 个印度公司签署了全球契约有关人权、劳工和环境等九个原则。然而，犹如在其他地方一样，在印度，正如上面提到的国际金融公司报告指出的，对企业承诺自愿努力的检验仍然有很长的路要走。

不过，进步还是有的。上面提到的国际金融公司报告表明，印度最大的工业体——印度工业联盟（CII）（http：//www.ciionline.org），在其成员推动 CSR过程中发挥了重要的带头作用。它采取了一系列印度联合国开发计划署制定的社会原则，并在其本地工作区域任命了 CSR 官员。这为印度其他的工业体如印度钱伯斯工商联合会（FICCI）树立了积极榜样，并推动了 CSR 相关事务的发展。

2001 年时，社会市场中心（CSM）通过电子邮件向印度商业代表发出了一份调查，询问他们"企业社会与环境责任"或"企业公民权益"对于他们是否意味着什么。如果是，那么具体是什么？同时，这些问题与公司的相关

① David St. Maur Sheil（2003）'India：Report on SRI in Asian emerging markets'，Centre for Social Markets，October，Report in Asian Emerging Markets，Sustainable Financial Markets Facility，SFMF International Finance Corporation.

性如何？在回复调查的公司中，有 1/8 的公司认为，CSR 对于它们并没有什么意义，CSR 通常只是被认为是公司对社会的承诺或责任；56% 的回应公司认为，社区责任与企业公民权之间存在联系。

第二份调查集中在了印度公司的社会责任这一问题上。被调查的公司需要解释它们对公司社会责任的看法。它们还被问到，它们是否履行了这些责任，以及它们是否感受到，社会与商业是否需要更多地认识或了解社会责任。

39% 的被调查公司认为，它们的社会责任主要是创造了就业，增进了发展和培训的机会，也保证了良好的工作条件。大约一半被调查公司认为它们有责任去解决印度的社会问题。在利益相关者方面，显然客户是除了员工、股东和投资者（银行）以外最重要的人群，而后是社区，排在最后的是工会和管制者。有超过 1/4 的被调查者认为，社会责任妨碍了商业的成功，其中主要问题包括意义含糊不清、超越实际与缺乏监督的管制规则，较差的基础设施，复杂的税收系统和太多的官僚机构。它们还指出应该完善企业治理结构，清除腐败问题。

最后，被调查公司还被问及了它们认为在印度以及国际范围内，谁是它们的典范。著名的印孚瑟斯、塔塔和威普罗公司被多次提及。

关于 CSR 与发展的意见交流

所以，发展中国家 CSR 的进展总是断断续续踌躇不前的。在 CSR 方面，跨国公司仍然走在前面。不过，并不是所有人都认为跨国公司在发展方面起着关键作用。从前在英国石油公司工作的奈杰尔·卡特（Nigel Carter）与我之间的一次对话，识别出了一些还未解决的重大或关键问题：[1]

NC：我有英国石油公司工作的背景，特别是有在非洲工作生活了十年的背景。我因此对你的论文很感兴趣，不过，听了你的意见之后，我对你提供

---

[1] 来自奈杰尔·卡特的个人通信，2005 年 10 月 5 日，在日内瓦大学演讲后介绍我的想法，日内瓦，2005 年 9 月 19 日，并被奈杰尔许可，他的观点是代表个人的，不代表英国石油公司或他目前的雇主。

的相关信息有点担心。

　　MH：英国石油公司现在参与了许多国家的社会经济发展的事务，我认为过去英国石油公司参与发展活动仅是偶尔的、个别的现象，不过，最近我对其有了一些不错的评价。

　　NC：我看得出，你更倾向于通过（跨国）公司的方式来促进新兴发展中国家的财富增长。

　　MH：我"更希望"那些国家弄清楚自己的问题，但是我的观点是，联合国和那些国家的政府在这方面都失败了，因而只剩下私人部门了。我认为企业可以做更多事情，但是我并不排斥其他机制，因此我不认为 CSR 是企业发展的唯一路径。

　　NC：我不清楚的一个问题是，你是否认为所有的企业都应该加入其中？或者，正如我相信的那样，你是否认为必须授权所有那些企业从事发展问题？

　　MH：我认为，所有的企业都应该考虑其自己在发展问题上的作用或责任，然后探知自己能够做什么。

　　NC：我认为企业在一个国家存在的理由只有两个：它们感知到了其产品的市场；或者它们看到了机会，通常是看到了可利用的自然资源和劳动力的机会。即使这些条件成立，它们采取负责行为，避免腐败、阻止利用外汇进行过度的剥削、不公平的转让定价、公平就业条款等——仍然需要一定的先决条件。许多公司都犹如准国有企业那样运行，大部分董事会成员，如果不是绝大部分的话，都指派当地人员担任，董事长则由外国人担任。这种做法不能阻止权力的滥用，即使有些效果也微不足道，本地任命的人员仍享受外汇便利、出国旅行和"各类红包"，而这些好处对于这些国家的超大型国家性组织的各类管理人员而言是不合理的。

　　MH：我想这是企业界一个普遍的观点。我所倡导的长期观点则认为，大型企业积极参与了发展过程。

　　NC：在"全权委托"企业来提高福利之前，我们需要确保其经营是可继续且具有社会责任的。

　　MH：我不明白为什么要分成几个不同的阶段，我刚刚提到的两方面问题是可以同时进行的。

　　NC：有关对廉价劳动力的剥削我还想说一点。如果公司支付员工一个他们经营所在国的公平的市场工资，那么这不是剥削。如果像 BP 那样，始终如一地支付"四分位数以上"的水平，那么这样更好。如果像耐克所发现的那样，只支付成本工资，那就是只支付边际工资，那么他们理应受到谴责。

MH：要想知道什么是"市场工资"并不容易。市场工资应该高于最低工资吗？它低于最低工资时会发生什么？如果市场工资低于维持生活的水平，那么是不是也可以接受呢？我始终认为工资最少应该能够满足发展中国家的基本生活需要，但是什么又是基本生活需要呢？（我在上一章分析了这一问题）

NC：我希望这充分地解释了我的担忧。

MH：我认为你的担心很常见，但这不意味着我不关注。让我吃惊的是有多少公司在国外的经营中考虑了发展问题，可以看一看微软和世界卫生组织，或者在阿塞拜疆和哥伦比亚的英国石油公司。

结　论

不发达或欠发展的问题是一个重大问题，与此相关的其他社会政治问题也形成了巨大的灾难。例如，哥伦比亚、玻利维亚、厄瓜多尔和阿富汗的毒品种植；伊拉克、阿富汗、黎巴嫩、索马里、刚果、苏丹和克什米尔武装冲突；许多国家的核武器扩张和散布；全球变暖等。因此，关心 CSR 问题似乎有些学术化了，认为 CSR 可以提供解决所有这些问题的途径。不存在解决所有这些复杂问题与议题的魔术般的良方。然而，在发展中国家实施 CSR 时，它将会提供一种和平的方式来解决这些问题。当公司和机构反映出更多的社会责任时，冲突的空间就会减少。如果发展中国家的企业能让它的利益相关者最少每年花 1 分钟时间想一想他们的社会责任，我确信这个世界将会变得更美好。

第十章 国际机构的局限

引 言

作为研究人员，为联合国及其分支机构、发展银行的有关发展事务从事咨询工作已经几十年了，但我写下这个题目时心中还是充满了疑问。事实上，鉴于联合国普遍面临着强大的负面压力，特别是来自美国强大的共和党人（作为上述观点的代表），我认为，总体而言，联合国在资源有限的情况下，在促进发展方面做出了很多贡献，甚至可以说做出了非常杰出的贡献。但正如我在这篇文章里所要论述的，不幸的是，联合国各种活动或努力对发展的影响，仅仅是杯水车薪。本章以下所指"联合国"包含其各种分支机构。

联合国的规模

联合国实际上是一个规模相对很小的组织。进入 21 世纪，其全部经营开支，包括世界银行、国际货币基金组织、全部联合国基金、特别机构和项目，全年才只有 182 亿美元。这比许多跨国公司的规模都小，例如通用电气（GE）2004 年市值为 3500 亿美元，埃克森石油公司 2005 年的利润约为 320 亿美元，也远低于军用开支，如 2005 年美国仅用于伊拉克的开支就达 800 亿美元。联合国核心功能区纽约秘书处、日内瓦、内罗毕、维也纳和五个区域委员会的预算为每年 12.5 亿美元，大约相当于纽约市年度预算的 4%，比东京消防厅的每年开销还少 10 亿美元，比纽约州立大学的年度预算少 37 亿美元。[①]

尽管有关于联合国不断膨胀的指控，但事实上联合国的岗位比前些年有所减少。例如，联合国 2004~2005 年计划岗位是 9288 个，而 1996~1997 年是 10021 个。[②] 并且过去十年，联合国经历了一次令其衰弱的金融危机，不得不在各个领域都缩减了重要的项目。很多国家没有足额缴纳联合国会费，还缩减了对联合国自愿基金的捐款。到 2004 年 12 月 31 日，成员国对经常预算的欠款超过 3.57 亿美元，其中美国的欠款就高达 2.41 亿美元，占经常预算欠款总额的 68%。

自我实现的预言

然而，这至少潜藏着联合国的主要问题中的一个。读这本书的人都知道，一个衰落的或者死气沉沉的组织是难以开展工作的。伴随联合国的诞生，以美国为首对联合国的持续抨击没有帮助联合国改进，[③] 这并不奇怪。历来奉行单边主义、敌对国际主义的布什政府（2000~2008 年）指出，联合国组织正经历"管理不善之苦，低落的工作人员士气以及缺乏责任制和职业道德"。[④] 当然，美国承担了联合国经费的主要份额，占总数的 22%（几年前是 25%），也因此，美国自然是对联合国最有影响的成员国。由此，我们可以得出联合国及其分支机构涣散的工作状态很多都是缘于美国提供了比几乎任何其他国家都要差的服务。

在一个衰落的组织，工作安全成为主要威胁，通常只有那些少数的幸运者拥有长期合同，而年轻的短期雇员只签订临时合同，顾问等人员很快被裁

---

① 浏览访问：http://www.ldb.org/vl/top/unfacts.htm。
② 浏览访问：http://www.un.int/usa/fact3.htm。
③ 1948 年，联合国总部被安置在纽约，主要是为了安抚美国，担心美国会从任何超越国家的机构中撤出。
④ 沃伦·霍奇引用国会授权小组报告，《纽约时报》，2005 年 6 月 13 日。

减。但是，恰恰是后者给组织带来活力和创新的思路。而幸运留下来拥有长期合同的人往往不一定是最胜任的人，他们被聘用到高级职位只是因为他们和上级人员或者政客有某些特殊的关系，联合国秘书长也需要回报支持和选举他的人。

管理学中的彼得原理在联合国得到了明显的体现，即每个人被晋升到他不能胜任的位置。彼得原理就是提升表现优秀的员工，直到提升到不胜任的位置为止。在联合国系统中，很多高级职位任用了不能胜任的人，并且还进行横向调动，相当于双倍的彼得原理作用。

在联合国，一个能够避免很多不胜任原理影响的领域被叫作"外围地"。在远离联合国中心区的国家，能够出人意料地发现胜任岗位的人，比如青年实习生、初级专业人员（JPO，主要来自发展中国家）之类。当然，联合国中心区偶尔也会决定减少不胜任人员，把不胜任人员派往外围地任职。通常新来的不胜任人员的负面影响可以被当地掌管工作的胜任人员所抵消甚至排除。恰好，这些不胜任的人都不是工作狂，他们主要的时间是享受职位带来的特权，联合国专用司机专车接送参加貌似重要的会议，旅行参加各种所谓的重要会晤，尤其是在环境优美的地方举办的会议等。

问题重要吗？

如果联合国没有什么作用，那么它的雇员削减和不胜任也就无关紧要了。然而没有人认真争论联合国的崇高理想，联合国也没有使世界上所有的国家参与并试图解决问题和争端（也没有其他有效解决途径）的联席会议。但谁也不能假定联合国越来越多的困难以及对其项目的影响都是无害的，或者其他的组织比如非政府组织或者私营机构能够收拾残局。

例如，联合国难民署（United Nations High Commission for Refugees，UNHCR）的主要工作是应对跨境的人员流动（主要是难民）。除去其他组织，如红十字会、国际移民组织、人道主义事务协调厅（OCHA）等类似组织，联合国难民署留有不好的声誉，它的雇员很少受到尊重，也大多不胜任工作。例如，一名工作人员参与管理由欧盟资助的一个重大项目，该项目旨在评估一群正准备进入欧盟的难民的状态，随着项目深入开展，她不得不雇用一个全职助理做她应做的工作。她自己的主要时间花在考虑顾问人员的每日津贴上，为执行任务她穿梭于各职能部门之间和在走廊里闲聊，而不是做自己的工作。她不允许雇用胜任的人员，因为她不得不从成百上千的"漂浮人"当中选择，这些人从实地调查返回总部后就没有工作，他们与联合国难民署签有长期合同，但是却没有必要的工作能力，对于组织容纳能力来说是编外人员。她的上级病得很严重，只能偶尔来办公室，但是可能因祸得福，她不再需要穿梭于各职能部门之间进行协调了。结果是这个项目严重落后于计划，导致成本增加，受到项目影响的主要对象是那些贫困的难民，他们由于项目的拖延而得不到帮助。这只是对联合国批评添加素材的一个事例。

改革是必要的，但是下面我们会看到，改革主要围绕透明度和责任制，而不是围绕如何完成工作和带来严重灾害的人事政策。并且，也没有合适的方式能取代联合国难民署，私营组织认为处理难民问题没有利润，当然联合国难民署和捐助国家付费而提供服务除外。

更多的透明度和责任制能解决问题吗？

这一节的标题事实上是一种新的理念。当今没有任何组织能够摆脱有关透明度和责任制问题的审视，甚至它影响到了企业社会责任的实现问题。我想知道新的企业社会责任组织，例如问责制（AccountAbility）[1]，付出了多少努力来平衡增加问责制的成本与利润，以及回答对谁负责的问题，据我所知这是不存在的。

2005年夏季，国际劳工组织夏季会议（本书作者组织的会议）期间，英国就业与退休保障部国务大臣被派去解释为什么英国跟随美国一起否决了国际劳工组织的预算，他的解释是因为存在太多的浪费，需要更多的"透明度

---

[1] 浏览 http://www.accountability.org。

和责任制"。原则上看，这种解释听起来很好，但实际上，这些浅显的想法为这些组织加强官僚权力和减少创新者权力提供了理由。国际劳工组织内部一个员工告诉我，在 2005 年预算制作过程中，那些不能更有成效履行生产性职责的高级工作人员的花费计划反而增加了三倍。因此，这个透明度和责任制的说辞使联合国组织变得更加官僚和很少变通，这并不是这个说辞的初衷。显然，那些道貌岸然，呼吁更多透明度和责任制，而没有认真思考会牵涉那些问题的人，需要进行重新思考。

欧盟又加倍了这个说辞的效力，使组织接近僵化，致使欧盟的大量资金在账上不能投入使用。透明度和责任制被看作是由一系列所谓的丑闻而引发提出的（一个所谓的非丑闻导致无辜的统计人员培训计划搁浅），为了维护透明度和责任制，欧盟的投标制度在所有的国际组织中或许是最复杂的，可以说是琐碎的。甚至哪怕只有万分之一欧元的小合同，不能证明以前履行过同类合同的公司，没有一个能够投标和被接受。也许有人认为这样很好，因为任何经验都没有的公司不会投标和赢得合同。但很多新增就业由小公司（10人以下）产生，然而他们却由于上述原因几乎没有机会获得欧盟的合同。

因此，实际的情形是，拥有资源用于雇用全职人员专门为合同投标而服务的大公司获得成功。这些公司变成"人的商店"，把他们所知道的那些不是为他们公司工作的个别专家集中在一起。大公司压低利润（标高外部人员费用率）并强制降低雇员的工资。后者不能得到这一待遇，随着时间的推移，只能得到越来越低的工资。实际上，小公司要想获得欧盟的合约，需要等很长时间才能被支付，甚至是在他们填写了冗长的表格来确保透明度和责任制之后也是如此。欧盟发现由于烦琐的招投标程序，造成很多资金在账上不能投入使用。

联合国促进发展的主要机构

　　联合国有两个促进发展的主要机构：世界银行和联合国开发计划署①，它们的工作在很大程度上相互竞争。世界银行甚至并不认为自己是隶属于联合国的机构，例如它的员工出差旅行使用非常特别的联合国护照，简称联合国通行证。世界银行非常排斥外部的影响，这一点由它的公开出版物就可以看出来，世界银行的公开出版物很少引用其数据以外的资料。世界银行的领导人由美国任命，由此世界银行的政策也紧随美国的政策。2005 年对世界银行行长沃尔福威茨的任命，引起了发展中国家的集体骚动，因为很多成员国认为他是伊朗战争的幕后操纵者，看起来他不会给世界银行和发展中国家带来和谐的关系。主要的工业化国家意识到了这个新的人选将会带来的威胁，欧盟主要国家邀请他来欧洲进行所谓的"面试"，这在有史以来尚属首次。但面试过程只是走形式，毫无疑问，欧盟国家会追随美国的决定（即使法国和德国各怀鬼胎），沃尔福威茨按时被正式任命。

　　联合国开发计划署是联合国促进发展的主要机构，因为它旨在促进大约 170 个国家的人类发展。但是，联合国开发计划署的预算少得可怜，平均大约一个国家 300 万美元。这些资金常常还没有富裕的发展中国家政府的配套资金多，如阿拉伯联合酋长国。另外，一些国家如洪都拉斯，通过与私营部门的合作，会有 300 万~3 亿美元的经常预算。但是，这些数据也会产生误导，因为开发计划署可能经常只使用这些资金中的一部分用于发展事务。世界银行和开发计划署的主要区别是：前者拥有所有国家的代表，采用的是一国一票的规则；而世界银行采取一美元一票的制度，也就是说，富裕国家有更多的发言权。最近，世界银行和联合国开发计划署描绘的发展模式不断融合，尤其是联合国开发计划署任命前世界银行官员为署长以来，马克·马洛

---

　　① 当然，"发展"有许多方面，它在许多联合国地区分支机构（如拉丁美洲经济委员会）、专门机构（如世界卫生组织或国际劳工组织）或联合国教科文组织等分支机构中得到解决。

赫·布朗（Mark Malloch Brown）（原世界银行的官员），后来升任为联合国常务副秘书长，紧接着开发计划署又任命了另一个前世界银行的官员凯末尔·德尔维（Kemal Dervis）。①

两个机构的发展政策

世界银行和联合国开发计划署，这两个负责发展事务的机构，都开始鼓励私营机构参与到它们的发展工作中。最近几年，其工作的重点是企业社会责任，世界银行至少有五个部门负责处理企业社会责任事务，而联合国开发计划署的工作一直围绕联合国全球契约开展，更多情况见下文。

世界银行和联合国开发计划署遵循的发展模式不同。世界银行（以及国际货币基金组织和世界贸易组织，所谓布雷顿森林体系是由第一次会议的地点而命名）在过去的 20 多年一直奉行"华盛顿共识"，它强调芝加哥学派货币经济学所倡导的自由市场经济模式。所有想要获得世界银行或者国际货币基金组织支持的国家，必须努力让市场充分发挥其潜力，同时减少公共部门的权力和干涉。理论上，世界银行的政策听起来可行，然而实际上，很少有国家有实质性的制度来促进私营部门发展，许多国家使用"诡计"获得贷款，然后迅速转移到具有极强控制欲的独裁者的海外银行账户。认识到他们的策略在很多案例中都没能成功，新的"说辞"是民主、透明、反腐、责任。同样，理论上新的说辞听起来很好，但是实际上，增加透明度和责任制的要求容易导致垄断和低效的增加，这当然不是布雷顿森林体系想要的结果。联合国开发计划署的贾恩·万德穆尔莱（Jan Vandemoortelle）指出，按照这些机构通常的理解认为，经济增长和宏观经济稳定发展必然会带来贫困的减少。但是，政府及其合作机构发现"有利于穷人的增长"这个概念难以付诸

---

① 这并不意味着他们没有做好工作，前世界银行的各级官员继续甚至扩大了联合国开发计划署的积极发展。

实践。①

　　联合国开发计划署作为局外人，正在玩一个复杂的游戏。它不能无视华盛顿共识，然而它在处理发展中国家事务的时候趋于更加务实。可以说，这是因为在几乎每一个发展中国家的组织都是在现场办公的（在过去的十年，世界银行才开始采取这种模式）。因此，在处理现实发展问题时，不仅仅是通过贷款和信贷方式。同时，美国的影响力也在缩小，联合国开发计划署执行局②由更广泛的发展中国家组成，并且更加倾向采取一国一票的联合国哲学，而不是布雷顿森林体系的一美元一票的霸主哲学。③

　　联合国开发计划署发展模式的批评者会说，它过于关注提升治理效率、通过公共项目减少贫困以及与激进的非政府组织合作。诚然，联合国开发计划署必须通过当事国政府来推进它的项目，但是世界银行也是如此。问题存在于细节里。世界银行应对的是一国的大多数"重要"机构，诸如它的央行、财经部，并施加更多影响。此外，这些部委的旋转门往往意味着它的主要工作人员刚刚为布雷顿森林体系的机构工作过，或者正要这么做。联合国开发计划署更多地处理教育、健康、劳工、环境等问题，并且它的对口政府机构是对国家影响较小的外交部。反过来，这意味着联合国开发计划署应对的是势力较弱的机构，有更多可能性去传播它的思想，因而甚至可以更成功地影响发展。

联合国在实施千年发展目标中的影响

　　2000年所确定的千年发展目标是发展社会的关键任务。它们包括8个主

---

　　① Jan Vandemoortelle: 'A Look at MDG progress', Sustainable Development International, 13th edition, 1 March 2005, available on: www.sustdev.org/index php? option=com_content&task=view&id=365&Itemid=34.

　　② 联合国开发计划署（UNDP）执行委员会是由来自世界各地36个国家的代表组成的，他们是轮流任职的，委员会由五个区域组织的代表组成，委员会负责监督和支持联合国开发计划署（UNDP）的活动，确保该组织对发展中国家不断变化的需求保持响应（来源：http://www.undp.org）。

　　③ 谁经营世界银行集团？世界银行像合作社一样运营，其成员国是股东。每个国家的股份大致基于其经济规模。美国是最大的单一股东，有16.41%的选票，其次是日本（7.87%）、德国（4.49%）、英国（4.31%）和法国（4.31%），剩余的股份在其他成员国之间分配（来源：http://www.worldbank.org）。

要目标:①

（1）根除极端贫困和饥饿。

（2）普及基础教育。

（3）促进性别平等并增加妇女权利。

（4）降低儿童死亡率。

（5）改善产妇健康。

（6）防治艾滋病毒/艾滋病、疟疾和其他疾病。

（7）确保环境可持续发展。

（8）建立全球发展伙伴关系。

和这些目标相联系的是 18 个子目标，其中有两个明确指向私人部门：

目标 17：与医药企业合作，在发展中国家提供负担得起的基本药物。

目标 18：与私人部门合作，发挥新技术的作用，特别是信息和通信技术。

依次而言，每一个子目标有一个或更多的指标用于评价进展，总共有 48 个指标。

当提出一个目标，允许资金的流动性并引导社会发展时，这个想法变得有用了。主要的问题是，当一个国家同意一个原则时也有可能同意其他原则。另外，许多国家在签订这些原则时做了空头承诺，甚至这些原则到了要他们改变法律的程度时也是如此。但是，现实中他们什么也不做。

至于国家在实现千年发展目标上是否有进展，我们可以查看联合国开发计划署中的一篇作者为贾恩·万德穆尔莱，题目为《千年发展目标分析》的文章。他指出：

在 20 世纪 90 年代，所需要的进展只有 1/4 完成了目标。在小学推进性别平等正在进行，但是为了错误的原因。女孩的入学率略有增加，但是男孩入学率停滞不前。因此，男孩和女孩之间的比例明显提高，描绘了一个误导性的图片……全世界在 2015 年不能完成千年发展目标……没有来自于富裕国家的持续救援，这个 2015 年目标将是虚幻的。可悲的是，救援工作在 20 世纪 90 年代减少了 1/3。但是，通过千年发展目标似乎可以扭转局势。官方发展援助（ODA）近些年来增多了。五个国家获得的国际援助目标是其国民收

---

① 所有的细节详见：http://ddp-ext.worldbank.org/ext/MDG/homePages.do。

入的 0.7%；其中三个国家现在的目标是获得国民收入 1%数量的援助。另外六个国家设定了一个完成 0.7%目标时间底线。①

很少提到的是，私营部门也曾经牵扯进这个 0.7%的目标。这个构想由一个创建者哈里斯·格莱克曼（Harris Gleckman）指出，这个发展 0.7%的说法曾经主要关注于政府对发展的贡献。②但是，最初的目标是国民生产总值的 1%，它是由政府和私人部门的共同贡献组成的。随着时间的推移，在公众的心中，1%变成了 0.7%。并且，私人部门责任被忘却了，尽管这个比例从未正式减少，而且私人部门贡献在政府间谈判中从未被正式取消。

回到千年发展目标，格莱克曼指出，更令人沮丧的是，"反贫困战略看起来惊人地相似，甚至对那些面临非常不同的挑战的国家而言也是如此。总体来说，这些目标在国家层面没有扩大贫困政策的选择，也没有影响国际援助企业的行为"。

因此，企业能给企业千年发展目标的实现提供路径吗？无疑，这主要是公共部门需要努力去做的事情，但是正如在最近的一份由联合国开发计划署和国际工商领袖论坛（IBLF）所作的报告《企业和企业千年发展目标：一个行动框架》中写道："多数企业能对发展产生一些影响，并且可以在以下领域的影响力上做出贡献：

核心业务活动——在工作场所、市场和供应链方面；

社会投资和慈善事业活动；

开展公共政策对话和宣传活动。"③

2005 年 6 月 14 日，来自 30 多个国家的业务主管与联合国秘书长安南、法国总统雅克·希拉克（Jacques Chirac）和英国首相托尼·布莱尔（Tony Blair）

---

① 联合国开发计划署（UNDP）执行委员会是由来自世界各地 36 个国家的代表组成的，他们是轮流任职的，委员会由五个区域组织的代表组成，委员会负责监督和支持联合国开发计划署（UNDP）的活动，确保该组织对发展中国家不断变化的需求保持响应（来源：http://www.undp.org）。

② 哈里斯·格莱克曼：《发展中的一个百分比，失去的跨国公司（MNES）国民生产总值（GNP）标准 0.3%的历史，以及其复活的论据》，发展筹资协调秘书处，经济和社会事务部，纽约，美国，2005 年（Gleckman@un.org），本论文是根据会议秘书处在发展筹资筹备过程中的一个提问而提出的，代表们问，众所周知的 0.7%的发展是什么来源和基本原理，这个关键数字来自哪里？在发展筹资协调秘书处与经济和社会事务部的同事中进行了一轮快速调查显示，有一系列诱人的线索，但这个经典的发展目标没有清楚明确的历史。

③ http://www.unglobalcompact.org/content/NewsEvents/mdg_bus/mdg_jamshed.pdf。

一起参加的会议上强调和阐明了企业在实现千年发展目标中应发挥的作用，指出："在如今的国际社会，企业利润的提升与社会发展目标是一致的；然而，政府的努力没能有效地将这种转型考虑进去。因此，私人部门的全部潜力仍未被开发。"这份报告接着指出：

政府、企业和公民社会必须共同工作以实现千年计划目标。在历史性角色的基础上，政府和公民社会被假定是促进发展行为的自然主角。直到最近，全球化步伐加快，负责任企业的存在和成功被认为是刺激发展和改善人类处境的积极力量。现在，是政府和公民社会欢迎企业加入发展行列的时候了。如果没有跨部门伙伴关系的赏金，发挥每个组织的优势以及企业在发展议程中发挥更显著的作用，亿万人提高生活水平的目标将不能实现。明确合作方式和机制并进行参与各方的对话是实现千年发展目标的唯一途径。[1]

提醒读者注意的是，所有出版的报告都是在联合国全球契约的支持下作出的，这些报告将在下文讨论。但是清楚的是，政府和联合国，尽管做出巨大努力，还是没能实现千年发展目标，这也是呼唤企业的原因。[2]

国际劳工组织与企业社会责任

世界委员会将企业治理和企业社会责任作为完全不同的两个概念。世界委员会认为，前者完全只是与企业的所有权和控制权相关的问题，但它又引用经济合作与发展组织关于企业治理的概念："好的企业治理有助于确保企业在更大的范围内考虑顾客利益，同时考虑运营所在区域的公众利益。"世界委员会将企业社会责任定义为"自愿赋予公众权利超过法定义务的公司"。世界委员会的说法反映了国际雇佣者组织（IOE）的观点，"企业社会责任是当企业进行商务运营和面对它们的股东时，涉及有关社会和环境问题时，企业志

---

① http://www.unglobalcompact.org/content/NewsEvents/mdg_bus/mdg_paris.pdf。

② 关于公司和非政府组织对千年发展目标的相对贡献的报告一直受到荷兰乐施会和荷兰银行的支持，并被荷兰可持续性研究组织实施（DSR）：《衡量公民社会和私营部门为实现千年发展目标所做的贡献》，2005 年 11 月，荷兰，NCDO。

愿对公众权利的一系列承诺。"① 进一步地，在国际雇佣者组织（IOE）提交给世界委员会的报告中，国际雇佣者组织（IOE）把企业社会责任看作是"贯穿商业活动的核心企业形象和企业运营在复杂多变的市场里对其股东的责任约定"。

有趣的是，国际劳工组织和国际雇佣者组织（IOE）的文件都将在社会问题上有商业法律的部分视作企业治理，相应地，志愿的部分视为企业社会责任。近来这个观点受到争议，主要是涉及跨国的法律问题。事实上，很多大的企业欢迎一些立法，因为立法有助于创造一个公平的商业环境。但是问题不在于企业社会责任是否自愿，而是在是否需要立法和不立法的尺度上应该有明确的指示。例如许多国家赞同有关童工的规定，通过国际劳工组织寻求指导。但是，如菲利浦·詹宁斯（Philip Jennings）说：

企业和政府强烈希望公众相信公司的道德，同时不打算提供新的立法支持更高的道德行为……但是，道德"妖魔"已经冲出瓶子，其运行原则被证明是难以控制的。另一个巨大变化是：现在员工和公民作为利益相关者可以直接干涉公司总部。传统的国际标准（ILO/OECD）主要由政府掌控，它们的运用距离实际太远，也太过复杂。②

国际劳工组织和国际雇佣者组织（IOE）都认为志愿授权属于企业社会责任。然而，有些企业的行为，包括企业形象，既是自愿也有法律规定。有些法律限制企业做什么，或者强迫其做一些事，如遵循最低工资。因此，将企业社会责任定义为一系列志愿授权，错误地认为在志愿和强迫中间有一个明确分界线。无论是国际劳工组织还是国际雇佣者组织（IOE），明确区分哪些问题需要立法，哪些问题不需要立法，都是十分有用的贡献。在一定程度上，企业社会责任和立法问题是一条熏制鲱鱼，即为分散人们的注意力而提出的一种诱惑性问题，因为最重要的一点是，很多国家都有完善的或理论上优越的法律，但在实践上这些法律常常被忽略而成为一种摆设。

毫无疑问，作为呼吁企业社会责任问题的主要贡献者，国际劳工组织趋

---

① International Organization of Employers: 'Corporate Social Responsibility: An IOE Approach', 21 March 2003, Geneva.

② Philip J. Jennings, UNI General Secretary, Union Network International; www. union-network.org/uni-indep.nsf/0/0240DE313E8F1A64C1256E5A0043FA88? OpenDocument.

向于被动，而不是主动。另外，国际劳工组织的工作覆盖了企业社会责任的重要领域，尤其是有关劳动领域（但是也不只局限在劳动领域），只是没有用企业社会责任这一概念。国际劳工组织能够通过其努力，在呼吁和改善人们的生活上做出重大贡献。

企业怎么想？

2005 年 7 月，世界银行组织一场关于企业和千年发展目标的网上讨论，明确讨论关于企业的千年发展目标。这场讨论产生了一些有益的结论，我选择了一些能够佐证本书观点的结论，也同时展示了企业的想法。①

JJ 企业（JJ Enterprise）的总经理约翰·班达（John Banda），指出了与马拉维政府合作中存在的包括时间延迟等突出问题，与那些不愿意与马拉维小企业合作的资助型非政府组织合作中出现的问题，以及与那些往往需要很长时间才能批准流动资金贷款以满足非政府组织快捷服务需要的当地银行合作的问题。约翰·班达指出了决定任何伙伴关系能否成功的关键因素，主要是：

◆ 双方的透明度及问责制。
◆ 实现伙伴关系的预期目标。
◆ 接受彼此有建设性的想法。
◆ 如果有不可预见的情况出现应灵活应变。
◆ 遇到紧急问题立即通知对方。

劳尔·马丁内斯（Raul Martinez）是墨西哥西麦斯公司的机构发展总监。西麦斯公司在水泥和预拌混凝土产品的生产和营销上位于全球领先的地位。他鼓励企业要明确它们的企业社会责任的愿景。在 2005 年西麦斯公司倡导能够同时产生的社会效益和环境效益的创新产品的生产，如利用废旧轮胎制造混凝土路面，帮助大多数城市解决存在的废弃物问题，并同时降低生产成本。

西麦斯公司得知墨西哥低收入人群是如何修建他们的房子，并发现对于

---

① 浏览 http://www.businessandmdgs.org/。

这些社区来说能够购买建筑材料来修建房子，资金是一个关键的挑战。因此，西麦斯公司制定了一个储蓄和信贷计划，允许穷人存钱，并在自己储蓄的基础上获得信贷。迄今为止，超过 11.2 万的低收入家庭已经借了超过 4.5 亿美元，这些钱被允许用于建设相当于 7.5 万间 10 平方米的房子。

在注意到普遍的极端贫困是千百年来人类生存的普通环境之后，劳尔·马丁内斯通过减少贫困也解决了全世界企业的潜在影响问题。大约 200 年以前，推动工业革命的私人企业开始改变这些事情。

私人部门最重要的社会责任是实现组织的效率，促进成长，并制造就业岗位、虔诚地纳税以及为利益相关者创造价值。

这里并不打算成为一个弗里德曼式的陈述，即企业的责任只不过是创造利润。但是如果企业想要繁荣发展，最重要的环境是拥有一个提供财政、法律、教育、安全以及给予企业活动强有力支持的信贷机制的政府和社会系统。如果这个条件全世界具备，我断定超过十亿的人将不会再生活于极度贫困之中。

慈善事业（对某些有需求的人有一点帮助）是好的，但是也只能解决小问题。

在几十年内以最短时间在全球范围消除贫困，企业应该被号召以无产者所需要的同样的方式行动起来，比一个世纪前更加团结一致进行抗争——"世界上的企业，团结起来，通过在发展中国家发展和投资来为更好的环境而斗争。"

一旦有此需求的国家意识到他们必须变革（这是我们必须争取的），事情将有所改进。同时，企业必须检视自己的行为，应致力于为它们的职工家庭提供一个好的生活，令他们可以学到知识、享受他们的工作、早早回家并教育他们的孩子，以及为现有的环境寻求保护。他们必须确信，利益相关者和投资者拥有好的回报和透明度信息。他们必须确定，所有的税收都按时缴纳，并给政府施压令其合理地使用资源，以及和腐败做斗争。这些和其他一些事情对于创造一个美好世界，以及确保自然自我平衡都是重要的。

思科系统公司的吉姆·福斯特（Jim Forster）强调减少信息成本对经济发展具有积极作用，并通过举例说明非洲企业的互联网接入成本是美国企业的 40 倍来强调他的观点。

巴斯夫欧洲政府事务分部的安德烈亚斯·布鲁特纳（Andreas Bluethner），

一个化工企业的博士，建议应该建立一个全球化的公私合作组织，负责解决全球化的难题。同时指出，更好的合作需具备的条件是：

◆ 透明度。

◆ 信任。

◆ 管理期望。

◆ 建立伙伴关系和管理技能。

◆ 可用资源。

◆ 内外部沟通。

◆ 在不同组织文化间转换的能力。

位于玻利维亚圣克鲁斯的 GTB 公司的总裁兼总经理爱德华·E. 米勒（Edward E. Miller）写道："GTB 公司所获得的与本土居民之间关系的信任水平，为公司维护天然气管道做出巨大贡献，而玻利维亚目前没有出现常见的社会冲突。这种信任关系的建立促成本土社区家庭从由公司所提供的长期和短期工作机会中获得收益。"与本土居民建立合作关系的成功因素在于"建立信任"以及确保互惠互利：天然气管道的日常运营 = GTB 公司的稳定业务 = 为社区居民提供就业和发展 = 本土家庭更大的福利。

作为合作伙伴关系成功的关键，米勒说道，为了这些方案能起作用，必须建立一个来自于高水平管理的自上而下的承诺制度，要求在组织内部每周向经理报告，以确保项目的透明度以及明晰什么能做和什么不能做。

迈克尔·斯宾利（Michael Spenley）是小宗采购及直接购物集团（Littlewoods & Shop Direct Group）的负责人，这是英国最大的服装和家居用品网上零售企业。斯宾利坦承，他的企业为发展所做的还不够：

"我们在企业社会责任人上有一个有些勉强的定位，尽管我们专注于有道德和负责人的采购……自 2000 年以来我们还没有发行社会报告，并在延长组织文化变革的过程中部分地迷失了关于发展问题的方向……我们组织内的许多雇员也许很大程度上更喜欢为千年计划提供一种自定义可衡量的贡献。然而，我们首先是一个企业。我们必须保持一只眼睛在地平线，并保证商业价值的平衡或盈利。"

斯宾利赞成联合国全球契约，说明联合国契约已经对企业为发展做贡献而行动起到催化剂的作用：

"联合国契约的信件传到我这里和我们的首席执行官那里，也常常来自于联合国秘书长办公室。我不确保您的企业，但是在这里意味着行动！信件从我们首席执行官那里筛选到我的层面用红笔标出指令或问题。"

重要的是，他指出了参与发展问题的主要障碍是：成本、有限的资源、有限利润的预期，以及在关系到商业项目上的较低的优先权。

宝洁营养科学研究所的科米尔博士指出，他们与政府、非营利组织、非政府组织以及多边机构合作的经验是复杂的。她表示，合作中的多元力量以及不改变其中的参与者是重要的。重要的是，她写道："当所有参与者各就各位并为最终目标或结果负责的时候，我看到了这种机制处于最好的状态。这是一种自发的或自上而下产生的压力。"她还表示，不得不移除的第一个障碍是每一个组织对其他组织先入为主的行为：

"政府部门假定私人部门企业没有适当关注消费者和环境。公共部门相信私人部门仅仅关注利润，但是有一个有用的深口袋用于向他们的项目提供资金。私人部门认为政府和多边机构拥有如此复杂和低效的官僚制度，使完成任何事情，特别是及时完成，成为不可能。或许，他们认为在政府行政中的变革将会导致领导能力、关注点以及以前的决定发生变化。当然，这些只是基于现实情况的泛泛之谈。

第二个障碍是我们彼此间的成见和抱有不切实际的期望。例如，非政府组织、政府部门和多边组织经常想与私人企业的合作仅仅专注于最低经济水平的群体。这个愿望通常被认为是一个不现实的企业议案，将会导致消费品的价格不仅不能弥补成本，甚至对企业来说是赔钱的。此外，具有社会能动性的企业希望当地政府部门帮助它们在陌生的市场中从各方面满足公众的需求（制造、营销、意识、分发等）。而且，这并不是这些企业所具有的能力。"

科米尔博士列举了合作关系成功的因素：

◆ 花时间确定任务、目标和措施。

◆ 花时间确定结构（如决策制定、沟通）、角色（任务）和责任。

◆ 花时间建立一种不仅是表面的而且是一种彼此信任和开放性的合作关系。

◆ 理解合作组织的文化并在这种理解的基础上支持合作伙伴。

◆ 通畅的沟通。

为了回答私人部门如何做才能消除世界上的贫困问题，迈克尔·斯宾利写道，消除贫困的显而易见的措施有：

◆ 为生产销售商品的工人提供一种生活工资。

◆ 使消费者意识到他们的责任。

◆ 结束那种大多数消费者都追求最低商品价格被扔掉的消费主义。

◆ 扭转趋势，使人们从关注廉价的重要性到关注价值的重要性。

重要的是，斯宾利写道："在一个发展中国家，年轻妇女为西方消费者缝制衣服，而她们自己却不能获得她们需要的衣服；教师们在学校教书，而他们自己的孩子却不能获得教育；建筑工人在省会城市修建摩天大楼，却只能住在棚户区且不能被企业领导者合理地接纳。"

爱德华·E. 米勒写道，世界上最优秀的头脑几十年来一直在努力研究私人部门在消除贫困方面的作用。他提出，私人部门必须帮助社区制定他们关于改善工程的业务计划，并为工程的完成提供相应的治理："当私人部门成为一个参与者并充分承诺帮助别人，在世界上消除贫困就不需要大量的金钱，这样也帮了私人部门自己。"

詹姆斯·P. 克拉克（James P.Clark）是世界技术网络（World Technology Network，WTN）的总裁，世界技术网络是一个同行题名、同行选举以及包含许多在科学技术创新领域人才的全球性协会（http：//www.wtn.net）。每年的小组会议重点在于设计企业千年计划的问题，并且他们的年度世界科技奖励计划包括的奖项诸如社会企业家、政治、教育、法律和环境，此外还有信息技术、生物技术、通信技术、材料、能源、空间、健康和医药。

世界技术网络已经和联合国项目事务厅、联合国教科文组织、联合国开发计划署、联合国经社部形成合作关系。克拉克评论说：

"我们一开始就有兴趣和承诺，但是我们的联合国合作伙伴在后勤和文化方面无法切实有效地工作。我们与各种从事于发展工作的合作伙伴的合作经历，特别是联合国体系内的多边组织的合作经历一贯是令人失望的。我曾经遇到一些人，在合作开始之前似乎是令人惊奇的、有经验的和充满热情的，但是当真正开始展开细节工作之后，他们或他们的同事似乎开始失望。[①] 这导

---

① 我把这个问题归结为 3 个 "MS"：会议、任务以及包括病假和咖啡时间的漫谈。

致各种问题，包括：

◆ 由于我们在没有伙伴配合的情况下完成所有工作，我们所期望获得的交付（结果）比它应有的要差一些。

◆ 联合国的声誉以及一般的开发工作甚至降到低于那些我们试图鼓励其加入的人们的预期。"

克拉克指出，一些合作者比另一些更有效的首要原因是："重要的执行者或领导者决定无论花费多少时间和精力，都要使项目落地，并监测项目的收益。就是这种态度，通过过滤发生的一切取得应有的效率。"

他说，关键执行者或领导的问责制也是一个关键因素。"如果一个项目不能实现它的目标，必须展开详细的调查，而且需要调查一些人。联合国体系中过于频繁出现这样的情况，一个失败项目被每个人（经双方同意后）所忽视，或者项目管理者仅仅是在联合国体系内其他地方换一个新工作，可以继续在自己的地盘低效率工作。"

因此，联合国全球契约是解决问题的（或一个）答案吗？这个问题将在下文考虑。

联合国全球契约

全球契约自从 1999 年由科菲·安南（Kofi Annan）在达沃斯世界经济论坛上发起以来，联合国全球契约快速增长。正如专栏 10.1 可见，它包括期望企业所开展的四种主要行动。[①]

关于这些对参与企业的期望并不存在特别的争议，迄今为止已经有大约 1700 家企业签署了协议。经常能听到的批评是，通过被看见与联合国合作企业获得利益，但并没有要求他们做什么事情的强制性责任。另外，据称除非被看见和联合国合作，否则好企业只能被排除在全球契约之外。

不过，现今，联合国全球契约是全球最大的公民团体立法提案权，涉及

---

① 浏览 http://www.unglobalcompact.org。

超过 80 个国家的 2000 多个参与者，包括企业、劳动者和公民社会（是联合国的非政府组织的委婉称呼）。

至于所涉及的十条原则，并没有特别的争议，也许主要的争议在于劳动力原则所涉及的第三条和第六条。然而，直至今日也没有大体的数据来判断企业是如何遵守这十条准则的，尤其是对劳动力原则的遵守情况（见专栏 10.2）。

专栏 10.1　　　　　　联合国全球契约企业行动

给参加联合国全球契约的企业：

（1）从首席执行官（以及被董事认可的其他可能的地方）那里给联合国秘书长科菲·安南发出一封信，表示支持全球契约及其规则。

（2）改变企业的运营以使全球契约及其规则成为企业的战略、文化以及日常运营的组成部分。

（3）期望通过诸如公开发行和演讲等传播工具公开拥护全球契约及其规则。

（4）希望在企业的年度报告中说明它是如何支持全球契约及其十条规则的。这种"进行中的传播"是展示执行公共责任的重要工具。

全球契约通过下列方式给企业提供义务上的机会：

会话：关注那些与企业公民资格、全球化和持续发展相关的特定问题的可指导行动的会议。

信息共享和研究事件：参与者分享关于全球契约的经验和教训，借以实现地区性的资源共享和研究事件。企业也被邀请列举和分享好的合作经验，以及其在全球契约网站上学习的课程。

参与计划：全球契约鼓励参与者投入与联合国机构和公民社会组织合作的项目中，以支撑全球发展的目标。

专栏 10.2　　　　　　全球契约的原则

人权

原则 1：支持和关注对国际人权的保护。

原则 2：拒绝参与和宽恕对人权的滥用。

劳工

原则 3：支持联合的自由，并承认集体协议的权利。

原则 4：禁止强制劳工。

原则 5：禁止雇用童工。

原则 6：去除对雇用和职业的辨别。

环境

原则 7：预防的实施和有效的解决环境问题的途径。

原则 8：主动示范环境责任。

原则 9：促进环境友好型技术的扩散。

反腐败

原则 10：促进和树立主动意识反对各种形式的腐败，包括敲诈和贿赂。

联合国全球契约的未来发展已经得到很多批评和评论。[1] 例如，乐施会的杰里米·霍布斯（Jeremy Hobbs）（一个联合国全球契约成员）观察到，有一些全球契约框架下的企业持反对意见，但是它们需要在 4 个关键问题上与外界压力抗争：①履行标准；②一个申诉员或登记投诉机制；③实践中的透明性（包括一个组织如何成为成员，怎样或为什么他们将会被排除在协议之外）；④完全接受联合国关于跨国公司职责的规范。[2]

霍布斯进一步指出一些全球契约框架下的企业支持这些规范，但是美国企业尤为反对。当前，没有关于企业侵犯基本权利，或者这些权利是如何被侵犯的相关的契约评价。有趣的是，这个契约开始悄悄地将那些令人震惊的违反规则的企业（被称为"搭便车者"）退市。但是，这个过程是非常神秘而宁静的。

作为一个联合国全球契约的支持者，它的作者事实上是在酝酿企业和联合国之间达成协议的需求。早在 1994 年以前，在他为联合国人类发展团队工作的时候他就开始这么做了。在我这本书第一版里（《行星的交易：企业的社

---

[1] 比如 http：//www.globalpolicy.org/reform/business/2004/0623countersummit.htm。
[2] 在先前脚注记录的讨论中：http：//www.globalpolicy.org/reform/business/2004/0623countersummit.htm。

会责任来自年龄》）就能找到这些观点。① 于是我成为联合国全球契约的强有力支持者，但是希望它能够包含我在第二章给企业社会责任下定义时所涉及的所有利益相关者。

正如我在 2002 年写道，联合国全球契约设定规范企业行为的规则水平时仅涉及三方面的利益相关者：劳工、环境和社团（人权）。② 我也指出，事实上在今天，当今的全球报告倡议组织无疑包含了所有的利益相关者。它已经敢于尝试设计一系列利益相关者，促使企业能够报告进展情况，以实现"三重底线"的目标。然而，全球报告倡议组织也有被批评的地方③，并且我自己的观点是全球报告倡议组织包含太多特别有用的利益相关者——因此"大部分"企业可以说它们在一些拼凑的努力和不容易被允许的公司间比较之后，保护了"大部分"利益相关者。此外，许多利益相关者是高度关联的，因此也是多余的。

虽然这是我自己对联合国的评论，但我仍认为联合国做了许多有成就的事情，只是没有足够权威以及在取得跨国公司目标时不是特别有效率。因此，联合国全球契约能满足我所关心的主要问题吗？它在招收新企业成员上的成效比我原先预想得要好一些。然而，联合国的局限性和美国的强大负面影响将继续阻碍它获得全球性的成功，甚至有和它协作大企业的帮助也是如此。当然，许多企业与联合国合作只是为了寻求"荣誉"，而其他企业将会认真遵循这十条原则。但这显然是不够的，当他们仅能部分地保护所涉及的所有利益相关者时，甚至是全部履行职责时，将会有更多可能因素导致不能推进大发展并实现企业千年计划。

在全球契约中（现在主席乔治·科尔和两名顾问）已经指明了全球契约的

---

① 其实在联合国 1994 年的一个项目中［迈克·霍普金斯（1994）《联合国私营部门的角色》，向人类发展小组组长报告，纽约，VNDP］，我就已经讨论过了企业和联合国之间紧密合作的重要性，并写道"社会协议或契约可以包含什么，应该去指导什么人？假设三种主要的行为：第一，在国际层面上，大力推行最低优先的劳动标准，包括世界贸易组织的国际协定中。第二，应鼓励私营企业致力于一组人人都尊重的最低工作条件，而不是通过立法来实现这一点，并考虑到私营部门的自身利益，世界上主导企业的领导人应当会聚一堂，达成君子协定。联合国可以为此制定议事日程。第三，各个国家应当积极地同意和尊重最少数量的工作标准。"然而，我并没有声称自己是 GC 的创始人，也许安南 1999 年在达沃斯的讲话受到了我五年前研究成果的一点启发。

② http：//www.mhcinternational.com，当月特别企划，2002 年 9 月。

③ Mallen Baker（2002）'The Global Reporting Initiative-Raising the Bar too high？'，August，www.mallenbaker.net.

局限性。他们写道：

全球契约存在矛盾。一方面，它给参与企业和其他相关者创造了一个联系网络；另一方面，它是在国际化和联合国拥有为数众多的接受其指令的官僚部门的背景下被制定的。一方面，它是一个关于学习、建立关系网络以及在全球范围内开展关于人权、劳工水平和环境保护问题的对话的实验；另一方面，仅仅当它能够清楚地展示获得千年发展目标的成绩，或者能减少所能觉察到的全球化问题时，它才能够被一些外部批评者所接受。全球契约实验的寿命以及全球契约将会掌控自己命运的愿望，以及离开联合国这一母体，意味着所有权将从联合国散发出去。①

因此，特别行动是问题的答案吗？下面我主要讨论一个特别行动，被称为企业非洲行动（BAA）。

企业非洲行动

2005 年 7 月，在一个由壳牌的前董事以及英美公司主席司徒慕德（Mark Moody-Stuart）主持的会议上，发起了一个被称为企业非洲行动的组织。这是一个支持非洲发展的企业运动，集合了 36 个国家的超过 330 个非洲和国际上的企业。他们的前提是"企业将成为政府、捐助机构和其他促进非洲持续发展的公民社会组织的一个积极的部分。"会议由八国集团主席首相托尼·布莱尔致开幕词，结束时由尼日利亚总统奥巴桑乔、非洲联盟（非盟）主席和非洲发展新伙伴计划（NEPAD）国家元首和政府推行委员会以及国家发展部国务卿希拉里·本（Hilary Benn）致闭幕词。姆瓦纳瓦萨（Mwanawasa）总统和副总理兼部长莱霍拉（Lehohla）一起出席会议并讲话，同时出席的还有来自阿尔及利亚、喀麦隆、埃及、卢旺达、塞内加尔、南非的部长们，以及 80 多个私人部门的发言者。

---

① Malcolm McIntosh, Sandra Waddock and Georg Kell（2004）Learning to Talk, Sheffield, Greenleaf Publishers, p18.

　　这个会议展示了我的观点，即企业们越来越多地参与到发展问题之中了。然而，会议的主导地位由政府和政治家所占据，并没有包含除了司徒慕德之外的太多重要的企业总裁，这说明这场企业运动要走的路还很长。更多的援助和慈善事业可能是值得欢迎的，但至今都没有成功。然而，正如会议上所指出的，已经取得了一些进展：

　　政府应该退出那些企业能够更好发挥作用的领域。政府用心良苦的努力往往超过其规范和对企业征税的职责，扼杀了企业的积极性。非洲政府应该优先考虑给企业经营移除障碍，并为本国企业和外国投资者改善投资环境——通过创造一个基于法律、透明性、多元化、公平竞争规则以及有效的公共部门管理的社会。

　　无疑，非洲社会的腐败问题已经成为它发展落后的一个主要因素，这方面有很多事情要做。但腐败并不能一夜间被消除，更多的"T&A"将不是必需的办法。然而，这个行动正朝正确的方向发展，并且是在消除贫困的道路上迈出的一步。

　　私人部门在发展中已经取得进展的一个领域是"私人—公共合作关系"（Private-Public Partnerships，PPP）。PPP能带来多少发展的答案呢？

公共—私人部门合作关系

　　近些年，包括公司、政府、国际组织和非营利或者非政府组织在内的伙伴关系吸引了研究者和政策制定者的很大关注，特别是在2002年召开的约翰内斯堡可持续发展世界峰会之后，这种趋势更为显著。然而，私人经济体投资者不参与这一伙伴关系，为什么会这样？为了使更多的投资者参与到降低全球贫困的斗争中并发挥更为积极的作用，需要讨论的关键议题是什么？

　　"公共—私人部门合作关系"描述了一种公共和私人部门之间基于基础服

务协作条款的可能关系谱系①（见图 10.1）。唯一本质属性是在传统公共领域服务传递中关于私人参与的程度。私人部门可能包含私人投资者、非政府组织和社区组织（CBOs）。在这样的环境下，社区组织直接地表征为一个或几个社区，与此同时，非政府组织充当了政府和各个社区之间的媒介，并通常为了他们项目的发展而提供给社区技术和财政支援。通过公共—私人部门合作关系，私人部门的优势——创新性、资金可获得性、技术知识、管理效率以及企业家精神与社会责任、环境意识以及本土知识等公共部门联合起来共同用来处理都市问题。

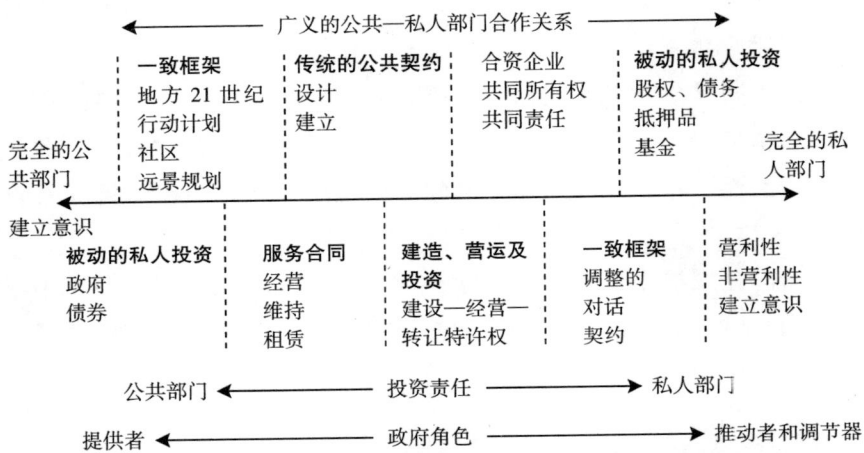

图 10.1　公共和私人环境服务提供者间可能的关系图谱

　　尽管政府和私人企业在向私人部门购买公共服务方面有着长期合作，双方都不愿意介入如基础服务供给等更为复杂的合作关系。政府通常担心私人企业会向他们过度索取，与此同时，企业则倾向于认为政府近似于累赘和浪费时间。因此，如何才能诱使这两方脱离他们原来的传统路径并说服他们一起致力于解决城市环境问题？通常这会带来公认的风险，其中多个团体承认会影响他们的核心利益。拿城市基础设施建设来说，这么多城市面临的重大问题构成了上述风险，并已形成新的购买力平价的主要驱动力。

---

　　① 取自 Elizabeth Bennett，Peter Grohmann and Brad Gentry（1999）'Public-private partnerships for the urban environment options and issues'，PPPUE Working Paper Series Volume I，Yale University for the UNDP，New York，and available on www.undp.org/ppp/library/ publications/working1.pdf1.

　　然而，在地方一级实施这些合作伙伴关系的努力面临许多挑战。对政府而言，面临的挑战是要想方设法履行其责任，确保所有公民获得基本服务，同时满足私人企业的需求。这意味着一种新的并且对于许多政府来说通常非常困难的过渡，即从基础服务的提供者和经营者向推动者和监管者的转变。对于私人企业，面临的挑战是要确信在任何特定项目的投资提供比其他现有的投资机会更具吸引力的回报。公司通过潜在风险与潜在回馈的比较来得出结论，其中包括国家风险（反映了政府为任何国境内的个人投资建立的常规框架）和项目风险（反映了政府提供的投资机会的特性）。

　　然而，公共和私人部门能力范围内存在的差距使克服这些挑战进一步复杂化。这些差距主要包括：

◆ 整个公共和私营部门之间相互的不信任及对彼此利益和需要缺乏理解。

◆ 安排可持续发展伙伴关系时当地现有信息和经验的匮乏。

◆ 基本的法律、政治和体制阻碍了形成有效的公共—私人部门关系。

　　这些差距往往会导致漫长的谈判，使交易成本上升，比规模较小的项目去吸引潜在的国际的和更大的国家投资者要少得多。

　　众所周知的公共—私人部门伙伴关系是私人融资计划（PFI），这是保守党政府在 20 世纪 90 年代早期的一次创新，托尼·布莱尔的工党政府一直热衷接受这一计划。[①]

　　各国政府和地方当局一直用税款支付私人承包商修建道路、学校、监狱和医院。但在 1992 年，保守派开始思索让承建商来付账的方法。在私人融资计划中，承包商支付建设成本，然后将完成的项目租给公共部门。这使政府在不增加收税的情况下增建了新的医院、学校和监狱。承包商可以获得设计施工过程中预算之外的多余现金以及租金。

　　然而，批评者说政府仅仅是抵押未来以及长期的资金来支付私营部门执行这些计划，这比公共部门自己来建设花费还要大。

　　综上所述，从公共—私人部门合作关系中能够得到如下借鉴：

◆ 合作关系在组织间建立，但因为个人得以成功。

---

① BBC News Online 'What are public-private partnerships?' Wednesday, 12 February 2003, 18：58 GMT.

◆ 一个强有力的领导必须用远见卓识、精力和热情支持合作伙伴关系的目标。

◆ 这种远见卓识必须分享。

◆ 决策必须联合。

◆ 所有合作者公共出资有助于任何项目。

◆ 可视的高层组织的支持传达出该组织的其他合作伙伴和广大市民的承诺。

◆ 组织应该考虑新的思路和办法，分担责任，并发挥积极作用。[①]

结 论

本章我的论点是自第二次世界大战之后，联合国曾经扮演了领导者的角色。它表明领导者的想法——最近开发计划署人类发展报告和世界银行发展报告，同时也显示出创新能力，千年发展目标和联合国全球契约就是两个例子。它也越来越多地与私营部门合作。然而，资源的匮乏以及其强势会员国所采取行动的政治使联合国在处理当前发展不足及紧迫问题方面处于不利地位。因为 T&A 通过误导援助，能够预见它影响发展的力量将持续减少。在微观层面上，大公司做得越来越多，以协助发展。在宏观层面上，公司在政策上皆不愿意采取行动，但批评者敦促他们继续执行石油收据，这种订单使他们在发展中国家令人鼓舞的发展中保持着管理不善的状态。通过采掘业透明度（EITI）等倡议，一些踟蹰不决的进程已经取得了进展。[②] 从此种意义上来说，联合国在宏观层面上成为企业越来越重要的合作伙伴。但联合国必须不断创新，否则公司将简单地采用自己的方式来促进发展。

---

① 浏览 http://www.businessandmdgs.org。
② 浏览 http://www.eitransparency.org。

第十一章　发展中国家的社会责任投资

对于企业来说，社会责任投资（SRI）资金的首要作用是鼓励其在环境和社会报告中增强透明度。因此，社会责任投资资金在促进企业治理与环境、社会发展相结合上起到一定作用。（国际金融公司）

引　言

社会责任投资（SRI）是增长最快的投资中的一种。仅仅在美国，根据社会投资论坛的数据[1]，从 1995~2003 年，除去零售和机构资产、股东收益和社区投资，社会责任资产获得了 40% 的增长，高于所有的美国专业管理的投资资产。社会责任投资组合增长了 240%（1995~2003 年），而专业管理的全体投资只增长了 174%。

在 2005 年，一项研究集中了经过半小时交流的 42 位社会责任投资领域前沿研究者的观点。[2] 该研究结论如下："由过去的十年可以证明社会责任投资作为道德投资者的道德保护的工具转变为主流投资者的工具，尽管主流投资者对道德投资本身不感兴趣，但是他们意识到公司的不道德行为会伤害他们的投资。"

---

① 《美国 2003 社会责任投资趋势报告》，社会投资论坛，http://www.socialinvest.org/，2005 年 11 月 25 日访问。

② 《社会责任投资的未来：思想领袖研究》，详见 http://www.socialfunds.com/news/article.cgi/article 1832.html，2005 年 11 月 30 日访问。

社会责任投资在发展中国家

　　英国社会投资论坛定义社会责任投资为把"社会、环境、道德和公司治理（SEE/CG）作为选择、保留和获得投资和与投资相关的重大的权利行使（如投票权）要考虑的问题的投资。社会责任投资将投资者的财务目标与社会、环境、道德和公司治理（SEE/CG）等问题结合起来。"社会责任投资通过金融机构实现了在发展中国家的投资覆盖，例如投资基金、股票、债券等方式，就像跨国公司自身运作的投资一样。

　　这是否意味着发展中国家现在比以前会接受更多的投资资金？一个相关的问题是，是否社会责任投资正给发展中国家带来比实际投资总额更多的投资？另一个更难推测的问题是，是否发展中国家最贫穷的人受益可能比事实的社会责任投资资金多？尽管我们认识到发展中国家的外国直接投资正在持续增加，但我们无法回答这两个问题中的任何一个，然而我们知道外国直接投资（FDI）在中国、印度和巴西正迅速地增长，相比之下流向非洲的却很少。

　　进而哪一部分外国直接投资是与社会责任相关的，哪一部分不相关是一个无法用可靠的数据回答的问题。同样也不能说明是否现在新的 CSR 趋势确切地引导投资者在发展中国家投资比从某种角度的实际数据更多。例如，麦肯锡公司曾经制作了一份 500 多页关于跨国公司在发展中国家投资情况的报告。[1] 他们采用案例研究的方法但是没有涉及社会责任投资。并且，尽管他们的报告超过 500 页，但是他们的主要结论并没有特别的创新，只是做出了诸如"跨国公司提高了发展中国家生活水平"一类的陈述。

　　UKSIF 指出：西方银行正不断扩大他们在发展中国家的服务，他们当中的很多银行已经加入了名为"赤道原则"（EP）的项目，该项目为金融组织管理其在项目投资上的环境和社会问题提供了一个框架。[2]

---

① McKinsey（2003）New Horizons –Multinational Company Investment in Developing Countries, San Francisco, October.

② UK Social Investment Forum, Just Pensions Report, No.11, Financial Services, October 2005, p4.

像我们以前知道的那样，EP 项目由十家最大的银行发起，之后其他很多银行加入。在该项目的运行效果上出现了不同的观点，很多非政府组织已经开始批评该项目。银行监察组织（Bank Track），是一个专门跟踪非政府投资对社会和环境的影响的全球非政府组织的联合组织，2004 年其发表了一份评估报告①，题目是：《原则、利润和公共关系？EP 项目的 3P 投资》。该报告批评 EP 项目的银行在项目投资上违背了 EP 准则，在履行 EP 原则（3P 指的是人类、地球和利润之间保持平衡）上缺少透明度②。该报告引证了从 EP 项目创办以来违背 EP 原则的一些项目，如投资 36 亿美元的从阿塞拜疆的里海到土耳其地中海的巴库—第比利斯—杰伊汉管线（BTC，Baku-Tbilisi-Ceyhan）输油管道项目。

社会责任投资对促进发展的作用

社会责任投资对生活水平的影响难以用数字衡量。但是，从一些描述中可以试着说明，比如一个分析伦敦原则的影响③涵盖企业社会责任的原则之一，原则 6，指出：

通过投资行为，提升企业社会责任的标准，可以实现公正的权利。近些年来，供应链的商业风险、当地社会的影响和其他社会发展问题不断增加，公正投资者的一个任务就是确保这些风险通过高标准的企业社会责任得到控制而保护投资利润。

报告提出的分类机制的目的是确保持续的项目获得英国背景的金融机构持续的资金。报告的作者发现："准确评估他们的影响是很困难的，可能与2002 年约翰内斯堡充满幻想的气氛中制定的过度雄心勃勃的目标相反，这是

---

① 根据 http://www.socialfunds.com/news/article.cgi/article1436.html 的报告，2005 年 12 月 15 日访问。

② http://www.banktrack.org/fileadmin/user_upload/documents/0_BT_own_publications/PPP_report_0406_final.pdf，2005 年 12 月 15 日访问。

③ 'London Principles Pamphlet：3 years on from Johannesburg Summit'，Forum for the Future，London，2005.

最不令人满意的结果。经过再次考虑，报告发现个别的 LP 项目可能不会建立确保持续发展的机制。有效的发展机制依靠很多因素，这当中很多因素都是一开始任何人初始认识之外的。然而，我们还是试图探索建立补充机制和激励发展途径的可行性。"报告的结尾隐晦地指出："LP 机制的作用是不明显的，签约方能够很好地促进，但是对更多的金融系统有很少的影响。"

人们可以同情该报告的作者，不幸的是，这些原则很难被准确地评估。这其中的部分原因可能是社会问题不像环境问题那么突出。LP 原则其中三条是有关环境的，只有一条是有关社会的。这说明在咨询报告的准备过程中，环境学思想家超过社会学思想家——该报告的两位作者中的其中一位是知名的环境学家乔纳森·波里特（Jonathan Porritt）。

社会责任投资公司

近几年，投资于社会责任产物的公司数量获得了增长。但是，这方面没有一个完整的名单，像英国社会投资论坛这样的组织，会员快速增长至 165 个，其中银行和建筑业协会 8 个、投资管理组织 53 个、社会金融组织 6 个、独立金融顾问 17 个、专业咨询公司和科研机构或个人 40 个、其他 41 个。[1] 也许最好的说法是：这一领域在数量和兴趣的多样性方面一直在增长。

在英国以外，许多工业化国家都有社会投资，尤其是加拿大和美国，伴随行动的增加，还有南非、荷兰、法国、西班牙、葡萄牙、澳大利亚和德国。然而，发展中国家如巴西、中国和印度，很少有 SRI 资金投资在那里——下面将深入讨论这一现象的一个方面。

尽管社会责任投资迅速增长，普通的投资者仍然不清楚这个领域。例如：2005 年 12 月，洛德·格里菲恩（Lord Griffiths）在伦敦的一个商业伦理学院进行的一个演讲，他是高盛集团的前副主席和英国财务署影子内阁大臣任命的信贷委员会主席。在回答我的提问——关于委员会是否涉及社会责任投资时，

---

① 详见 http://www.uksif.org/Z/Z/Z/dir/type/index.shtml#a4，2005 年 12 月 15 日访问。

他的回答是空白，因为他不确切地知道社会责任投资的意思。

进一步，美国非政府组织社会基金认为：投资区分为社会责任投资研究和"主流思想"研究。社会责任投资研究主要研究社会和环保理念如何转化为投资决策，"主流思想"研究纯粹聚焦于金融因素。① 因诺维斯特股票评级公司（Innovest）就是一个例子，该公司十年前成立于美国，首席执行官是马修·基尔南（Matthew Kiernan）。他反对跨过分开的、割裂的社会和环境持续发展思想直接进入金融因素方面分析的方法。基尔南的评论如下：

我们认为我们是在做一个横向的剖析，分析我们所坚信的主流投资所在的领先优势，而不是幻想自己站在我认为是投资领域的纵向划分的新古典主义的企业社会责任传统里。这个结论背后的社会逻辑是：我觉得如果我们能够转移这40万亿美元主流投资的方向用于可持续发展，甚至只是1/10，我们就可以调动非常多的资本，可能甚至比传统的社会责任投资领域更多的资金。②

基尔南很难确定因诺维斯特股票评级公司的直接竞争对手——不是传统的社会责任投资研究公司，如 KLD 研发分析公司或者道德投资研究服务公司（EIRIS）。传统投资管理和可持续资产管理都将可持续发展因素的研究归结到财务分析，但都不是因诺维斯特股票评级公司的竞争对手。

虽然很少，如果有的话，社会责任投资公司针对发展中国家，一种间接基金（由因诺维斯特股票评级公司发起的）是"全球契约附加"分析工具，这种工具使投资者可以评估那些加入到全球契约（关于社会和环境承诺的自愿性框架）中企业的可持续发展方面的表现。这种新工具有三个突出特点：第一，它关注可持续发展风险。第二，它不是关注于企业说自己做了什么，而是关注企业确实做了什么（基尔南指出："它们说的和做的之间往往会有差距，如果你所知道的全部是它们所说的，你投资的时候就像有一只手藏在你身后，会影响判断"）。第三，它直接对比同行业竞争对手进行企业评估和分级。

一些知名的企业加入社会责任投资领域。汇丰银行投资公司观察到，近年来对社会责任投资的需求量持续上涨，尤其是在欧洲、美国，最近这种需求突出表现在亚洲。③ 汇丰银行拥有一个包含五个人的社会责任投资小团队，

---

①② 详见 http://www.greenbiz.com/news/news_third.cfm? NewsID=29209，2005 年 11 月 28 日访问。

③ 详见 http://www.hsbc.com/hsbc/csr/ethical-finance/products-and-services/sustainableinvesting，2005 年 1 月 27 日访问。

其总部设在巴黎，由分析师、市场营销人员和基金经理组成。他们的社会责任投资分析师在普通全球股票分析师意见的基础上，以及基于他们自己的外部评价机构的工作进行研究。此外，汇丰银行所有的欧洲股权分析师提供社会责任投资因素作为他们研究的一部分。

汇丰银行团队使用传统的筛选器械，并根据情况来决定投资或者不投资哪些社会责任股票。他们采用了一种消极的筛选方式，同意他的客户拒绝投资一些股票。然后，他们使用一种包含两个步骤的积极的筛选过程：将一种社会责任投资领域从所有领域（他们的社会投资分析所执行的那些领域）中区分出来。然后，基于财务数据从这些社会责任投资领域选择股票。我不明白为什么社会责任投资意味着投资者不应该从他们的投资中得到一个不错的回报。

汇丰银行说，它的社会责任投资团队有一个正在进行的会议方案，是关于大量从事社会和环境事务企业的方案。并且，在这些会议上，它的基金经理和分析师"也可能提高对企业公司治理的关注。"在 2004 年底，汇丰银行有大约 10 亿美元的合乎道德的以及社会责任投资的资产，尽管少于它所管理总资产 204 亿美元 1%的份额。

企业社会投资

企业社会投资（CSI）通常是被用于描述一家公司在一系列社会活动中所投资的术语。因此，与企业社会责任相比，其所受的限制性更大。杰里米·巴斯金（Jeremy Baskin）将对企业社会投资的研究复制于图 11.1 中，表明新兴市场公司就像是高收入的经济合作与发展组织国家所做的有关它们的企业社会投资报告，而这些国家也能拥有大规模的企业社会投资项目。①

---

① 以 4 个地区、21 个新兴市场、127 个领导企业的 CSR 分析为基础——亚洲、拉丁美洲、非洲、中东欧，Jeremy Baskin（2005）'Corporate responsibility in emerging markets'，presented at Middlesex conference，London，22 June.

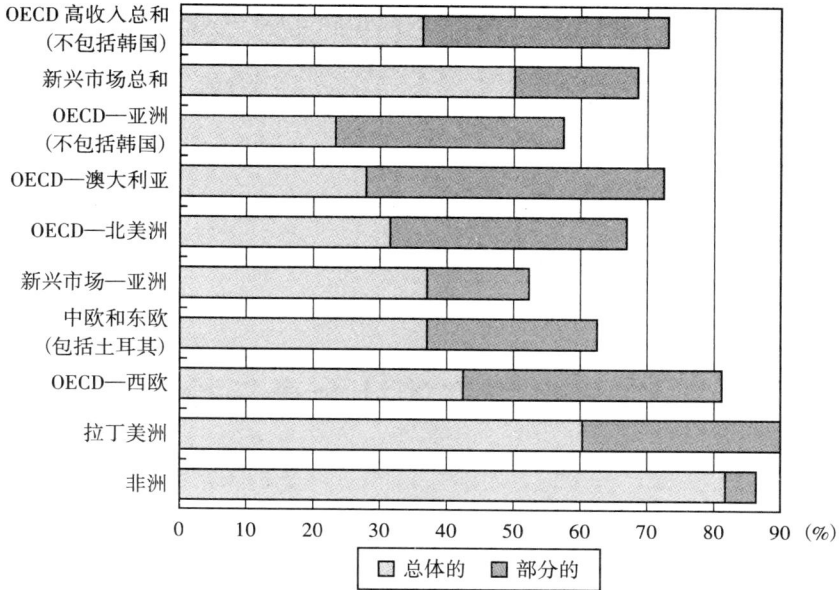

图 11.1　报告显示的企业社会投资程度

　　巴斯金认为拉丁美洲及非洲的一些企业因为高水平的收入不均等而更为积极，且通常由弱势国家提供社会服务，从而更加积极地推动一些在贫穷地区的企业。巴斯金还认为，这实际上也说明了企业社会投资在亚洲、新兴市场、中欧和东欧等地区的报告所显示出的低水平。在这些地区，社会不平等普遍来讲已经不存在极端现象了。

　　虽然企业社会投资相较于企业社会责任更为受限，但是根据企业社会责任的定义，这已经超出了慈善事业活动的范围，并包括对社会中的受益人可产生直接或持续性的影响作用。例如，南非的企业捐赠给教育事业大笔可观的资金，黑人的教育一直因为种族隔离而被严重忽视，然而南非政府还存在着诸多的不足之处有待克服。另外一个南非企业参与的普遍性企业社会投资活动是与艾滋病病毒相关的——南非一直被公认为是世界上艾滋病病毒发病率最高的国家之一，而南非总统姆贝基并没有重视该问题。在最近的调查中显示，因他对艾滋病病毒的低估而造成了灾难性的后果。该案例表明，如果政府拒绝承认问题的存在性，那么即使是富有同情心的企业也无法实施任何救济方案。

　　根据姆贝基所述，金田矿业公司是家典型的有着良好规范的企业。每年该公司都会拨出其税前利润的 0.5%，截止到 2004 年，该数据已增至 1020 万南非兰特（约为 130 万元）。该公司重点是投资于初级医疗保健设施和基础设施的供给以及医疗保健的教育上，包括对于艾滋病病毒的知识普及；一类、二类和三类的教育；社会发展项目以及环境保护的教育——所有三类活动。拨出的资金平均分配在矿产所在地的社区和那些较为偏远的社区，而这里所居住的也都是为了寻找工作而迁徙的劳动者的家属和亲人。

发展中国家的社会责任投资

发达国家与发展中国家的社会责任投资相较而言，发展中国家内的社会责任投资属于较为落后的。[①] 正如世界银行的国际金融公司所示，在绝大部分的亚洲投资者中，对于社会责任投资而言他们几乎没有认知，并且不能接受亦无法理解社会责任投资其实比传统的投资存在更为长期的优势。[②] 实际上，由国际金融公司所授权的对于 2003 年社会责任投资的产业调查显示，在所有的新兴市场中，社会责任投资资产总额仅为 22 亿美元，其中包括亚洲地区。这甚至还不到在世界范围内的 1‰，社会责任投资资产中仅有 10 亿美元是来自于发展中国家的投资者。

以印度为例，国际金融公司的报告中显示，"社会责任投资在印度还处于

---

① 这个地区新兴市场的数据是以杰里米·巴斯金在 M.R. 卡斯特罗的帮助下取得的原始数据为基础的（2005 年 2/3 月），他使用基于伦敦社会责任投资咨询公司 EIRiS 的经济合作与发展组织数据，包括以下所有数据：

经济合作与发展组织西欧，除了冰岛和卢森堡；

经济合作与发展组织亚洲，不包括韩国，只包括日本；

经济合作与发展组织澳洲，包括澳大利亚和新西兰；

经济合作与发展组织北美，包括美国和加拿大，墨西哥属于新兴市场；

非洲包括埃及、摩洛哥和南非的企业；

拉丁美洲包括阿根廷、巴西、智利、哥伦比亚、墨西哥和秘鲁的企业；

亚洲新兴市场包括中国、印度、印度尼西亚、马来西亚、巴基斯坦、菲律宾和泰国；

CEE 包括捷克、匈牙利、波兰、俄罗斯和土耳其的企业（中东欧）。

② David St. Maur Sheil（2003）'India: Report on SRI in Asian Emerging Markets', Centre for Social Markets, October, Report in Asian Emerging Markets, Sustainable Financial Markets Facility, SFMF, International Finance Corporation.

不被众人所知或理解的阶段。虽然社会责任投资的影响与价值在全球范围内逐渐增长，但在印度的金融市场中，既没有积极地将该投资引进本土，也没有令其本土投资者对此项投资有更多了解。"

在中国，也有同样的报道曾评论："社会责任投资的概念在中国还处于一个非常早期的阶段。"20 年里迅速的经济改革以及快速的经济增长给其环境和社会都带来了巨大的问题。然而，中国政府和越来越多的普通群众都开始意识到应该更加注重发展的平衡而非只强调经济的增长。许多企业也开始采用对社会和环境都有益处的责任实践。例如护理和教育职业，既没有社会责任投资资金，也没有任何激励措施给予这些从事相对较低收入的护理行业。但这种状况也许会随着资金市场中大量的革新而发生改变，包括外资管理企业的引进以及鼓励人民储蓄退休基金。

在巴西，社会目标在议程上一直都是被高度关注的议题，尤其在卢拉总统时期。巴西面临着巨大的社会和经济问题，特别是在其贫困的收入分配及高贫困率上十分显著。然而，即使在巴西，社会责任投资还是在缓慢地进展着。据说，巴西的社会责任投资活动于 2001 年开始，由 Unibanco，即巴西最大的金融机构之一，所发行的社会责任投资而起步的。[①] Unibanco 是针对巴西企业在该国社会与环境上所做出的表现而提供的调查报告，目的在于逐步给予某些大型公司压力，从而令其反思该社会责任投资所蕴含的多重利益，并改善其对于社会与环境上的商业实践活动。

2005 年，巴西股票交易所圣保罗证券交易所发行了一种社会责任指数，与英国富时社会责任指数（FTSE4 Good）相似。经历了一系列的争议之后，西罗·托雷斯（Ciro Torres）根据巴西社会与经济的分析报告表明该指数缺少由非政府组织、工会、环境与消费者组织的利益相关者的投入。[②] 他还指出该指数包括涉及烟酒和军火相关行业的企业。

---

① 详见 http://www.socialfunds.com/news/article.cgi/article479.html，2005 年 12 月 20 日访问。
② 详见 http://www.ethicalcorp.com/content.asp? ContentID=3932，2005 年 12 月 20 日访问。

微额信贷

　　与社会责任投资紧密相连的议题是微额信贷。大多数的新岗位是由中小型私营企业产生的，其中既有正式部门也有所谓的非正式部门。微额信贷是刺激这些中小型企业增长的燃料，是一个设计合理的信贷规划，可以帮助贫困人群创办小规模活动，使其逐渐可以开展可持续性的商业活动。联合国报道，截至 2004 年底，超过 9200 万的家庭，他们其中大多数人每天只靠不到 1 美元来维持生活，而这还是得益于微额信贷。① 在 1997 年的微额信贷高峰行动，是由来自 137 个国家的代表所发动的。值得注意的是，该行动统计的第一年借贷者为 1350 万人，而如今的数据已经翻了七倍。

　　即便是大型企业也在推广微额信贷。作为英国石油公司企业社会责任规划的一部分，巴库—第比利斯—杰伊汉管线输油管道计划激励大众参与其中。国际社区援助基金会（FINCA），一家位于阿塞拜疆的微型金融机构，与其一起合作可提供有效的方法使微额信贷确保小型企业可以与该输油管道计划前进发展。国际社区援助基金会投资组合中，巴库—第比利斯—杰伊汉管线输油管道计划资助的偿还率在总共 4380 位客户中为 100%。

　　根据 2005 年联合国开发计划署所公布的人类发展报告，微型金融的影响产生 "意义深远的收益，然而在前进的道路上还面临着挫折与挑战。例如，只有不到 1% 的世界银行资金是用于微额信贷的。"② （理查德·温加滕，联合国资本发展基金执行秘书指出："微型金融服务仍然大面积地存在于未满足的需求，尤其在非洲。"）③

　　联合国开发计划署所公布的报告指出，目前的微型金融里有 90% 的客户是在亚洲，而剩下的 10% 分布在全球的其他地方。在非洲，仅有 8.5% 潜在市

---

① 详见 http: //www.microcreditsummit.org /enews/2005–12_index.html，2006 年 3 月 4 日访问。
② UNDP（2005）Human Development Report，Oxford，Oxford University Press.
③ 详见 http: //www. ipsnews.net/news.asp?idnews=31341，2006 年 3 月 10 日访问。

场目前处在服务中，而剩下 91.5% 的贫困人群没有得到任何金融服务。在拉丁美洲和加勒比地区，只包含 11.6% 的人口。

微额信贷对于 19 世纪 70 年代的孟加拉国起了很大的推动作用，当时由穆罕默德·尤努斯（Muhammad Yunus）博士成立的格莱珉银行，帮助了那些在其他银行不能贷款的、极其贫困的人群贷得小额款数。1976 年，孟加拉国吉大港大学（Chittagong University）一位年轻的经济学教职员穆罕默德·尤努斯，从他自己的口袋中拿出 27 美元借给佐巴拉村的一群贫穷技工。[①] 为了提升那一小笔金额的影响，尤努斯自愿成为从传统银行借贷大量资金的担保人，点燃了其为乡村企业创办格莱珉银行的想法。如今，尤努斯的格莱珉银行已经给 5300 万人借贷超过 51 亿美元。与传统的观念相悖，贫困人群实际上是有能力且节俭的，并有能力挣得高额的边际储蓄率、富有成效的投资以及创造出低资本密集度的资产。CASHPOR 等非政府组织在亚非地区也效仿了格莱珉银行的做法。

然而微额信贷的方案之间存在着巨大的差异性。格莱珉银行只借贷给那些准备形成小组的贫困贷款人。如小组中任何一人拖欠还款，那么债务将会由整个小组一起承担。这样的话，没有担保品的潜在借贷人将会被来自群体的压力迫使还贷。因为调整信用机制的进展需要时间，所以从联合国开发计划署或相关机构所取得的资金，在能力形成过程的初审阶段是非常有利的。英国石油公司的方案是另一种不同的案例，本质上是给那些已经存在的小型企业融资且帮助他们准备商业计划，为他们在商业实践活动中提供培训。

女性被特别仔细地列为借贷者，而格莱珉银行已经表明贫穷的女性会很有效益地投资资金，使其家庭脱离贫困并且改善她们子女的前程。此外，通过该系统所进行的降低贫困率，不仅改善了家庭的物质状况，并且还提高了妇女在社会中的地位。实际上，在几乎对信用无任何需求的亚洲农村地区，实际利率已经上升到 40%。

贷款给贫困人群主要有两种异议：第一，贫困人群不能被确信是否能够偿还贷款。第二，如果方案太过于诱人的话，那么私人资金将会参与其中而不能再继续持有观望的态度了。格莱珉银行的经验使第一种异议搁置下来，

---

① 详见 http://www.businessweek.com/magazine/content/05_52/b3965024.htm，2005 年 12 月 20 日访问。

而如何把第二种异议搁置一旁就较为困难了。普通民众放贷的惯例需要银行去向借贷人放贷，然后认真地培养定期付款并且利用群众的压力令其还款。强化训练也是银行对员工的需求。这些预付费用不受商业银行欢迎，该银行一贯坚持放贷给那些拥有大量担保品的借贷人。然而，格莱珉银行的经验已深入亚洲之外，并放贷给大量的潜在借贷者，所以商业银行也逐渐开始意识到这点。格莱珉银行给贫困人群贷款的方法是一种扶贫的方法。

立普顿列举了以下成功的扶贫信贷的条例：①

（1）尊重可替代性。借贷者普遍了解资金使用的最好方法。

（2）关注贫困人群的额外贷款（或者鼓励提供该贷款的信息）——但并非直接把目标定在某人身上，让放贷人来标记贫穷人群。

（3）避免放贷条款中歧视贫困人群。

（4）如贫困人群无法提供担保品，那么为保护放贷人的资本，可用其他方式代替。

（5）抑制放贷的交易额，尤其是贷款的分配以及给贫困贷款人。

（6）如果当地的监督（例如同组的监察）不能冒风险，那么就采取一个组织形式，使贷款人的投资组合按地点和活动部门保持多样化。

（7）避免垄断借贷——正式的借贷、放债者和非政府组织都是互补的。

（8）在国家增长信贷投放之前，要确保未满足的要求在贷款出现时，应资助生产者物资或给予消费者抚慰，使该要求在金融、私营经济和社会上有满意的回馈。

（9）迅速且短暂地资助放贷机构的管理与交易金额，要非常谨慎地借贷资本，几乎没有利息。

（10）不要政治化或者软化偿还款——虽然全面的信用保险（总体来说是借贷人能支付的费用）可能在某些情况下会很敏感。

（11）如果有充足的基础设施和教育，那么有可能会存在有效的经济来回馈信贷（以及有效的偿还款）。

（12）借贷机构通过坚持成员在借贷前储蓄而获利。

---

① M.Lipton（1996）Successes in Anti-Poverty, Issues in Development, Discussion Paper No. 8, Development and Technical Cooperation Department, International Labour Office, Geneva.

（13）只有在可成功的情况下鼓励放贷人扩大放贷。某些放贷人在只提供信贷的情况下就可得到颇多的收益，其他人士还包括另外一些收益。

结　论

显而易见，投资分析家更希望看到为社会投资事业的商业案例而非由道德方面所促成的。但是，主流分析家只看到商业方面的原因是：

◆ 投资者对于谋取利润和创造价值仍存在极大兴趣。

◆ 社会责任投资没有被完善地理解，并且在当今的社会中其作用未被很好地估量。

◆ 在社会民主方面存在政治色彩，甚至还有社会主义/绿党的支持。

◆ 仍然存在着该投资行为应为政府责任的信念。

◆ 企业报告中存在晦涩难懂之处。

◆ 存有某种观点，即重大社会责任投资的事件已超出了企业可控制的范畴。[①]

我曾经在多年前的一篇文章中指出，商业与投资分析家可以采取以下步骤：

◆ 理解并推广有效适用的标准。

◆ 促成企业执行力度和企业社会责任的辩论。

◆ 交流分析家们分析的商业观点。

◆ 公开表明分析家们在企业社会责任上的思想观念。[②]

虽然有证据表明，已有大量的资金注入企业社会责任方面，但精明的商业投资分析师仍没有取得进展的证据。关于主流分析师会由于忽视企业社会责任而遭受商业危机，这是迟早的问题。[③]

---

① Robin Marriott（2006）'Ethical investing means long-term'，CityAM，3 March，p16.

② Michael Hopkins（2001）'CSR Investment-the next "dot.com" boom but without the crash'，www.mhcinternational.com/social_investment.htm，MHCi Monthly Feature，November，accessed 4 March 2006.

③ 我在 2006 年 3 月 4 日写下这个结论，在距离金丝雀码头只有几个街区的地方。金丝雀码头是伦敦新的金融区，每当我在那崭新的、闪闪发光的摩天大楼周围慢跑时，总想知道是否有任何闪烁的按钮以我所建议的方式运行，到目前为止，我对神圣的地面上的邀请，直到黎明才放出光芒。

第十二章　公司参与发展的主要行动

　　资本主义的真正敌人并不是那些管制者或调和者。资本主义的敌人是贫穷、愚昧、腐败、短视以及剥削，阻止人们成为自由的道德行为者和过上有尊严的、体面生活的……因此，我们必须在全球的背景下构建一个经济—社会关系的新认知。[①]

CSR 与国际发展：企业是解决方案吗?

　　大型企业很多方面都承担了那些由政府和联合国承担的事务，但这并不总是一种积极解决问题的方式。在这本书中可以看到，在过去的十年中，不可想象的是，跨国公司在发展方面的开支已经开始超过政府，比联合国更富有，其活动已经渗透到全球，其在发展问题方面的参与已经到了十年前无法想象的地步。

　　然而通常情况下，企业行为受利益相关者的影响，而不是受民主的影响。当然大多数企业都尊重民主制度，并且从经济的角度在促进民主发展方面做出贡献。不过，许多人认为，这种贡献是服务于企业所期望的部分的民主制度。这方面的证据并不难找。在美国，强大的共和党阵营对民主党游说集团步步紧逼，几乎将其排挤在外，而这点却没有引起媒体的关注。当然，也有

---

　　① Donna J. Wood, Jeanne M. Logsdon, Patsy G. Llewellyn, Kim Davenport (2006) Global Business Citizenship: A Transformative Framework for Ethics and Sustainable Capitalism, Armonk, New York, M. E. Sharpe, p224.

些人认为，企业对于他们利益相关者的负责，只有利益相关者代表了整个社区的利益时，才促进了民主的发展。显然，当利益相关者由机构投资者控制时，情况就不是这样了，因为机构投资者一般并不参加董事会而是更喜欢直接与董事长进行沟通。

当然，在另外一个重要的领域，即全球政治领域，企业不可能完全地超越政府和联合国。初看起来，与恐怖组织斗争不是大型企业的事情，并且联合国也很难参与其中。伊拉克是我们这个时代的主要问题，并且联合国明显没有发挥多大的影响力。美国和英国决定利用联合国及其机制出兵伊拉克，但当这种建议被否决时，由此产生的后果仍然发生了。不论这一案例的好坏，我认为超级大国应该在侵略发生前与联合国紧密磋商，并且做好战争发生后的一切准备，在这方面，企业目前能够做得比政府和联合国都更好。《纽约时报》的鲍勃·赫伯特（Bob Herbert）告诉了我们其中的原因：

共和党主席德怀特·艾森豪威尔，曾经是第二次世界大战联军的最高总司令，在他的第二任期的最后，权力地警告我们，军事工业联合体的内在危险是深远的。1961 年 1 月，艾森豪威尔通过国家电视和广播发表了他的告别演讲。他说："这种巨大的军事机构与巨大的武器工业是连接美国全新的经历。"他认识到这种发展对于国家防御的必要性。但是，他警告道："我们也不能不注意到它的严重影响。"

他说："权力错位引致灾难的潜在可能性正在增长而且还将继续增长，我们坚决不能让军事—工业这种组合危及我们的自由与民主的进程。"本届总统，他同样理解战争，或许比今天和历史上任何美国人更理解战争，似乎更能够洞察到这种军事—工业复杂结合的未来，更能够洞察到军事—工业这种复杂结合将如何颠覆美国人的生活，他告诫人们，军事—工业这种复杂结合必将带来不可避免的灾难性后果。

从恐怖的战争中获取的连绵不断的收益，是投资于战争武器的永恒的激励，也是试图使战争不断持续的永恒激励。参议员约翰·麦凯恩说："很不幸的是，他的话已经成为现实，他担心这将会使企业受益的考虑优先于国家受益的考虑。"

宣称战争即将爆发就是将百姓置于持久的恐惧之中。这将允许你继续以牺牲国家其他需要为代价，疯狂地满足军事—工业复杂体（Military-industrial

Complex）的需求。贾雷基先生在一次受访中指出："用不了多久，军事工业的过度强化将使国民生活的其他内容萎缩，军事也将因此而强大。"

美国历史上一个最大的骗局，就是军事—工业复杂体（乔治·W.布什和迪克·切尼分别任董事长和首席执行官）避开阿富汗这个真正的敌人，发动了毫无意义但利润却极为丰厚的伊拉克战争。

军事—工业复杂体已经遍布各处，但它又是无形的。大多数美国人很少了解它的使命与优先重点，并且经常与它们的利益相悖。[1]

赫伯特用令人心寒的话语告诉我们，大型企业如何变得比包括联合国在内的民主机构还要强大。在伊拉克的例子中，这种力量显然不会有助于发展。但是，我们可以看到，像哈利伯顿、柏克德或者卡莱尔集团（Carlyle Group）这样的大企业，当我们让它们对自己的行为承担更多的责任时，它们获取的利益可能更大，更可能影响我们的政治过程。1999~2002年，副总统迪克·切尼是哈利伯顿的首席执行官，哈利伯顿建造了关塔那摩监狱（Guantanamo prison），关押恐怖主义嫌疑犯，并且为政治竞选捐赠了709000美元。美国柏克德被认为是世界上最大的承包商，1999~2002年为政治竞选捐赠了130万美元，而且他还是前国防部长卡斯帕·温伯格、前国务卿乔治·舒尔茨和前中央情报局局长威廉·凯西的早期雇主。[2]直到2004年以前，英国前首相约翰·梅杰一直都是卡莱尔集团的欧洲集团主席，并且2004年以后，他继续任能源事务部门的咨询顾问。

当然，联合国的经历也不好。2003年7月，位于巴格达的联合国总部，由于保护不力，发生了严重爆炸案，伊拉克特别代表，塞尔吉奥·比埃拉·德梅洛死于其中。至今，联合国还继续参与伊拉克问题，它以更为安全的约旦为基地，由于各种复杂的原因，它的外交官员和公务员已经变成了战争攻击的"合法"目标。

CSR可能阻止伊拉克战争吗？确实是这样的。不过，在CSR世界中，哈利伯顿、柏克德、卡莱尔集团和其他大型企业之间的关系，需要重新考察。

---

[1] Bob Herbert（2006）'Ike Saw It Coming', New York Times, 27 February.
[2] Diana B. Henriques（2003）'Which Companies Will Put Iraq back together'? New York Times, 23 March.

利益相关者必须实施公开问责制，而一些不负责的社会行为，如以谋取私利进行战争的行为，必须杜绝。这看上去天真吗？也许是的。但是，现在大型企业比联合国更强大，并且比许多国家强大。因此，CSR 的问题变得比以往任何时候都紧迫。

在 CSR 的框架下，企业采取什么主要行动可以促进发展

这些行动既包括跨国公司的对内行动，即涉及内部利益相关者，也包括跨国公司对外行动，即影响外部利益相关者的利益。即使不是全部，跨国公司的大多数行动都以各种方式影响着发展问题。当然，某些行动比其他行动的影响要多一些。例如，良好的治理结构，以及制定并实施董事会的行为标准，对发展的影响不如直接的社区干预更大。当然，董事会层面形成促进发展的企业或公司政策，毕竟不是什么坏事。

跨国公司在参与发展方面所持的态度主要有三种，包括：

（1）仅仅关注利益相关者的利润最大化，并声明发展不关我们的事。

（2）只是部分地参与，比如与联合国全球契约合作，并支持这一进程。

（3）与利益相关者密切合作，并且探索促进发展的方法，同时保证所采取的行动与维护股东的价值是一致的。

本书的观点认为，第三种方法符合跨国公司的长期利益，当然对于以超越到目前为止更为快速的速度推进发展，是至关重要的。

那么，跨国公司参与发展的关键领域是什么呢？这包括企业内部和外部的行动。下文将对此进行讨论。

公司内部的发展行动

一套完整的方案（A Fully-fledged Approach）

在公司内部采用一套完整的 CSR 方案有很多的好处。良好的内部 CSR 政策的示范效应，虽然通常是间接的并且难以测量的，人们也不应该忘记这些效应。公司内部的 CSR 政策可以成为其他公司的避雷针，包括跨国公司所在地区的公司，也包括海外的公司。CSR 还可以通过各种各样的方式形成一个良好的商业意识。例如，顾客对那些在政策和实践方面都表现出色的公司形成了较高的认同度。

环境和健康的标准（Environmental and Health Standards）

那些坚持环境和健康的标准、传播透明的商业实践、在工作场所保护人权、反对腐败的公司，获得了广泛的社会认同，并且表现出对股东更强大的吸引力，降低了工业化行动的可能性，并保持拥有一个可以有效提高工人生产率的工作环境。

反腐败（Anti-corruption）

在组织内部，需要通过高级管理人员的积极支持，来构建一个强大的反腐败文化。当今，反腐在公司内部和公司处理外部事务方面受到了广泛的关注。同时，公司也看了在其所在国家良好的公共治理所能带来的巨大优势，特别是那些采取了反腐败措施的政府，为企业带来的优势更为明显。腐败经常发生在资金的外部来源与本地政府之间。因此，这需要双方都保持反腐败的立场。腐败与接受小礼物或者说好客之间的界限有时候是模糊的。在很大程度上，许多公司不得不通过行贿或给予回扣的方式才能赢得合同。这不仅是发展中国家的事情，工业化国家也存在这样的问题，比如安然丑闻、法国涉及高级政府官员的里昂信贷银行丑闻、德国的大众等。即使是一笔简单的界定不清的款项也能致使公司或者个人声名扫地。正如大卫·密尔斯（David Mills）的案例，一位跨国公司里的律师仅仅因为在一次和意大利政府的业务往来中的行为略有不当，就登上了英国报纸的头条。这不仅损坏了他曾有的极高的名声，严重损害了婚姻关系，而且威胁到了其妻子特萨·约韦尔（Tessa Jowell）的职业生涯，他的妻子是布莱尔政府的国务卿。就像去拿勒索的款项一样，一旦开始欺骗，阴谋之网就很难打破。因此，每一个公司都应该设置一系列的指导方针和商业原则，并让所有的员工遵从。这一行为准则需要让所有的国家和国际工作人员遵守。当地的商业活动和文化不能影响或改变组织的指导方针。内部的沟通与培训系统要足够强大，要保证所有员工深刻认识与理解这些政策和原则。

愿景表述

所有企业都应该有其自己的关于如何能够协助（以及已经协助）发展的一个愿景表述。这并不是指简单地列举一些公司意欲实施的慈善活动。一旦注入资金，就要仔细地考虑发展问题，考虑发展规划倡议的可持续不需要额外资金就得以维持。通常，公司的发展规划受到全球通用规划的影响，但是这种全球通用规划并不适用于特殊环境。

公司外部的发展行动[①]

私人部门参与减轻贫困

没有几家企业或公司能够仅凭借自己的力量减轻国家的贫困。然而，与政府合作，形成让私人部门能够最有效地为减少贫困而刺激经济增长的方案，是政府与公司共同的兴趣所在。此外，在处理人为的或自然灾害方面，公私

---

① 联合国全球大会框架下关于千年发展目标的亚洲会议：《全球契约区域会议》，2005年3月8日，贾姆谢德布尔，印度，http://www.unglobalcompact.org/content/NewsEvents/mdg_bus/mdg_jamshed.pdf。

合作伙伴关系亦能够加速重建活动。

提高技能水平

毫无疑问，运用各种方法改善或提高人们的技能是促进发展的最好方法。教育、培训、技能发展和能力发展均是同一个问题（改进人类技能）的不同方面。具有丰富在职培训经验的跨国公司可以做出巨大的贡献。最起码，跨国公司可以参与到国家培训政策的制定，确保将私人部门的需要整合到政府培训计划之中。也许有些人可能会感到十分吃惊，但发展中国家的许多政府培训计划确实很少能满足私人部门的需要。或许通过与其他伙伴的合作，跨国公司也可以为了特别的技能需要设置课程和组织培训。

中小企业

在发展中国家，中小型企业是新兴的创造就业机会的地方。跨国公司要么是直接地帮助中小企业改进它们的管理、市场、技术或金融技能，要么间接地确保作为供应商的中小企业不受复杂合同文书的约束，并且一旦使用，就马上支付费用。

自助

帮助人们学会自助是鼓励发展的关键（或者使用当前的术语，可叫继续发展）。通过指导孕育企业，帮助它们形成新的商业，或改进已有的商业，甚至帮助政府部门改进它们的效率。

对发展中国家投资

毋庸置疑，对发展中国家进行投资是非常必要的，同时也应该致力于使发展中国家的出口易于进口到发达国家，这是一个充满争议的话题，也许需要很长的时间来实现。同时一个问题将被再次提出：这种进口贸易是否会影响到工业化国家的本土市场以及这些国家中的跨国公司员工呢？这是一个目前在有关发展的文献资料中的讨论热点。我认为，发达国家比发展中国家创新速度快的一个重要原因是它们的技术水平更高，以及向知识密集型产业的转移。当发展中国家也向这些市场转移的时候，已经建立起的经济增长能够提供足够的空间，从而没有理由认为这将引发高失业率。不过，我们在此先不过多表述。

与本土社区的关联

对很多人来说，企业社会责任仅仅是与本土社区的协作。显而易见的，跨国公司热衷于改善当地环境，以此增强它们的声誉并且保持与当地的和谐关系。为本土社区提供支持也能帮助企业赢得更多权力，从而有助于其进行市场扩张。但是，在实践中这样的操作并不像看上去那么简单。有三个问题需要思考：跨国公司与本土社区的责任该如何界定？跨国公司应该介入哪些领域？跨国公司是否应该介入人权问题，如果像很多人所认为的应该介入，那么程度又该如何界定？

慈善事业

慈善事业一直都被视为跨国公司在不发达国家中（LDC）采取的众多举措中的重要的一部分。但是多数慈善活动都是不可持续的，因为特定项目一旦结束，项目所涉及的举措很少能持续下去。正如第五章中所述，我对于慈善活动持怀疑态度。对于慈善项目的考察应该至少做到判断其可持续性，即可发展的结果。

发展援助

发展援助在很多国家都是非常重要的，它最好由现有的发展机构实施，它们有丰富的相关经验，如联合国开发计划署。当然，跨国公司不能替代联合国或者政府去执行一些职责。在一些积极的发展活动中，跨国公司需要有效地运用它们的权力和资金。跨国公司需要在缴纳税负之外去实施这些举措吗？这个问题不易回答。但是跨国公司在发展中国家缴纳的很多税收都没有被正确地使用。民主国家的政府倾向于将税收收入用于全体选民，以助于其在换届选举中获得优势。然而，多数发展中国家的政府都不是民主政府，所以跨国公司应该介入这些国家吗？如果应该，它们应该做些什么？第一，跨国公司应该基于它们与当地政府的关系评估自己应该处于什么位置。如果当地政府明确表示它们如何使用税收与跨国公司无关，跨国公司就可以基于此决定自己的去留。第二，跨国公司在某种程度上可以帮助当地政府确保税收的合理使用以促进发展。因为跨国公司在税收的问题上有着丰富的经验，当地政府通过借鉴这些经验可以增强自己的治理能力。第三，当跨国公司自己实施一些发展项目时，这些项目应该借鉴非政府组织和当地的联合国组织的一些发展方面的经验，例如联合国开发计划署。第四，跨国公司不能承担政府的职责，它们不能也不应该去实施诸如教育、健康、安全或就业方面的项目。不过跨国公司可以作为中介机构介入，提供专业意见帮助政府提高治理效率。第五，如果不止一家跨国公司介入了一个发展中国家，它们应该有效地协作，共同致力于提高东道主国家的发展效率。

不过上述这些活动的成本是什么呢？跨国公司需要投入多少时间和金钱在上述活动中呢？这个问题不易回答。需要谨记的是，跨国公司需要认真考虑其战略以决定其在这些活动中的投入程度。一家跨国公司需要不断地和东道主国家的政府去协商诸多事宜，如土地收购、税收、进出口等。这样的一些协商讨论会影响政府的政策，并引发一些变化。所以我在此建议，至少整体发展框架的第一步是和政府明确这些需要协商的议题，越透明越好。因为接下来跨国公司会被认为是为了这个国家的利益而工作，而不是暗箱操作牟取私利。所以，跨国公司在任何一个特定国家的战略可以用其成本与收益来衡量，同时考虑其底线以及为发展带来的好处。如表 12.1 所示：

表 12.1　发展中国家（LDCs）的企业社会发展

行动	跨国公司的收益	跨国公司的劣势	发展的收益
1. 将反腐败文化纳入整个组织	a. 增强形象 b. 降低产品与服务的分发成本	更难获得合同	通过减少差的管理系统，提高好的监督系统可以提高效率
2. 对发展中国家的投资	a. 廉价劳动力的优势 b. 获取原材料	1. 增加海外管理者和本地培训的成本 2. 增加管理成本 3. 需要处理东道主国家和本地的制度	1. 增加就业和收入 2. 强化外部交易能力
3. 改进社区关系	增强形象	1. 增加成本 2. 差的设计会带来批评	好的项目设计可以形成可持续的发展
4. 慈善行动	增强形象	1. 增加成本 2. 如果项目设计不可持续就需要继续支付	一次性行动是不可能可持续的

续表

行动	跨国公司的收益	跨国公司的劣势	发展的收益
5. 发展援助	增强国际形象	1. 被指责成为新的联合国 2. 进入不熟悉的领域	1. 从实际管理者处获得专业技能 2. 可以获得比国际公共源头更多的资源 3. 更少的发展援助束缚
6. 能力发展	增强形象	即使很少使用现有的技能，也有管理成本	培训是可持续的，这是发展的关键

总之，一个简单的问题就是，假设发展是一个 10 分的项目，那么跨国公司在发展中国家将介入多少呢（以及仅仅就所有跨国公司来说，不论是直接介入还是间接介入，会介入多少呢)？

可能的发展行动总结

在企业内部

（1）建立起企业社会责任的战略，包括企业在发展中如何定位的愿景。确定参与国际计划所需的投资与能获得的收益，如联合国的全球契约（UN Global Compact）、SA8000、ISO9000 等。

（2）调查清楚企业是否要在内部支付最低保障工资以及是否需要为其主要的供应商按时支付合适的数额。如果不是，原因是什么。然后明确在此之后需要做些什么。

（3）与工会协作，确保企业内部合适的环境和安全的结构。

（4）定期检查和评估企业的反腐败政策。

在企业外部

（1）与东道主国家的政府合作以致力于强化消除贫困的政策。与当地联合国机构和非政府组织合作以增强发展举措的效率，包括确保税收收入被合理分配和使用。

（2）主动将企业内部的培训技术扩大应用于整个社会范围。

（3）通过成立咨询机构或者加入其他私营机构和非政府组织，来帮助中小企业的建立和发展。

（4）为处于起步阶段的创业者提供指导。

（5）提供投资以支持东道主国家的发展目标。

（6）从发展的意义上确保社区活动以及慈善活动是可持续发展的。

结　论

企业是否正在替代政府和联合国履行发展职能？这本书里的很多事例清楚地表明跨国公司正在很大程度上介入发展议题。假以时日，它们会更多地介入发展，程度也许是我们现在所无法想象的。而且，借助其雄厚的资产以及对全球的触角，跨国公司确实有机会比联合国做得更好。本书对于联合国的作用表现得比较悲观，是因为它目前已经变成了一项政治难题。也许跨国公司最终可以说服东道主国家的政府，让它们意识到联合国的重要性。企业社会责任也可以确保企业参与到发展的进程中，同时让它们看到支持联合国的发展行动其实也是符合自身利益的。